KB217362

목회자와 성도의 고민
어떻게 할까요?

이상원기독교윤리
Christian Ethics Practice 01
목회자와 성도의 고민 어떻게 할까요?

지은이	이상원
펴낸이	조혜경
디자인	김이연
발행처	지혜의언덕
1쇄발행	2022년 10월 15일
3쇄발행	2025년 2월 5일
출판등록	제2022-000024호 (2022.03.11)
주소	성남시 분당구 운중로 242 리버스토리 407호
문의	전화 070-7655-7739 팩스 0504-264-7739
	이메일 hkcho7739@naver.com

ISBN 979-11-979845-1-8 (04230)
ISBN 979-11-979845-0-1 (세트)

이상원기독교윤리
Christian Ethics
Practice_01

목회자와
성도의 고민

어떻게 할까요?

이상원 지음

지혜의언덕

　빠르고 견실한 성장으로 세계교회가 주목해 온 한국교회가 전례 없는 위기를 맞고 있습니다. 급격한 인구감소, 반기독교적이고 유물론적이며 성 정치적인 문화 마르크스주의, 갑자기 찾아온 코비드-19로 초래된 교회 모임 약화 등이 교회에 큰 위협으로 다가와 있습니다. 그러나 우리는 교회를 향하신 예수님의 말씀을 기억합니다.

　"내가 이 반석 위에 내 교회를 세우리니 음부의 권세가 이기지 못하리라" (마 16:18).

　외부에서 도전해 오는 세력이 아무리 강하다 할지라도 교회가 바른 복음의 터전 위에 굳게 서 있다면 흔들리지 않습니다. 그러나 안타깝게도 교회 내의 각종 비리와 목회자의 독단적인 교회 운영, 그리고 이로 인한 교회 내의 갈등 등이 교회 자체를 약화시켜 교회가 외부의 도전에 힘없이 무너지는 위기를 조성하고 있습니다.

　〈어떻게 할까요? 목회자와 성도의 고민〉은 우리가 어떻게 하면 교회 내부의 영적, 도덕적, 구조적인 체질을 강화하여 건강하고 아름답고 '함께 하고 싶은' 교회를 만들 수 있을까 하는 질문에 답한 글입니다. 이 글들은 월간지 〈목회와 신학〉 '목회상담 코너'에 2014년부터 2019년까지 질의응답 형식으로 연재되었습니다.

2012년 대한예수교장로회 총회의 요청으로 작성된 목회자윤리강령이 이 책의 총론이 될 수 있다고 판단하여 프롤로그로 실었습니다. 이 책은 총 4부로 구성되어 있습니다. 제I부는 교회 운영의 실제, 제II부는 목회자의 내적 갈등, 제III부는 성도가 교회생활을 하면서 겪는 내적 갈등, 마지막 제IV부는 성도와 목회자의 경제생활 문제에 대한 질의응답 입니다. 현대교회 목회자와 성도가 신앙생활 중 만날 수 있는 갖가지 문제에 대해 저는 기독교 윤리학자로서 성경적이고 개혁신학적인 입장에 서서 충실히 답하고자 노력했습니다.

가까운 시일 안에 청소년과 초신자의 신앙생활 전반에 걸쳐 제기되는 궁금증, 사회 안에서의 성과 생명에 관한 기독교인의 올바른 대응, 정치 경제생활에 대한 기독교인의 바른 태도 등을 담은 책 〈어떻게 할까요〉(Christian Ethics Practice)시리즈가 연이어 출간될 예정입니다.

글의 편집과 교정을 위해 수고해주신 지혜의언덕 김종원, 이희순, 지형주 출판위원과 디자이너 김이연 선생님께 특별히 감사드리며, 아내 조혜경, 그리고 이제는 어엿한 사회인이 되어 자기 역할을 감당하고 있는 세 딸 진희, 윤희, 현희와도 출간의 기쁨을 함께하고자 합니다.

2022년 9월 판교 연구실에서

이 상 원

III 성도의 내적 갈등, 어떻게 할까요?

IV 성도와 목회자의 경제생활, 어떻게 할까요?

목회자 윤리

한국교회 성장의 그림자

선교 100년을 넘어선 한국 개신교는 세계교회사에서 유래를 찾아 볼 수 없을 만큼 빠른 성장을 이룩했습니다. 그 배경에는 선교사와 목회자의 희생적인 헌신이 가장 중요한 요인으로 자리 잡고 있습니다. 남아메리카나 일본에 파송되었던 가톨릭 선교사가 제국주의적 야욕을 가진 정치권력과 결탁하여 선교지에 들어갔던 것과는 달리 한국에 파송된 미국, 캐나다, 호주 출신의 선교사는 정치권력을 배제하고 순수한 복음전파의 사명으로 무장하고 한국에 들어왔습니다. 본국에서도 엘리트였던 이들은 자신들이 누릴 수 있는 사회적 지위를 과감히 포기하고 타국에서 영혼 구원의 열정을 불태웠습니다. 이들의 지도를 받고 한국교회의 지도권을 계승 받은 한국인 목회자는 가족을 돌보는 일을 뒤로하면서까지 희생적으로 교회와 성도들을 섬기는 헌신적인 태도, 재물에 연연하지 않는 고결한 품성, 성경에 충실한 말씀 강론과 기도에 전무하는 거룩한 영성, 그러면서도 민족 독립운동에 앞장서는 사회적 의식으로 훌륭하게 사명을 감당했습니다. 이들의 헌신적인 섬김의 터전에서 한국교회는 폭발적인 성장을 도모할 수 있었습니다.

한국교회가 괄목할만한 성장을 이룩하는 것에 정비례하여 많은 성도가 사회 각 분야의 중요한 자리를 차지했습니다. 경제적으로 풍족해지자 이들을 지도하는 목회자에 대한 사회적 인식도 달라졌습니다. 목회자의 영적인 지도력이 사회적으로 인정받는 계기가 됨과 동시에 목회직이 사회적 신분 상승과 안정적인 경제 수입을 보장해 주는 매력적인 직업으로 인식되기 시작한 것입니다. 그 결과 모 명문 여자대학교에서 행한 설문 조사에서 목사는 젊은 여성이 선호하는 직업 1, 2위를 다투기도 했습니다. 바로 이 점이 목회자에게 치명적인 독으로 작용하기 시작했습니다. 목회직에 사회적 신분과 안정적 경제 수입의 보장 등과 같은 물질 혜택이 뒤따르자 목회직의 본질이 흐려지고 영적이고 도덕적인 타락이라는 독버섯이 자라나기 시작한 것입니다.

윤리는 목회자에게 왜 중요한가

목회자가 윤리문제에 관심을 기울이고 윤리적 실천에 앞장서야 하는 이유는 무엇인가요? 목회자는 이중적으로 소명을 받은 직분자입니다. 목회자는 예수 그리스도를 구주로 믿고 하나님의 백성이 되도록 일반적으로 부름을 받은 자 중에 교회를 위하여 일하도록 특별한 부름을 받은 자입니다. 목회직의 중심에는 하나님의 말씀을 성도들에게 증언하고 가르치는 일이 자리 잡고 있습니다. 목회자가 가르쳐야 할 말씀은 두 개의 큰 주제로 구성되어 있습니다. 하나는 죄인들을 죄와 사망의 사슬에서 해방시켜 의와 영생으로 인도하는 구원의 도리입니다. 다른 하나는 구원받은 백성이 이 세상에서 어떻게 살아야 하느냐에 관한 것, 곧 그리스도인의 삶의 도리입니다. 이 두 주제는 교회를 떠받치는 두 기둥으로서, 어느 한 주제도 소홀히 여겨져서는 안 됩니다.

특별히 목회자가 그리스도인의 삶의 도리를 가르치려면 목회자 자신이 삶의 모델이 될 수 있어야 합니다. 그렇지 못하면 하나님의 백성답게 바르게 살아야 한다는 목회자의 가르침은 위선이 되고 생활교육은 힘을 잃어 구원의 도리에 관한 가르침마저 불신을 낳게 됩니다. 믿음이 약하고 성경 지식이 짧은 이들의 눈에는 예수님의 모습이 잘 들어오지 않습니다. 이들은 목회자의 삶의 모습 하나하나를 주목하고 따라 배우고 목회자의 모습에서 아름답고 고결한 모습을 지속해서 발견합니다. 그런 다음에 그 출처가 어디인지 궁금해하다가 예수 그리스도인 것을 발견하고 그분에게로 관심이 옮겨갑니다. 이것이 데살로니가전서에서 바울이 감히 "우리와 주를 본받은 자"살전 1:6라고 말하는 이유입니다. 교인들은 우리, 곧 바울과 실루아노와 디모데로 대표되는 목회자들을 디딤돌 삼아 예수 그리스도께로 옮겨갑니다. 목회자가 이 디딤돌 역할을 제대로 해주지 않으면 상당수의 교인이 예수 그리스도에게로 옮겨가는 길이 막힙니다.

다른 전문 직종과 비교해 볼 때, 목회직이 보여주는 독특성은 목회자 자신의 개인적인 도덕성이 직무 수행의 성패뿐만 아니라 교회의 존폐에도 결정적인 요인으로 작용한다는 점입니다. 예컨대 국가기관에서 근무하는 공무원의 경우, 개인적인 도덕성에 문제가 있어도 공무를 수행하는 것이 가능합니다. 업무의 성격이 인격성과 무관한 일들일 때가 많기 때문입니다. 의사가 도덕성이 뒷받침될 때 더 좋은 진료를 제공할 수 있는 것은 사실이지만 도덕성이 모자란다고 해서 의료기술 시행에 결정적인 문제가 있는 것은 아닙니다. 컴퓨터나 기타 기계장치를 다루는 직종의 경우에는 개인의 도덕성이 업무수행에 결정적인 영향을 끼치지 않습니다. 그러나 목회직은 사람들의 마음과 인성을 변화시키는 것을 주 업무로 하기 때문에 목회자의 도덕성이 뒷받침되지 않으면 업무수행 자체가 불가능해집니다. 교회의 일원이 되는가의 여부는 전적으로 교인들의 자유로운 결정에 달려 있습니다. 국가기관이나 기업은 상급자들이 부도덕한 모습을 보여도 경제적 이해관계 때문에 구성원들이 쉽게 이탈하지 않으며, 비록 개인이 이탈해도 공동체 자체가 해체되는 일은 극히 드뭅니다. 반면, 교회의 경우에는 교인들을 결집해 주는 중요한 끈 중의 하나인 목회자의 도덕성이 무너지면 실망한 교인들이 교회를 떠날 때 막을 방법이 사실상 없습니다.

목회자의 윤리적 일탈 - 돈, 성, 명예

현대 한국교회 목회자의 윤리적 일탈은 세 영역에 집중되어 있습니다. 첫째는 돈의 영역이고, 둘째는 성性의 영역이고, 셋째는 명예의 영역입니다. 목회자는 이 세 영역에서 "이 세대를 본받지 말고 오직 마음을 새롭게 함으로 변화를 받아 하나님의 선하시고 기뻐하시고 온전하신 뜻이 무엇인지 분별하도록 하라"롬 12:2는 말씀에 따라 이 세상 사람들이 사는 방식과는 확연히 구별된 삶을 살아야 할 의무가 있습니다.

첫째로, 돈의 영역에서 목회자는 검소하고 투명한 모습을 보여야 합니다. 모든 기독교인의 경제생활은 "가난하게도 마옵시고 부하게도 마옵시고 오직 필요한 양식으로 먹이시옵소서 혹 내가 배불러서 하나님을 모른다 여호와가 누구냐 할까 하오며 혹 내가 가난하여 도둑질하고 내 하나님의 이름을 욕되게 할까 두려워함이니이다"잠 30:8-9라는 말씀에 따라 이루어져야 합니다. 목회자는 검소한 경제생활을 실천함으로 교인에게 모범이 되어야 합니다. 목회업무에 전적으로 헌신한 목회자는 교회에서 생활비를 지원받을 권리가 있습니다. 그러나 목회자의 생활비는 교인의 질투심을 유발하지 않고 사회적 상식에 부합하는 검소한 수준을 넘어서지 않아야 합니다. 목사가 주로 관계하는 장로들은 대체로 부유한 경우가 많은데, 목사는 이들과 경제생활 수준을 동등하게 맞추려고 해서는 안 됩니다. 부유하게 사는 장로들이나 교인들에 대해 목사는 일용할 양식으로 만족하는 모습을 굳게 지킴으로써 이들의 양심에 부담을 주는 한편, 가난하게 사는 교인들에게는 위로를 줄수 있어야 합니다.

목회자는 교회가 공식으로 사례금으로 책정해 지급하는 돈 이외의 공적인 교회재정을 개인적인 용도로 사용해서는 안 됩니다. 재정집행은 집사들에게 맡기고 기도하는 일과 말씀 사역하는 일에 전념했던 예루살렘 교회의 정치적 조치^{행 6:1-7}를 본받아 교회재정 관리에 직접 관여하지 않는 것이 바람직합니다. 목회자가 교회재정을 사용해야 할 때는 영수증 처리를 분명히 하여 오해의 소지를 없애야 합니다. 목회자들의 재정비리 중에 상당수는 선교비나 불가피한 접대비로 정당하게 지출한 것인데, 영수증 처리를 제대로 하지 않아 불법적 사용으로 오해받는 경우가 많습니다.

둘째로, 목회자는 성_性의 영역에서 순결하고 절제하는 모습을 굳게 지켜야 합니다. 특별히 목회자는 성의 유혹에서 평신도들보다 취약한 자리에 있음을 유념할 필요가 있습니다. 교회에는 남성 교인보다는 여성 교인의 숫자가 많으며, 목회사역은 대부분 직장 일에 매인 남성보다는 여성과 함께 이루어지는 경우가 많습니다. 여성 교인은 영적인 지도자인 목회자에게 순종하고 따르기에 본인이 원하든 원하지 않든 성적인 끌림이 개입될 소지가 항상 있습니다.

목회자와 여성도 사이의 신체적 접촉은 공개석상에서, 사회적 상식선에서 용인된 방식과 정도를 넘어서지 않아야 합니다. 특별히 은밀한 장소에서의 신체적 접촉은 철저하게 금지되어야 하는데, 그 이유는 신체적 접촉은 개인적인 친밀감을 표현하기도 하지만 쉽게 성적인 관심으로 받아들여질 여지가 있기 때문입니다. 여성도와 상담해야 할 때는 근처에 다른 교인이 있는 장소에서 개방적으로 진행함으로써 오해의 소지를 남기지 않아야 합니다.

목회자의 혼외정사는 금지되어야 합니다. 성경에서 혼외정사는 영적인 간음을 상징하는 비유로 사용되고 있을 뿐만 아니라, 성경이 인정하는 정당한 이혼 사유입니다. 이 덫에 빠지면 하나님이 진리를 전달하기 위하여 사용하신 중요한 비유들 가운데 하나인 결혼의 비유를 교인들에게 가르칠 수 없게 되며, 나아가서는 목회업무 자체가 마비될 수 있습니다.

셋째로, 목회자는 명예욕에서 자유로워야 합니다. 목회자의 명예욕은 교회 정치구조에서 목회자가 교인에 대한 지도력을 확보하고자 하는 동기에서 유발됩니다. 교회 정치구조에서 목회자는 하나님과 교인 사이에 중보자적 권위를 가지고 교인들 위에 있는 것이 아닙니다. 성도들은 하나님으로부터 다양한 은사를 받아 하나님과 교회를 섬기는 직무를 평등하게 부여받았습니다. 목회자는 그 가운데 특별히 말씀의 은사를 받아 교인을 섬기는 직분자입니다. 목회자는 교인 위에 군림하는 독재자가 아니라, 낮은 자리에서 교인을 섬기는 직분자입니다. 다만 말씀의 중요성과 말씀을 가르치는 직분에 수반되는 영적 지도자로서의 위치 때문에 다른 직분들보다 더 중요한 직분일 따름입니다. 목회자가 공공연하게 자신의 신분을 하나님과 교인 사이에 있는 중보자적인 위치로 높이면서 섬김을 요구하는 관행은 매우 잘못된 것이며, 목회직의 본질을 훼손하는 것입니다. 교인이 목회자를 위하여 존재하지 않고 목회자가 교인을 위하여 존재합니다.

교회의 운영은 담임목사의 자의적인 의지에 따라 이루어져서는 안 됩니다. 교회는 하나님의 말씀이라는 공동의 터전 위에서 민주적으로 운영되어야 합니다. 담임목사는 하나님의 말씀을 철저하게 연구하고 가르쳐 교회 공동체 전체가 말씀의 범주를 벗어나지 않도록 지도하고, 교인은 목회자가 말씀에 근거하여 정당하게 지도할 때 순종해야 합니다. 그러나 목회자는 하나님이 모든 교인에게 말씀을 주시고 깨닫게 하실 수 있다는 것과, 교인 자신들이 받은 다양한 은사와 경험과 재능에 근거하여 제시하는 의견에도 하나님의 뜻이 담겨 있음을 인정하고 존중해야 합니다. 교회 안에서 이루어지는 각종 회의 - 당회, 제직회, 공동의회, 기타 각종 위원회 - 를 통하여 합의한 결정은 명백히 하나님의 말씀에 어긋나지 않는 한 교회 운영에 반영해야 하며, 목회자 자신의 주관적인 판단으로 이 결정들을 뒤집거나 무력화시켜서는 안 됩니다.

아래에 제시된 〈목회자윤리강령〉은 2012년 7월 5일 대한예수교장로회 총회 교육진흥원에서 주최한 총회설립 100주년 기념 제3회 개혁주의 신학대회에서 발표한 것입니다.

< 목회자윤리강령 >

목회자는 하나님의 부르심을 따라 하나님의 말씀으로 성도들을 가르치며 목양하고, 세상에 복음을 전파하여 하나님 나라를 확장하는 거룩한 사역을 행함에 있어서 그 선함과 사랑함과 성결함이 성도들의 모범이 되는 다음과 같은 윤리강령에 따라 그 거룩한 직을 수행하여야 한다.

제1조 (소명) 목회자는 자신이 하나님의 특별한 부르심을 받았는가를 확인하여야 한다.

제2조 (목회직의 본질) 목회자는 목사의 직이 성도 위에서 하나님과 성도를 중재하는 제사장적 직분이 아니라 하나님으로부터 특별한 은사를 받아서 말씀을 선포하고 성례를 집행하며 교회와 성도들을 돌보고 섬기는 직분으로서, 이 직분을 위임하신 분은 오직 주님이심을 명심해야 한다.

제3조 (협력사역으로서의 목회직) 목회자는 목회직이 한 교회 안의 다른 직분자뿐만 아니라 동료 목회자와 협동하는 가운데 수행되어야 할 사역임을 명심해야 한다.

제4조 (교회정치) 목회자가 수행하는 교회정치는 투명해야 하며, 주님으로부터 위임된 교회정치권력을 성도들을 억압하는 수단이 아니라 성도들을 돌보고 섬기는 수단으로 사용해야 한다.

제5조 (영적 도덕적 자질) 목회자는 목회직의 성공적인 수행이 목회자 자신의 영적이고 도덕적인 자질에 좌우된다는 점을 인식하고, 끊임없는 영적 생활과 훈련을 통하여 높은 영적 수준을 유지하고 도덕적인 덕을 갖추기 위하여 진력해야 한다.

제6조 (전문성) 목회자는 목회직의 성공적인 수행을 위하여 필요한 전문적인 지식, 곧 성경과 신학과 인간 역사와 사회 전반에 대한 깊고 넓은 지식과 교회 섬김에 필요한 정보와 기술 등을 갖추기 위하여 부단히 노력해야 한다.

제7조 (설교윤리) 목회자는 성경을 가르치며 설교하는 일이 본무이므로 말씀연구와 묵상에 진력해야 하며 다른 사람의 설교내용을 연구 자료와 인용을 넘어 자기 자신의 설교인 것처럼 말해서는 안 된다.

제8조 (성도들에 대한 태도) 목회자는 모든 성도를 하나님 앞에서 평등하게 대하되, 목양사역적인 관계에서 성도와 협력 관계에 있음을 유념해야 한다.

제9조 (비밀유지의 의무) 목회자는 목회상담 등과 같은 목회적 돌봄의 과정에서 알게 된 성도의 개인적인 정보, 특히 내밀한 정보를 설교와 여타 방법으로 공개해서는 안 된다. 단 관련 정보를 공개하지 않을 경우에 공동체 전체에 치명적인 악영향이 예상되거나 피상담자 자신의 생명에 중대한 위협이 예상되는 경우는 예외로 한다.

제10조 (추천서) 목회자는 공공기관으로부터 교인에 대한 추천의뢰가 들어올 때 목회직의 신뢰성과 권위를 보존하기 위하여 진실하게 서술해야 한다.

제11조 (성결한 성윤리) 목회자의 부부생활은 결혼 생활 속에서 성결한 생활을 유지하여야 하며 혼외정사나 부적절한 신체적 접촉은 목회에 심각한 손상을 초래하고 교회에 영적이고 도덕적인 차원에서 파괴적인 결과를 가져오므로 피해야 한다.

제12조 (경제생활) 목회자의 경제생활은 한 교회 안의 교인뿐만 아니라 동료 목회자, 그리고 사회의 일반인에게 상실감과 의혹을 유발하지 않는 수준에서 영위되어야 한다.

제13조 (교회재정) 목회자가 교회재정의 운용에 대해 지도하고 관리하는 것은 타당하지만 재정 관리의 실무업무는 직분자로 담당하게 하고 재정을 사용할 때는 반드시 영수증 처리 등 객관적 투명성을 확보함으로써 불필요한 오해의 소지를 없애야 한다.

제14조 (사회활동) 목회자는 목양의 본질적인 사역이 훼손되지 않는 범위 안에서 사회를 위한 사역인 공공목회에 참여할 수 있다.

교회운영,
어떻게 할까요?

1

목회자 청빙

Q. 담임목사님의 은퇴가 얼마 남지 않은 교회의 수석 부목사입니다. 청빙위원 중 몇 분이 찾아와 어떻게 후임 목사님을 청빙해야 하는지, 또 다른 교회의 담임목사님을 청빙해도 되는지에 관해 묻습니다. 그리고 청빙위원 한 분은 제가 지원하면 적극적으로 돕겠다고 말하는데 여러 마음이 듭니다. 하나님의 은혜 중에 후임 목사님 청빙이 진행되려면 어떻게 해야 할까요?

A. 청빙과 관련하여 한국교회가 빈번하게 겪는 어려움을 전형적으로 보여주는 한 교회의 실제 사례를 소개하겠습니다. 서울의 A 교회는 400-500명의 성도가 모이는 중형교회였습니다. A 교회의 담임목사가 사임하게 되었습니다. 교회는 장로들의 지도하에 후임 목사를 청빙하는 작업을 시작했습니다. 장로들은 자격을 갖춘 훌륭한 후임 목사를 청빙한다는 각오를 단단히 했습니다. 그러나 교회는 후임 목사를 청빙하는 과정에서 심한 후유증을 겪어야 했습니다. 후유증은 두 가지 면

에서 나타났습니다.

하나는 이 교회 수석 부목사의 선택과 관련되었습니다. 수석 부목사는 어린 시절부터 이 교회에서 신앙생활을 했고, 청년부 시절에 소명 받고 신학대학원에 진학했습니다. 동시에 본 교회의 교역자로 섬기고 있었습니다. 이 부목사는 십여 년이 넘는 기간 동안 교회를 섬겨 수석 부목사가 되었습니다. 이분은 어떤 다른 교역자보다도 교회 사정을 잘 알고 있었습니다. 후임 인선을 할 때가 되자 친밀한 관계에 있는 교인들이 이 부목사에게 후임 목사 후보로 지원하라는 권고를 했고, 어려움에 처한 교회를 외면할 수 없었던 그는 후임 목사 후보에 지원했습니다. 그러나 뜻밖에 장로들이 그의 후임 목사 후보지원을 강하게 비판하기 시작하면서 그를 지지하는 성도들과 갈등이 시작되었고, 결국 그는 교회를 떠났습니다. 현재 이 수석 부목사가 소속된 교단에서는 부목사가 현재 섬기고 있는 교회의 담임목사로 지원할 수 없도록 규정하고 있으나 당시만 해도 그런 제한조건이 없던 때였습니다.

다른 하나는 그 후 교회의 청빙을 받고 위임목사로 취임한 후임 목사를 둘러싸고 전개되었습니다. 서류심사를 거쳐 엄선된 네 명의 최종 후보자로부터 설교를 한 번씩 들은 후에 교인들은 한 후보의 탁월한 설교에 반하여 주저 없이 선택했고 그 후에 위임예배까지 일사천리로 진행되었습니다. 문제는 위임된 직후부터 나타나기 시작했습니다. 후임 목사의 경박하고 거칠고 정직하지 못한 성품이 드러나기 시작한 것입니다. 게다가 이 교회에 출석하는 한 초신자가 우연히 인터넷에서 유명한 대형교회 목사의 설교를 듣다가 설교 내용이 본 교회 목사의 설교와 똑같다는 사실을 발견했습니다. 이 성도는 담임목사의 모든 설교가 표절이라는 사실을 발견했습니다. 그러다 후임 목사가 사무실에서 근무하는 여성도를 성추행한 일이 드러나 바로 해임되었습니다.

많은 한국교회가 후임 목회자 청빙에 실패하여 후유증을 겪고 있습니다. 잠시 후유증을 겪다가 다시 안정되는 교회도 있지만, 교회 성도들이 청빙 과정에서 상처를 받고 교회를 떠나 급격하게 위축되어 버리는 교회도 많습니다. 선임 목회자의 기도와 수고, 그리고 성도의 희생적인 헌신 위에서 천신만고 끝에 아름답게 일구어 놓은 탄탄한 교회가 청빙 실패로 순식간에 속절없이 무너져 내리는 모습을 보는 것은 참으로 안타깝고 가슴 아픈 일입니다.

청빙 실패로 인한 성도의 상처와 이로 인한 교회의 위축이 현재 한국교회의 성장을 가로막는 커다란 걸림돌이 되고 있습니다. 새로운 교회를 개척하여 세워가는 일도 어려운 일이지만 탄탄하게 성장한 교회를 깨뜨리지 않고 잘 유지 관리하고 한 걸음 더 나아가 그 터전 위에서 성장시켜 나가는 일도 힘들고 어려운 일입니다. 그러면 교회는 어떻게 청빙 과정을 진행해야 실수 없이 원활하게 좋은 후임 목사를 맞이할 수 있을까요? 청빙을 받은 교역자는 어떤 마음가짐으로 청빙에 임해야 교회를 견실하게 성장시킬 수 있을까요?

청빙의 방법

교인의 담임목사 청빙권은 다양한 교회 정치체제 가운데 성경이 제시하는 교회 정치구조를 가장 충실하게 반영하고 있는 장로주의적 민주주의 정치체제의 꽃이라고 할 수 있습니다. 장로주의적 민주주의 정치체제에서는 담임목사를 선택할 수 있는 권리가 전적으로 지교회의 교인에게 주어져 있습니다. 물론 목사는 노회 소속이기 때문에 청빙을 받는 과정에서 노회의 행정지도를 받지만, 노회의 행정절차는 지교회가 청빙위원회를 구성하여 청빙 조건을 정하고 공동의회에서 투표를 통하여 최종적으로 선정하는 자율적인 과정을 뒷받침해 주는 역할을 할 뿐입니다.

교인이 담임목사를 선택하는 청빙 방법에는 부작용이 뒤따를 수 있는 것도 사실입니다. 예컨대, 담임목사에 대한 대우에서 교회마다 차이가 날 수밖에 없고, 이 같은 차이는 목회자들 사이에 위화감을 조성할 수 있습니다. 또한 청빙을 잘못하는 경우에 그 부작용을 감당하기가 힘들 때가 많습니다. 그러면 이런 부작용을 막기 위해서 로마 가톨릭 교회나 감리교, 일부 개신교 교단에서 하는 것처럼 교단의 중앙집행부에서 인사권을 가지고 목사가 한 교회에서 근무하는 기간을 정해주고 그 기간이 지나면 근무지를 이동시키는 순환 근무 시스템을 도입하는 것이 바람직할까요? 담임목사 선정 권한을 교단이 행사하는 것은 지교회에 주어진 가장 핵심적인 권한을 박탈하는 것이기 때문에 장로주의적 민주주의 정치체제를 유지하는 한 도입되기 어렵습니다. 다만 노회나 총회가 담임목사 대우에 대한 청빙 가이드라인을 참고로 제시할 수는 있습니다.

그런데 앞에서 소개한 A 교회의 경우에서 볼 수 있는 것처럼 지교회의 교인에게 주어진 가장 크고 중요한 권한이 실효를 거두지 못하는 경우가 많습니다. 이런 일이 일어나는 이유는 교인이 청빙 후보자에 대한 실질적인 정보를 거의 가지고 있지 않은 상태에서 결정해야 하기 때문입니다. 청빙 후보자에 대한 사전 정보가 없는 상태에서 공개모집을 하면 청빙 후보자에 대하여 파악할 수 있는 길이 서류심사와 인터뷰, 그리고 한 번 정도의 설교를 들어 보는 것이 전부입니다.

이 방법으로는 후보자의 실제 생활이나 교회 봉사과정을 파악하기 어려운 것은 말할 것도 없고, 영적이고 도덕적인 자질도 제대로 파악하기 어렵습니다. 이런 것들은 서류에 나타나지 않을 뿐만 아니라 한두 번의 인터뷰나 설교로는 알 수 없기 때문입니다. 목회업무수행에 필수적인 요소들인 자기 힘으로 설교를 준비하는 능력, 행정업무 수행능력, 사회적 관계를 맺어가는 능력 등은 한 번의 설교만으로는 파악하기가 어렵습니다. 따라서 청빙 후보자를 공개모집하는 경우에 교인들의 선택권이 명목상의 권리에 그칠 공산이 큽니다.

이 문제를 극복할 방안은 없는 것일까요? 관건은 교인들이 청빙 후보의 영적, 도덕적, 기술적 자질과 능력에 관한 정보를 실질적으로 파악할 수 있느냐 하는 것인데, 이를 위해서는 다년간 청빙 후보를 관찰하고 함께 생활해 본 경험이 필요합니다. 따라서 다음과 같은 청빙 방법이 고려될 수 있을 것입니다.

청빙 후보를 본 교회에서 다년간 봉사해 본 경험을 가진 교역자 군에서 선택하는 것입니다. 교인들이 교역자와 한 교회에서 함께 생활하며 지켜보면 매우 정확하게 그의 영성이나 인품, 능력을 파악할 수 있습니다. 이렇게 검증된 부교역자 가운데 다른 교회로 옮겨서 그 교회에서도 역시 무리 없이 사역을 잘하고 있는 사람을 후보로 선정하는 것입니다. 만일 본 교회에서 현재 다년간 사역하고 있는 부교역자로서 영성이나 인품이나 능력에 있어서 인정을 받고, 현 담임목사와 교인들이 후임 목사로 청빙하기를 원하는 경우에는 그 부교역자로 하여금 본 교회를 사임하게 하고 다른 교회로 보내 일정 기간 사역을 하도록 하고, 그때도 후임 목사로 청빙하고자 하는 생각이 유지되면 청빙 후보로 결정할 수도 있을 것입니다.

이런 과정을 통하여 교인들은 실질적으로 청빙 후보에 대한 신뢰할 만한 정보를 얻을 수 있으며, 안정적으로 훌륭한 후임 목사를 영입할 수 있습니다. 오랜 역사를 가진 부산에 있는 한 대형교회와 서울에 있는 한 중형교회가 이런 방법으로 후임 목사를 원활하게 청빙했습니다.

청빙 받은 목회자의 마음가짐

목회자를 청빙할 때 교회는 청빙하는 목사에게 매월 지급할 사례비의 규모와 주거방식 등에 대한 조건을 정하여 청빙 받는 목회자에게 제시한 후에 동의를 얻게 되어 있습니다. 이 경우 어느 정도 수준의 대우를 하느냐 하는 것은 지교회의 형편에 따라서 다르므로 어떤 일률적인 수준을 말하기는 어렵습니다. 재정이 넉넉하고 너그러운 교회는 넉넉하게 사례비를 책정할 것이고, 재정이 넉넉하지 않거나 교인들의 마음에 여유가 없는 교회는 인색하게 책정할 것입니다. 청빙 받는 목회자는 교회가 기본적인 생계를 보장해 주는 정도에서 벗어나지 않는 한 어떤 수준에서 지원 규모를 정하든지 감사한 마음으로 받아들이는 태도를 갖는 것이 바람직합니다. 목회자는 언제나 자기 자신의 안위보다는 연약한 교인들의 입장을 먼저 배려하고 이들의 입장에서 생각하고 행동하는 마음을 잃어서는 안 됩니다. 이런 맥락에서 목회자 자신이 제대로 된 대우를 받지 못한다는 생각이 들더라도 교회의 안위, 교인들에게 시험거리를 안겨주지 않겠다는 마음가짐을 가지고 있어야 합니다. 청빙 받는 목회자의 입장에서는 매우 억울할 수도 있는 청빙 조건을 불평 없이 묵묵히 받아들여 훌륭하게 목양하고 있는 두 교회의 예를 제시하고자 합니다.

서울의 B 교회는 당시 외국에 체류하고 있었던 ㄱ 목사를 담임목사로 청빙하는 과정에서 청빙 조건들 가운데 하나로 외국에서 한국으로 들어오는데 필요한 항공료와 이사비용을 모두 부담하기로 약속했습니다. ㄱ 목사는 이 약속을 신뢰하고 일단 자비로 모든 비용을 감당해 귀국하여 B 교회에 부임했습니다. 그러나 교회에 부임한 지 몇 년이 지나도록 교회는 아무런 해명도 없이 항공료와 이사비용을 지불하지 않고 있습니다. 그럼에도 목사는 교회에 부임한 이후에 이 사안에 대하여 한 번도 말하지 않고 교인들을 사랑하면서 목회를 하고 있습니다.

다른 또 하나의 사례는 좀 극단적인 경우에 속합니다. C 교회는 원래는 많은 숫자가 모이는 교회였으나 교회 갈등을 겪으면서 대부분 나가고 약 20명 정도의 교인이 남았습니다. 담임목사가 정년으로 은퇴를 하자 C 교회는 ㄴ 목사를 후임 목사로 청빙했습니다. 그런데 청빙 조건이 은퇴 목사에게는 아파트 한 채와 세상을 떠나는 날까지 월 200만 원을 지원해 주기로 한 반면, 후임 목사에게는 교회 안에 있는 사택에 거하도록 하고 사례금은 전혀 지급하지 않는다는 것이었습니다. 상식적으로 말이 되지 않는 불평등한 조건이었습니다. 은퇴 목사를 지원하는 것도 중요하지만 시무 목사도 생활을 해야 할 것 아닌가요? 후임 목사의 사례금은 후임 목사가 교회를 부흥시켜서 교인 숫자가 늘어나면 그때 형편에 맞게 책정한다는 것이었는데, ㄴ 목사는 너무도 불평등한 이 조건을 흔쾌하게 받아들였습니다. ㄴ 목사는 은퇴 목사를 깍듯이 예우하면서 열심히 전도하고 심방하고 제자훈련을 시켰습니다. 교회사역을 시작한 지 몇 년이 지나지 않아 성도들의 숫자가 늘어나자 ㄴ 목사는 교회에 사례금을 책정할 것을 요청하여 지금은 은퇴 목사와 동등한 대우를 받고 있습니다.

담임목사에서 담임목사로 청빙

마지막으로 담임목회를 하는 도중에 다른 교회로부터 담임목사 청빙 요청을 받는 경우에 대하여 생각해 보고자 합니다. 부교역자로 재직하는 도중에 담임목사 청빙을 받는 경우는 마음에 아무런 거리낌 없이 청빙에 응할 수 있고 또 적극적으로 청빙에 응해야 합니다. 그러나 담임목회를 하는 도중에 다른 교회로부터 청빙을 받는 경우 청빙에 응하는 것은 좀 더 신중할 필요가 있습니다.

물론 교역자의 사역지 이동은 하나님의 특별한 뜻이 있는 경우도 있고, 교회와 목회자의 불가피한 사정에 기반한 경우도 있기 때문에 어떤 획일적인 원칙을 말하기는 어렵습니다. 그러나 담임 목회자가 다른 교회의 청빙에 응하고자 할 때는 자신이 담임 목회자로 위임받을 때 하나님과 사람들 앞에서 한 약속을 되새겨봐야 합니다. 그는 담임 목회자로 위임받을 때 불가피한 상황이 발생하지 않는 한 자신을 담임 목회자로 받아들이는 교회를 위하여 평생을 바쳐서 헌신하기로 다짐합니다. 이 약속 안에는 자신이 섬기는 교회보다 더 크고 좋은 교회가 자신을 청빙한다 해도 이 청빙에 응하기보다는 자기를 담임목사로 받아들인 교회를 위하여 여일한 태도로 충성스럽게 섬기기로 한 다짐이 들어 있음이 분명합니다. 그것은 무엇보다도 그가 마음으로 하나님 앞에서 한 다짐이기도 합니다. 따라서 더 좋은 조건을 갖춘 교회가 자신을 청빙할 때 이 청빙에 응하는 것은 하나님 앞에서 자신이 한 서약을 스스로 깨뜨리는 것은 아닌지, 자기 자신의 마음속에 일종의 야망이 작용한 것은 아닌지를 물어 볼 필요가 있습니다. 자신의 능력과 형편에 맞는 교회에서 행복하게 목회를 잘하고 있던 목회자가 조금 더 큰 교회로 옮겼다가 예상치 못했던 심각한 갈등에 휘말려 힘든 시간을 견뎌야 하는 경우도 많이 있습니다.

　지교회는 담임목사 청빙의 권리라는 특권을 허락하신 하나님께 깊이 감사하면서 교인들이 목회자에 대한 정보를 충분히 파악한 상태에서 실질적으로 올바른 선택을 할 수 있도록 최대한 노력해야 합니다. 동시에 청빙 받은 목회자는 청빙에 필요한 질서와 윤리적인 원리를 준수함으로써 청빙 단계에서부터 교인들의 모범이 되어야 합니다. 이런 신중함을 통하여 장로주의적인 민주주의 정치체제가 제공하는 보물과 같은 교인들의 목회자 청빙권의 정신을 바르게 살려 나가야 할 것입니다.

예배당 이전

Q. 성도 300명 규모의 교회 담임목사입니다. 상가 건물을 임대해서 사용하고 있는데 상가 재건축으로 교회를 이전하게 되었습니다. 부득이하게 현재 위치에서 멀리 떨어진 지역의 한 상가에 입주하려고 합니다. 그런데 주변 교회들이 입주를 반대합니다. 이럴 때는 어떻게 해야 할까요?

A. 교회의 예배처소 이동은 교인들의 교회생활 과정뿐만 아니라 심리적인 측면에서도 중대한 변화를 초래하는 계기 가운데 하나입니다. 이 변화를 지혜롭게 잘 다루면 교인의 신앙을 성장시키는 데 도움이 되지만 잘못 다루면 교인에게 돌이킬 수 없는 상흔을 남길 수 있으므로 담임 목회자는 바짝 긴장한 가운데 예배처소 이동 문제를 다루어야 합니다. 예배처소를 이동하는 경우도 여러 가지 상황을 고려해 볼 수 있고, 각각의 상황마다 교인에게 찾아오는 변화의 양상이 다를 수 있습니다.

예배처소 이동이 불가피한 경우들

첫 번째는 교회가 부흥한 경우입니다. 모이는 인원수가 늘어나 예배와 교육공간이 협소해짐에 따라 더 넓은 공간이 필요해서 불가피하게 새로운 예배당을 신축하거나 예배처소를 더 넓은 곳으로 옮겨야 하는 경우입니다. 교인들이 정이 들어 익숙한 공간을 떠나는 것은 정서적인 어려움을 수반할 수 있으나, 이 경우는 정서상의 익숙함을 극복할 만한 큰 희망을 가지고 변화를 맞이하기 때문에 옮기는 과정에서 돌발 변수만 없으면 대체로 별다른 문제는 없습니다. 다만 새로운 예배처소를 신축하는 경우에는 실무적인 재정 상태를 신중하게 검토하지 않으면 교인들이 큰 어려움을 만날 수 있다는 점에 유의해야 합니다. 건축을 기획하고 설계할 때 계산한 건축비용이 실제로 건축을 진행하는 과정에서 증액되는 경우가 빈번하게 발생합니다. 증액의 수준이 소폭이면 상관없지만 두 배 이상으로 뛰는 등 교회가 감당하기 힘든 수준으로 증액되면 교회가 시험에 들고 심지어 해체되는 일까지도 있습니다. 특히 지금은 전반적으로 교인들의 숫자가 줄어들 뿐만 아니라 헌금을 내는 능력과 헌신도가 약화되고, 도심의 부동산 가격이 높아서 견실하게 성장하는 교회조차도 예배처소 신축이 쉽지 않은 현실을 고려해야 할 것입니다.

두 번째는 예배나 교육공간이 부족하지 않음에도 불구하고 교회 부흥이 잘 이루어지지 않아 교회 부흥의 계기를 마련하기 위하여 예배처소를 이동하고자 하는 경우입니다. 담임 목회자가 교인 수와 상관없이 우선 예배처소를 크게 만들어 놓고 큰 공간의 예배처소를 채우도록 교인들을 독려하는 방법으로 교회의 부흥을 시도할 수 있습니다. 또한 담임 목회자가 예배처소가 너무 초라해서 사람들의 주목을 끌지 못하여 교회가 부흥되지 않는다고 생각하는 경우도 있습니다. 예배당을 잘 지어 놓으면 사람들이 몰려오리라고 생각하는 것입니다. 이와 같은 예배처소 이동방식이 성공을 거둘 때가 간혹 있는 것은 사실이지만 교인이 교회 건축 비용을 감당하지 못하여 교회해체로 이어지는 경우가 많습니다.

세 번째가 질문을 해 온 경우로서 교회 외적인 불가피한 요인들 때문에 예배처소를 이동하는 경우입니다. 교회가 자체 건물을 가지지 못하고 예배처소를 임대하여 쓰는 경우는 교인들이 예배처소의 불안정으로 인한 심리적인 부담을 가질 수 있습니다. 그것은 셋방살이하는 사람이 주거 문제에 대하여 심리적으로 항상 불안한 감정을 떨쳐 버리지 못하는 것과 같습니다. 게다가 문제로 제기된 것처럼 지역교회들의 반발 때문에 이동에 어려움을 겪게 되면 예배처소로 인한 교인들의 불안감이 한층 더 증폭될 수 있습니다. 바로 이 시점에서 담임 목회자가 관심을 기울여야 할 첫 번째 중요한 성도 교육의 주제가 드러납니다. 지금 문제 상황은 '예배처소의 불안정'입니다. 예배처소의 불안정은 시급하게 해결해야 할 과제이고 담임 목회자는 이 문제를 해결하기 위하여 최선을 다하여 성도들의 불안감을 해소해 주어야 합니다.

그런데 여기서 우리는 인간의 바른 삶의 원리를 담고 있는 격언 하나에 주목하지 않을 수 없습니다. '결과보다 과정이 중요하다!' 그렇습니다. 좋은 결과를 얻는 일에 너무나 몰두한 나머지 과정을 소홀히 여기는 것은 기독교인의 바른 자세가 아닙니다. 어떤 일을 진행할 때 과정의 의미를 좋은 결과를 얻는 데만 집중시키고 과정 그 자체의 의미를 놓치는 것은 매우 어리석은 일입니다. 사실 이 세상이 끝나는 날까지 진정한 의미에서 완전한 결과는 얻을 수 없습니다. 과정 하나하나를 결과를 위한 디딤돌로만 생각해서는 안 되고, 과정 그 자체로부터 의미를 찾아야 합니다. 그렇지 않으면 인생 전체가 무의미해질 수 있습니다.

따라서 담임 목회자는 예배처소가 불안정한 상태에서 교회생활을 해야 하는 상황, 특별히 새로운 예배처소를 마련하는 일이 어려운 가운데 교회생활을 해야 하는 불안정한 시간도, 그 안에 하나님의 선하신 뜻과 목적이 있음을 교인들이 인식할 수 있도록 지도해야 합니다. 이 기간이 몇 달이 될 수도 있고, 몇 년이 될 수도 있으나, 이 기간 그 자체가 이미 하나님이 허락하셨기 때문에 주어진 시간이며, 신자의 영적인 유익을 위한 하나님의 선하신 뜻이 담겨 있는 의미 있는 시간이기 때문입니다.

역사에 나타난 교회 이전 과정

그러면 예배처소가 안정되지 않아 이동해야 하는 시간은 어떤 영적인 가르침을 줄까요? 놀랍게도 예배처소가 어느 한 곳에 안정되어 있지 않고 계속 이동해야 하는 상황이 바로 교회의 핵심적인 본질, 나아가서는 하나님 나라의 핵심적인 본질을 정확하게 가르쳐 줍니다. 하나님의 나라는 지역적으로 어느 한 장소에 머무르지 않고 믿음을 가진 사람들을 따라서 끊임없이 이동하는 속성을 지니고 있습니다. 그러므로 '장소나 건물이 아니라 사람이 교회다!'라는 개혁교회의 중요한 교회 원리가 나오는 것입니다. 그 증거는 성경에서나 교회사에서 풍부하게 발견됩니다.

구약시대의 교회를 크게 성막시대와 성전시대로 나눌 수 있습니다. 성막이나 성전은 모두 하나님의 임재의 상징이며, 성막과 성전이 있는 곳은 교회가 있다는 뜻입니다.

그런데 성막과 성전은 매우 중요한 점에서 차이가 있습니다. 성막은 하나님의 직접적인 지시에 따라서 제작되었습니다. 하나님은 성막의 크기와 구조, 그 안에 들어 있어야 할 각종 기물들, 성막의 색상과 재료 등까지 아주 세밀하게 말씀하시고 말씀한 대로 성막을 세우라고 명령하셨습니다. 이것은 무엇을 의미할까요? 성막이 하나님의 임재, 교회, 하나님 나라의 본질을 하나님이 원하시는 대로 잘 보여준다는 것입니다. 그러나 성전은 어떻습니까? 하나님은 성전을 지으라는 명령을 하신 일이 없습니다.

다윗이 성전을 짓겠다고 했을 때 하나님은 당신이 성전을 지으라는 요구를 한 일이 없음을 분명히 말씀하셨고삼하 7:5-7, 다윗이 성전 짓는 것을 허락하지 않으시고 솔로몬 때로 미루셨습니다. 이것은 무엇을 의미합니까? 성전은 성막만큼 훌륭하게 하나님의 임재, 교회, 하나님의 나라의 특성을 보여 줄 수 없기 때문입니다. 이스라엘은 성전을 짓기 시작한 것이 계기가 되어 결국은 멸망하게 됩니다.

이처럼 하나님이 성막을 중요시하신 이유는 성막의 이동성 때문입니다. 이스라엘 백성이 광야를 여행할 때 성막은 이스라엘 백성의 이동 경로를 따라서 항상 이동했습니다. 성막은, 교회와 하나님의 나라는 믿음을 가진 하나님의 백성들이 있는 곳을 찾아서 항상 이동한다는 중요한 진리를 잘 보여줍니다. 그러나 성전은 어느 특정 지역에 고정될 수밖에 없는데, 이 같은 고정성은 교회와 하나님 나라에 대한 중대한 오해를 불러일으킵니다. 특히 에스겔 1장에 묘사된 영이신 여호와의 영광의 보좌는 날개와 바퀴를 갖춘 네 생물에 의하여 옹위되는 모습입니다. 날개와 바퀴는 이동성을 상징합니다. 이 상징의 의미는 여호와의 영광의 보좌가 지역적으로 어느 한 곳에 고정되어 있지 않고 끊임없이 이동한다는 것입니다.

교회사는 하나님 나라의 이동성을 잘 보여줍니다. 구약시대에는 교회가 팔레스타인 지역에 있었습니다. 교회는 스데반의 순교로 인하여 흩어지기 시작한 예루살렘 교회의 헬라파 성도들과 바울을 중심으로 한 사도들을 통하여 오늘날의 터키와 그리스 전역으로 이동했습니다. 중세시대를 거치면서 교회는 동유럽에서 서유럽으로 이동했고, 종교개혁기 이후에는 서유럽에서 북아메리카 대륙으로 이동했으며, 20세기에 들어와서 먼저 북아메리카 대륙에서 동아시아와 남아메리카로, 그리고 후에는 동남아시아와 아프리카 대륙으로 이동했습니다. 교회와 하나님의 나라는 어느 한 장소에 머무르지 않고 예수님에 대한 진정한 믿음을 가진 사람들을 찾아서 끊임없이 이동했습니다.

따라서 담임 목회자는 예배처소를 이동해야 하는 어려운 시기를 만날 때 오히려 이때를 이용하여 교회와 하나님 나라는 특정한 장소나 건물이 아니라 진정한 믿음을 가진 사람들의 모임이라는 것과 그 결과 교회는 어느 한 장소나 건물에 머무르지 않고 믿는 사람들을 중심으로 끊임없이 이동한다는 중요한 진리를 가르쳐야 합니다.

지역교회가 반대하는 곳으로의 교회 이전 문제

다음으로 관심을 기울여야 할 문제는 지역교회들이 심하게 반대하는 곳으로 예배처소를 이동해야 하는가 하는 것입니다. 그동안 개신교 교단들에서는 어느 한 지역에 교회를 설립할 때 그 지역에 교회가 설립되어 있으면 그 교회로부터 일정한 거리 안에는 새로운 교회를 설립하지 못하도록 권고를 해 왔습니다. 불필요한 경쟁을 완화하기 위해서입니다.

그러나 이제는 교통·통신수단이 워낙 발달하여 이런 구획의 의미가 약화되었습니다. 이동 거리 때문에 출석하기 어려운 예배처소도 이제는 자동차를 이용하여 쉽게 갈 수 있고, 인터넷을 통하여 전국뿐 아니라 전 세계교회의 다양한 설교를 자유롭게 접할 수 있는 환경으로 바뀌었습니다. 게다가 신도시의 경우에는 종교부지를 한 곳에 몰아서 지정해 주기 때문에 어느 한 주거지역에 교회를 세우려면 여러 교회가 특정한 장소에 함께 예배처소를 지어야 하는 형편인 경우도 있습니다.

지금은 물리적 거리보다도 마음의 거리가 더 중요한 시기가 되었습니다. 거리상으로 아무리 가까운 곳에 교회가 있어도 그 교회에 아는 사람도 없고 교회의 특성이 자신과 맞지 않으면 출석하지 않습니다. 그러나 거리가 좀 멀어도 이미 교제 관계가 형성되어 있고 교회의 특성이 자신과 맞으면 물리적인 거리를 아랑곳하지 않고 출석합니다. 이런 상황에서 어떤 교회가 단순하게 거리만을 획일적으로 적용하여 자기 교회와 가까운 곳에 다른 교회가 들어오는 것을 무작정 반대하는 것은 시대의 흐름에 부합하지 않습니다.

그런데 현재 문제가 되는 교회의 경우 이동에 있어서 상대방 교회들을 배려하지 않을 수 없는 상황으로 판단됩니다. 한국교회의 현실에서 상가를 이용하여 설립된 교회 대부분은 교인 수 50명 내외의 작은 규모 교회입니다. 이 교회들은 대부분 매우 열악한 상황에 처해 있습니다. 이 교회들은 예배처소도 협소하고, 재정 형편이 열악하여 여러 교역자를 둘 수 없어 한 사람의 목회자가 모든 성인 예배와 조직을 다 총괄해야 할 뿐만 아니라 어린이부, 중고등부, 대학청년부 등을 비롯한 모든 교육 부서를 혼자 돌봐야 하는 경우가 대부분입니다.

이에 비하여 교인 수가 300명 정도 되는 교회라면 비록 상가 건물을 임대하여 예배처소로 사용한다 해도 이미 여러 명의 교역자를 두고 교회조직이나 교육부서들도 비교적 세분화하여 잘 운영되고 있는 교회임이 분명합니다. 만일 이 정도의 규모를 가진 교회가 바로 한 아파트 단지에 들어와서 적극적으로 전도 활동을 하면 그 지역에 있는 열악한 규모의 작은 상가교회들이 존립에 위협을 느끼는 것은 당연합니다.

불가피한 예배처소 이전 시 고려해야 할 사항

300명 정도 되는 규모의 교회가 불가피한 필요에 의해 이미 교회가 설립되어 있는 지역으로 예배처소를 옮긴다 하더라도 옮기는 행위 그 자체가 잘못되었다고 단정할 수는 없습니다. 그러나 이 교회가 약한 교회를 신중하게 배려하여 약한 교회가 있는 지역으로 예배처소를 옮기는 일을 재고하고, 이에 따른 예배처소 이동의 어려움을 감내하는 것이 훨씬 더 성숙한 태도라고 판단됩니다. 이런 태도를 취하는 것이 더 바람직한 이유를 몇 가지 생각해 볼 수 있습니다. 그리고 다음과 같은 이유로 교회 이동이 지연되거나 어려움을 참고 견뎌야 한다는 점을 교인에게 충분히 설명한다면 교인의 신앙이 한층 더 성숙해지고 강건해지는 소중한 열매를 거둘 것입니다.

첫째로, 하나님의 뜻의 온전한 분별을 위한 경우입니다. 로마서 12장 2절은 "너희는 이 세대를 본받지 말고… 하나님의 선하시고 기뻐하시고 온전한 뜻이 무엇인지 분별하도록 하라"고 권고합니다. 이 세대의 특징이 무엇일까요? 이 세대의 다양한 특징 가운데 하나는 '자기 이익을 위한 무한경쟁'입니다. 하나님을 모르는 이 세대는 경쟁에서 이기고 자기 이익을 확보하기 위하여 자기보다 힘이 약한 이웃을 철저하게 짓밟습니다. 하나님은 하나님이 없는 세대의 특징을 본받지 말라고 말씀하십니다. 약한 이웃을 돌보는 것은 모든 시대의 교회가 실천해야 할 가장 중요한 덕목이요, 교회의 교회됨과 특성이 집약된 태도이며, 바로 이 태도를 실천할 수 있을 때 교회가 교회다워집니다. 교회가 이 태도를 실천적으로 보여 줄 수 있다면 그 교회는 벌써 하나님의 뜻을 이루어 가는 것입니다.

고린도전서 12장은 교회를 그리스도의 몸에 비유하면서 몸에는 다양한 지체기관들이 있는데 모든 기관이 동등하게 중요한 역할을 하지만, 약한 지체가 더 중요한 역할을 한다는 점을 상기시킵니다. 그러면서 바울은 23절에서 "몸의 덜 귀히 여기는 그것들을 더욱 귀한 것들로 입혀 주며"고 명령하는 한편, 24절에서 "아름다운 지체는 그럴 필요가 없느니라"라고 말합니다. 이 말은 무슨 뜻일까요? 특히 23절과 24절은 여성이 외출하기 전에 화장하는 장면을 묘사한 것입니다. 여성이 화장할 때 신체의 부분 중에서 자신 있는 부분은 별달리 신경을 쓰지 않고 지나가지만 가장 취약하고 자신이 없는 부분에 대해서는 공들여서 돌보기 마련입니다. 이처럼 교회 안에 약한 지체가 있을 때 한층 더 신경을 써서 배려하여 교회 공동체의 교제에서 소외되지 않도록 하라는 것이 바울의 가르침입니다.

이 점은 교회 간 관계에도 그대로 적용됩니다. 강하고 자신 있는 교회는 약하고 부족한 교회에 먼저 양보하고 배려하는 조치를 할 수 있어야 합니다. 300명 모이는 교회가 이와 같은 바울의 가르침을 교인들에게 설명하면서 이 가르침을 실천에 옮기기 위하여 약한 교회들이 있는 지역에 들어가지 않겠다고 설명하면 교인들이 많은 은혜를 받고 성숙해지며 이에 따른 어려움을 기쁜 마음으로 감내할 것입니다.

둘째로, 바울이 채택한 선교전략을 따를 경우입니다. 예배처소를 옮기고자 하는 300명 교회가 비슷한 규모 혹은 그보다 더 강한 교회가 있는 구역으로 들어가서 당당하게 경쟁하는 것은 바람직할까요? 이 문제에 대해서는 바울의 선교전략이 어떤 것이었는가를 참고해 볼 필요가 있습니다. 바울이 일관성 있게 견지한 선교전략 가운데 하나는 이미 복음 사역자들이 활동하는 구역에는 절대로 들어가지 않는다는 것이었습니다. 이 점은 "또 내가 그리스도의 이름을 부르는 곳에는 복음을 전하지 않기를 힘썼노니 이는 남의 터 위에 건축하지 아니하려 함이라"롬 15:20라는 말씀에서 확인할 수 있습니다. 특히 바울은 고린도후서 10장 16절에서 "이는 남의 규범으로 이루어 놓은 것으로 자랑하지 아니하고 너희 지역을 넘어 복음을 전하려 함이라"고 말합니다. 이 말도 로마서 15장 20절과 같은 말입니다.

"남의 규범"이라는 구절에서 "규범"은 카논canon인데, 카논은 '하나님이 정해 주신 레인lane'이라는 뜻입니다. 예컨대 수영선수들은 자기에게 지정된 레인 안에서 수영을 해야 하고, 만일 정해진 레인에서 벗어나면 실격이 됩니다. '남의 규범으로 이루어 놓은 것으로 자랑하지 않는다'라는 말은 다른 복음 사역자가 활동하는 영역에 들어가서 경쟁적으로 복음 전도사역을 하지 않는다는 뜻입니다.

바울은 바나바의 부름을 받고 시리아의 안디옥 교회에서 사역을 시작한 이후에 예루살렘이나 팔레스타인 지역에서 전도 활동을 하지 않았습니다. 왜냐하면 이 지역은 베드로와 야고보를 비롯한 사도들과 빌립 집사를 비롯한 사역자들이 이미 전도 활동을 하고 있던 지역이기 때문입니다. 바울은 자신이 사역하여 교회를 세운 지역이라도 이미 후임자가 선정되어 목회하는 지역의 경우에는, 방문하여 격려는 했지만 그곳에서 사역을 하지는 않았습니다. 바울은 다른 사역자들이 사역하고 있다는 사실을 확인한 지역을 피하여 아직 누구도 들어가서 복음을 전한 일이 없는 서바나스페인 지역으로 가려고 노력하고 있었습니다. 이것이 "너희 지역을 넘어 복음을 전하려 함이라"라는 말의 의미입니다.

이와 같은 바울의 선교전략을 고려할 때 이동을 해야 하는 위기에 몰린 300명 교회는 조금 힘들더라도 이곳에 먼저 들어와서 전도 활동을 하고 있던 교회들의 입장을 배려하여 예배처소를 그곳으로 옮기지 않는 것이 바람직하다고 판단됩니다. 역시 이와 같은 성경의 가르침을 교인들에게 충분히 설명하여 교회의 반대가 심한 지역으로 들어가지 않아야 하는 이유를 분명히 설명한다면 교인들의 안목이 한층 더 넓어지고 성숙해지며 이에 따른 어려움을 기꺼이 감내할 것입니다. 물론 바울 당시의 상황과 우리의 상황이 많이 다르기 때문에, 이미 교회가 설립된 지역으로 이동하는 것에 대하여 그곳에 이미 정착한 교회들이 반대하지 않는다면 옮기는 일을 결행해도 되리라고 봅니다. 그러나 반대가 매우 뚜렷하다면 그곳으로 옮기는 일을 자제하는 것이 바람직한 선택이라고 봅니다.

우리는 하나님의 절대주권을 신뢰하는 사람들입니다. 하나님의 절대주권에 대한 믿음은 바로 이 경우에도 적용되어야 합니다. 만일 예배처소를 옮겨야 하는 300명 교회가 교회의 이동에 따르는 어려움을 교회의 본질을 더 실감 나게 배우는 기회로 적극 활용하면서 어려움을 인내하고, 약한 교회들을 배려하며, 이미 전도 활동을 하는 지역을 가능한 한 피하려고 노력한다면, 하나님은 이와 같은 노력을 가상히 여기시고 매우 기뻐하실 것입니다. 또 불가능이 없으신 하나님의 놀랍고 기적적인 능력으로 교회가 예상조차 하지 못했던 아름답고 축복된 예배처소를 뜻밖의 선물로 주실 수도 있을 것입니다.

3

헌금설교

Q. 신앙의 성숙에 있어서 물질이나 시간을 드리는 것은 중요합니다. 하지만 헌금설교를 할 때, 부담감이 있습니다. 목회자의 입장에서 헌금이 교회의 운영에 직접적인 영향력을 주기에 사심이 들어가는 경우가 있습니다. 그렇지 않은 경우에도 헌금설교 자체를 싫어하고 불편해하는 교인들이 있습니다. 교회에 빚이 있거나 건축을 시작하면 교인들이 많이 떠난다는 이야기도 들립니다. 헌금설교, 어떻게 해야 할까요?

A. 한국교회의 교인들은 세계 어느 나라 교회 교인들보다도 헌신적으로 헌금을 해 왔습니다. 그러나 한국 목회자들은 이와 같은 헌신적인 교인들의 헌금을 통하여 풍요로워진 교회의 재정을 정직하고 투명하고 효율적으로 관리하고 운영하는데 거듭해서 실패했습니다. 실제로 대형교회들의 불투명한 교회 재정운영, 담임 목회자의 독단적인 교회 헌금 사용私用, 턱없이 높은 목회자 전별금, 무리한 예배당 건축 등으로

사회의 따가운 비판을 받고 있습니다.

그러나 목회자들은 안일한 태도로 이 같은 비판과 의문 제기를 무시해 왔고, 잘못된 관행을 답습해 왔습니다. 계속되는 재정 남용과 불투명한 재정 사용은 급기야 무서운 철퇴가 되어 돌아오고 있습니다. 한국의 역대 정부들은 정교분리원칙에 따라서 교회 재정운영에 일절 관여하지 않는 전통을 유지해 왔습니다. 이 전통은 교회에 대한 도덕적 신뢰에 바탕을 둔 것입니다. 그러나 교회의 재정비리에 대한 누적된 소문과 악화된 여론은 마침내 정부로 하여금 종교인에게 소득세를 부과하고 종교 활동비를 국가에 보고하도록 하는 법안을 준비하게 하는 계기를 제공했습니다. 이 법안이 현실화되면 사실상 국가의 교회사찰이 시작될 우려가 있습니다. 과세는 근거가 정확해야 하고 보고는 정직해야 한다는 것을 빌미로 하여 과세의 근거가 명확하지 않고 보고가 정직하지 않다고 의심이 들 경우, 언제든지 국가가 세무조사의 형태로 교회내부의 재정에 관여할 수 있는 길이 열리기 시작한 것입니다.

이처럼 교회의 재정운영에 대한 불신이 교회 안팎에 깊고 넓게 퍼져 있는 현실에서 목회자들이 헌금설교를 하는 것이 매우 어려워지고 있습니다. 헌금설교의 설득력은 떨어질 수밖에 없고, 쉽게 곡해될 수 있으며, 교인들의 반응은 냉랭하게 얼어붙고 있습니다. 게다가 대학과 사회의 이념적 환경이 반기독교화되면서 교회에 대한 청년들의 헌신과 열정이 약해졌고, 높은 실업률로 청년들의 경제력이 전반적으로 많이 약화된 것 등도 헌금설교를 어렵게 합니다.

하지만 상황이 어렵다고 헌금설교를 하지 않거나 중단해 버리면, 하나님께서 마련하신 축복의 장치 하나가 부당하게 사장死藏되는 것이며,

교회가 균형 잡힌 성장을 할 수 없게 됩니다. "네 보물 있는 그곳에는 네 마음도 있느니라"마 6:21는 말씀을 고려할 때, 성도들이 우리의 몸, 즉 삶 전체를 하나님이 기뻐하시는 거룩한 산 제물로 드리는롬 12:1 헌신적인 신앙생활을 하기 원한다면, 하나님을 위하여 재물을 드리는 일을 소홀히 할 수 없습니다.

현세 안에서 영위되는 인간의 삶에 끼치는 돈의 영향은 막강합니다. 돈은 인간의 신체적 생명의 존폐를 결정하는 위력을 지닙니다. 생명의 유지에 필요한 많은 것들은 돈으로 살 수 있으며, 중병에 걸렸을 때도 치료에 필요한 돈이 있느냐 없느냐에 따라서 생사가 결정됩니다. 돈은 풍요롭고 넉넉하게 사는가, 아니면 궁핍하게 사는가를 결정합니다.

하나님 나라의 일도 돈이 뒷받침되어야 진행할 수가 있습니다. 따라서 돈을 기독교인과 교회의 신앙생활에서 배제하면, 바른 신앙생활과 교회 운영이 어려워집니다.

한국교회가 다른 나라의 교회보다 빠르고 견실한 성장을 이룰 수 있었던 이유 가운데 하나는 자발적인 헌금의 중요성을 강조한 것과 깊은 관련이 있습니다. 한국교회는 일찍이 중국 선교사 네비우스J. L. Nevius의 선교정책을 채택했는데, 이 정책의 핵심은 한국교회 교역자들의 생활비는 한국교회 교인들이 자발적으로 낸 헌금으로 충당한다는 것입니다. 한국교회에서 네비우스의 재정자립 정책은 성공적으로 정착되었고, 한국교회의 재정자립과 이에 근거한 성장에 결정적으로 기여하였다고 신학자 곽안련Charles Allen Clark은 평가했습니다. 한국선교회가 재정자립을 강조한 이유는 어떤 외국 선교국이나 교단도 현지교회를 영원히 보조할 수가 없으며, 따라서 자립하지 않는 교회는 언젠가 사멸

할 우려가 있다고 판단했기 때문입니다. 네비우스 선교정책의 채택은 자발적인 헌금을 강조하는 전통과 직결되었는데 이 전통은 미래의 한국교회가 계승해 나가야 할 훌륭한 전통입니다.

현재 한국교회의 헌금설교는 상반되는 두 가지 요소를 조화시켜야 하는 과제를 안고 있습니다. 첫째로, 목회자의 부정직하고 독단적인 교회 재정운영에 대한 교인들의 불신과 마음의 상처가 매우 깊고 넓다는 점이 고려되어야 합니다. 이와 같은 고려는 헌금설교를 주저하게 만듭니다. 둘째는, 이런 상황 속에서도 교인들의 자발적인 헌금을 강조해 온 네비우스 정책의 흐름을 손상하지 않고 계승해 나가야 합니다. 그렇다면 헌금설교를 주저하게 만드는 현실 속에서 어떻게 하면 헌금설교를 설득력 있게 할 수 있을까요?

교인들에 대한 배려

목회자는 무엇보다 먼저 교인들이 교회의 부정직하고 독단적인 재정운영에 대하여 깊은 불신과 상처를 안고 있다는 점을 심각하게 고려해야 합니다. 이 시점에서 우리는 바울이 보여 준 헌금관을 살펴 볼 필요가 있습니다. 바울은 세 차례에 걸쳐서 선교여행을 하는 동안 사례금을 받지 않았습니다. 바울은 사역하던 현장을 떠난 이후에 교회 – 예컨대, 빌립보 교회 – 가 보내 준 선교후원금은 감사한 마음으로 받았으나, 사역하는 동안에는 사역하는 교회로부터 사례금을 받지 않고, 장막을 만드는 고된 작업을 하여 생활비를 해결했습니다. 바울이 교회에 생활비지원을 요청할 자격이 있었음에도 불구하고 고전 9:1-15; 살전 2:7; 살후 3:8-9 일체의 생활비 요구를 하지 않았던 이유는 교인들의 영적 수준을 배려했기 때문입니다.

바울이 사역했던 지중해 지역에는 방랑 설교자들이 있었습니다. 이들은 청중들의 호기심을 충족시키는 궤변적인 강설을 늘어놓는 대가로 돈을 벌어들이는 자들이었습니다. 바울의 사역이 이런 방랑 설교자들의 사역과 같은 것으로 오해될 위험이 있었습니다. 게다가 바울이 설립한 교회 교인들은 극소수를 제외하고는 초신자였습니다. 교인들이 교역자의 생활비를 담당해야 한다는 가르침을 받아들이기까지 시간이 필요한 사람들이었습니다. 이러한 사람들에게 시험 거리가 될 수 있는 일을 하지 않기 위해 바울은 자비량 사역을 선택한 것입니다.

바울의 상황과 현대 한국교회의 상황이 다르지만, 헌금설교가 교인에게 시험 거리가 될 수 있다는 점에서 공통점을 지닙니다. 교회 재정 운영에 대한 깊은 불신과 이로 인한 상처를 안고 있는 한국교회 교인에게 목회자가 헌금설교를 거칠게 하면, 복음에 대한 오해는 물론 헌금에 대한 열정에 찬물을 끼얹는 결과를 가져올 수 있습니다. 따라서 목회자는 교인의 불신을 걷어내고 마음의 상처를 치유하는 작업이 먼저 필요하다는 인식을 가질 필요가 있습니다.

성경적인 헌금설교

교인이 헌금설교에 대하여 부담을 느끼는 근원적인 이유 가운데 하나는 목회자의 설교가 복음의 깊이와 넓이를 바르게 증언하지 못하고, 하나님의 백성이 걸어야 할 길에 대해 충분히 가르치지 못하고 있다는 데 있습니다. 헌금설교에 대한 불만은 교인이 돈 그 자체에 인색해서가 아니라, 영적이고 도덕적인 필요가 충분히 충족되지 못하는 데 있습니다. 예컨대 어떤 사람이 다리에 병이 생겼는데, 이 병의 원인이 다리에 있는 것이 아니라 허리에 있다면 허리를 치료해야 하지 않겠습니까? 이와 마찬가지로 헌금설교에 대한 불만을 잠재우기 위해서는 목회자가 복음의 내용을 정확하게 알고, 그 깊이와 넓이를 충분히 이해해 풍성하게 증언해 주어야 합니다. 또한 복음을 받은 자가 살아야 할 자기희생적인 삶이 어떤 것인가에 대해 지속적으로 분명하게 가르쳐 주어야 합니다.

목회자 자신이 복음의 깊이와 넓이 안에서 즐거워하고 감사하며 바른 삶을 살기 위해 모범을 보이는 것도 중요합니다. 이와 같은 영적이고 도덕적인 견실한 터전 안에서 성경적인 바른 헌금설교를 한다면, 교인은 결코 헌금설교를 부담스러워하지 않을 것입니다. 그러므로 교인이 헌금설교에 대하여 불만을 말할 때, 목회자는 자신의 설교와 삶이 복음의 풍요로움을 잘 드러내고 있는가를 점검해 볼 필요가 있습니다.

간단히 말해서 평소 목회자의 설교 내용이 너무 빈약하여 들을 것이 별로 없다고 느끼거나 목회자의 생활이 모범적이지 않다고 생각하는 상황에서 목회자가 헌금설교를 거칠게 하면, 목회자에 대한 불만이 헌금설교에 대한 불만의 형태로 표출된다는 것입니다. 목회자의 설교가 교인의 영적이고 도덕적인 필요를 충분히 충족시켜 주고, 목회자 자신이 설교한 대로 살기 위해 애쓰는 모습이 확인되면 조금 강하게 헌금설교를 해도 거의 문제가 되지 않습니다.

투명한 재정관리

헌금설교에 대한 교인의 불만은 헌금이 바르게 집행되지 못하고 있다고 느낄 때도 터져 나올 수 있습니다. 헌금을 잘 거두는 것도 중요하지만, 거둔 헌금을 잘 관리하고 바른 목적을 위하여 사용하는 것은 훨씬 더 중요합니다. 구약에는 십일조라는 형식을 통해 헌금에 관한 규정이 제시되는데, 십일조는 생계유지를 위한 토지를 분배받지 못하고 성전관리와 제사업무를 전담하는 레위인의 생활비를 해결하고, 가난한 백성을 구제하며, 성전관리와 제사업무에 필요한 경비를 충당하기 위한 목적으로 사용되었습니다.

예수님이 십일조를 인정하신 것마 23:23은 십일조의 용도도 함께 인정하셨음을 뜻합니다. 바울은 스스로 일을 하여 자기 생활비를 충당했으나 "곡식 떠는 소에 망을 씌우지 말지니라"신 25:4라는 구약성경의 말씀과 "일꾼이 그 삯을 받는 것이 마땅하니라"눅 10:7라는 예수님의 가르침을 근거로, 교역자가 교회로부터 생활비를 받는 것이 타당하다고 말함으로써고전 9:1-15 등 교역자의 생활비지원이 헌금의 용도들 가운데 하나임을 분명히 했습니다. 바울이 기근 등으로 재정위기에 처한 예루살렘 교회 성도를 위한 헌금을 적극적으로 권장한 것고후 8-9장은 가난한 자를 구제하는 것도 헌금의 목적임을 알려주는 것입니다. 초대 예루살렘 교회가 가난한 성도를 구제하기 위하여 기금을 마련하여 운영한 것행 2:43-47도 구제가 헌금의 목적 가운데 하나임을 뒷받침합니다. 바울이 빌립보 교회를 떠난 후에 빌립보 교회가 보내 준 후원금을 받은 것빌 4:16은 헌금의 목적이 선교 지원에도 있음을 뜻합니다. 목회자들은 성경에 나타난 이 같은 헌금의 용도에 맞게 헌금이 사용되도록 유의하고 이 사실을 교인이 숙지할 수 있도록 해야 합니다.

특히 신약성경에는 교회에 관한 많은 기록이 등장하지만, 그 어느 경우에도 예배당 건축에 대한 언명이 없다는 점에 주목할 필요가 있습니다. 이는 예배당 건축의 필요성을 부정하는 것은 아니지만, 신약성경이 예배당 건축에 전혀 관심을 보이지 않고 있다는 것을 보여 줍니다. 이에 비추어서 오늘날 한국교회의 예배당 건축의 현실을 점검해 보는 것은 유익합니다. 오늘날 많은 한국교회가 교인의 재정수준으로 감당할 수 없는 규모의 예배당 건축을 추진하다가 수십 년 동안 빚을 갚는 일로 힘을 빼고, 심지어 교회가 해체되기도 합니다. 서구의 많은 교회가 예술적 가치가 있는 거대하고 웅장한 예배당들을 건축했지만, 오히려 교인이 떠나고 관광명소로 전락한 사례가 많다는 점을 타산지석으로 삼을 필요가 있습니다. 과거 그 어느 때보다도 이동성이 활발해진 최첨단 인터넷 시대에 자기 건물을 갖는 것에 대한 미련을 과감하게 버리고 비록 상가 건물을 세를 주고 이용하더라도 사람들의 네트워크 구축에 관심과 재정을 집중하는 역동적인 교회를 구상해 보는 것도 필요합니다.

수십억 원에 달하는 목회자 전별금 관행은 반드시 시정되어야 하며, 후임 목회자에게 전임 목회자의 전별금을 담보처럼 가지고 들어오도록 요구하는 성직매매적인 관행도 반드시 근절되어야 합니다. 또한 연말 결산을 할 때 모든 교인이 투명하게 항목을 들여다볼 수 있도록 예결산서를 작성하고, 온 교인이 관심을 가지고 교회 살림을 살피고, 교회 살림을 통하여 복음의 향기를 느낄 수 있도록 해야 합니다. 어떤 사람의 신앙과 인격을 확인하려면 그 사람의 지갑을 보면 된다는 말은 교회에도 그대로 적용됩니다. 교회의 예결산은 교회의 신앙성장의 수준과 성격을 알려 주는 척도이기 때문입니다. 이런 조치들이 투명하게 이루어지는 한 교인은 목회자가 헌금설교를 강조해도 결코 반발하지 않고 흔쾌하게 받아들일 것입니다.

자연스러운 헌금설교

헌금설교는 복음과 그리스도인의 삶의 과정에 대한 증언과 교육의 한 부분으로 자연스럽게 이루어지는 것이 바람직합니다. 헌금을 독려 하려는 목회자 자신의 우발적인 목적설정이 뚜렷이 드러나는 방법으로 진행되지 않도록 유의해야 합니다. 예를 들어 성경의 어떤 책을 연속 강해 형식으로 설교해 나가다가 헌금에 관련된 부분에 이르렀을 때 헌금설교를 하라는 것입니다. 아니면 성도들에게 헌금설교가 포함된 일 년 설교계획을 교회력 형식으로 짜고, 교인들에게 공지한 계획표에 따라 순서가 올 때 자연스럽게 헌금설교를 하는 것입니다.

이런 방식으로 설교를 하면 교인들은 목회자가 교회교육의 일환으로서 헌금설교를 하는 것임을 알고 편안한 마음으로 설교를 받아들일 것입니다. 중요한 것은 목회자가 헌금을 거두려는 자의적인 의도를 가지고 헌금설교를 한다는 오해를 주지 않도록 하는 것입니다.

목회자가 특별한 목적을 위한 헌금이 필요할 때, 이 목적에 맞추어서 설교 본문을 정하고 헌금의 필요성을 정당화하는 방향으로 본문을 해설하는 설교를 하는 경우가 있습니다. 이런 형태의 설교는 신중하게 하지 않으면, 헌금설교에 대하여 불신을 초래하는 매우 위험한 설교가 될 수 있습니다. 성경 본문으로부터 무리하게 특별헌금을 정당화하는 근거를 끌어내려고 하면 인간이 설정한 목적을 위하여 성경을 이용하는 결과가 초래됩니다. 이런 방식의 설교가 습관화되면 설교에 의해 오히려 하나님의 말씀이 가려지고, 설교자는 하나님이 말씀하시지 않은 것을 전하는 거짓 선지자로 전락하게 됩니다.

예를 들어 예배당 신축이나 교육관 증축이 필요한 경우에 성막을 짓는 본문이나 예루살렘 성전을 짓는 본문을 설교 본문으로 정한 다음, 예배당이나 교육관 신축을 성막이나 예루살렘 성전 짓는 것과 같은 신성한 행위로 정당화시키는 설교를 하는 목회자들이 있습니다. 이것은 매우 위험한 설교입니다. 성막이나 예루살렘 성전은 장차 오실 예수 그리스도를 예표하며, 예수 그리스도께서 이 땅에 오셔서 구속 사역을 완성하신 이후에는 폐기된 특별계시의 장치들입니다. 따라서 성막이나 성전을 예배당 신축과 연결하는 것은 해석학적인 오류에 빠질 수 있습니다. 실제로 예루살렘 성전 완공 이후, 성전 봉헌식에서 솔로몬은 성전을 찬양하는 내용이 아니라, 예루살렘 성전조차도 천지보다 크신 하나님을 담기에는 너무 초라하다는 점을 강조합니다. 이스라엘 백성들의 관심을 성전으로부터 하나님에게로 전환시킵니다왕상 8:27.

그러므로 정직하고 실용적인 관점에서 특별헌금을 진행하는 것이 바람직합니다. 특별헌금을 할 때 이 특별헌금을 주제로 하는 설교를 꼭 해야 할 필요는 없습니다. 다만 몇 주 동안 광고 시간을 통해 헌금하는 목적을 교인들에게 정직하고 실용적으로 소개하고 협조를 구하면 됩니다. 예배당이나 교육관을 신축하는 경우에 건축이 하나님을 특별히 섬기는 신성한 것이며, 따라서 이 일에 참여하지 않으면 하나님의 진노를 산다는 방식으로 말하지 말고 다음과 같이 담백하게 말하는 것입니다. "성도 여러분! 여러분도 아시는 것처럼 교인 숫자가 늘어나다 보니 자리가 너무 협소해 예배 시에 많은 불편이 따르고, 아이들에 대한 효율적인 교육을 하는 것이 어렵습니다. 따라서 불가피하게 예배당 혹은 교육관을 신축하지 않을 수 없습니다. 이 목적을 위하여 헌금하는 시간을 갖고자 합니다. 기도하는 가운데 여러분이 힘이 닿는 데까지 헌신하여 주십시요!" 그러면 교인은 흔쾌히 헌금에 협조할 것입니다.

복음의 은혜를 받은 기독교인과 교회는 전적으로 하나님과 이웃을 위해 헌신하는 삶으로 은혜에 대한 감사를 표현해야 하며, 이 안에는 반드시 재정적인 헌신도 포함되어야 합니다. 따라서 헌금설교는 반드시 필요합니다. 그러나 오늘날 목회자는 교회와 목회자의 재정운영에 대한 불신과 상처가 교인에게 깊고 넓게 드리워져 있는 현실을 심각하게 고려하면서 지혜롭고 신중하게 헌금설교에 임해야 합니다. 풍성하고 진지한 복음 선포와 생활교육이 지속적으로 이루어지는 터전 안에서, 올바른 재정 사용과 투명한 재정운영이 탄탄하게 이루어지는 가운데 헌금설교를 해야 합니다. 또한 강해 설교나 교회력 안에서 자연스럽게 헌금설교를 하고, 무리하게 성경 본문을 가지고 헌금설교를 정당화하기보다는 솔직하고 실용적으로 특별헌금에 임하는 등 지혜롭고 신중한 태도가 필요합니다.

4

교회의 재정비리

Q. 새로 부임한 교회에 오랜 관습처럼 굳어진 재정비리를 발견하게 되었습니다. 그런데 해당자들이 중직자들이다 보니 교회에서 입김이 작용하지 않는 부분이 없습니다. 간혹 비리를 척결하기 위한 담임목사의 시도가 교회에 풍파를 일으키는 것으로 간주되어 역풍(복수)을 맞는 이야기를 듣습니다. 교회의 평화를 위하여 문제를 덮는 것이 합당한 것일까요? 위험을 무릅쓰고 손을 대야 한다면 어떻게 접근해야 할까요?

A. 문제가 된 상황은 설립된 교회에 담임목사로 부임해 갔을 때 만날 수 있는 가장 어려운 상황 가운데 하나입니다. 재정비리 문제의 경우, 관련 당사자들이 쉽게 인정하거나 시정하려고 하지 않을 것입니다. 그러나 재정비리 문제는 교회성장의 발목을 붙잡을 것입니다. 구약시대 때 아간이 부정한 방법으로 여리고 성에서 얻은 전리품을 취했을 때 이스라엘은 여리고 성보다 훨씬 작은 아이 성 전투에서 처참하게

패배했으며, 아간을 처형하고 난 이후에야 비로소 아이 성을 점령할 수 있었습니다수7-8장. 교회 재정의 부정한 운영은 현대판 아간과 같은 것입니다. 따라서 새로 부임해 간 목사님은 기도하는 가운데 마음을 단단히 먹고 이 문제를 바로잡을 준비를 해야 합니다.

목회자의 의지와 준비

저와 가까운 동료 목사님 두 분이 교회에 새롭게 부임해 갔습니다. 두 교회 모두 고질적인 재정비리의 문제를 안고 있었습니다. 한 교회에서는 장로가 교회 명의를 장로 개인 명의로 해 놓고 교회 재정을 마치 자기 돈처럼 사용했습니다. 다른 한 교회에서는 전 담임목사가 일체 재정관리에 관여하지 않는 상태에서 어느 집사가 독단적으로 교회 재정을 자의적으로 사용했고, 사용 내역에 대해서 영수증 처리도 하지 않았습니다. 성장이 제대로 이루어지지 않아 자신감이 줄어든 담임목사가 재정 사용에 대하여 관여하지 못한 상태에서 집사 혼자 재정을 관리한 것입니다. 다만 이 집사는 담임목사를 악한 마음으로 대하지는 않고 최선을 다해 섬기려고 했던 것 같습니다. 이 두 교회에 부임한 후임 목사님들은 설교를 비롯한 기타 목양의 일에 헌신하면서도 이 문제를 방관하지 않고 끈질기게 붙들고 늘어졌습니다. 상당한 시간이 소요되고 진통을 겪어야 했으나 마침내 문제를 바로 잡았고, 지금은 매우 견실하게 성장하고 있습니다.

교회의 재정비리 문제를 다룰 때는 담임 목회자의 마음가짐이 매우 중요합니다. 한 지교회 안에서 담임 목회자가 갖는 권한은 매우 크고 또 교회 전체의 영적인 운영뿐만 아니라 행정적인 운영에도 심대한 영향을 미칩니다. 담임 목회자가 이 문제를 크게 생각하지 않고 넘어가면 이 문제는 해결될 수 없습니다. 그러나 담임 목회자에게 확고한 의지가 있으면 진통의 과정을 겪겠지만 결국은 문제가 해결됩니다. 평신도가 재정비리에 얽혀 있는 경우 다루기 힘든 이유는 관련 당사자들이 대부분 교회 중직자로서 교회 안에서 상당한 지지 세력을 확보하고 있기 때문입니다. 그러나 힘이 들어도 이 문제는 교회의 순결을 유지하고 관련 당사자의 영적인 건강을 위해서 반드시 해결해야 합니다. 따라서 담임 목회자가 이 문제를 반드시 바로잡겠다는 의지를 확고하게 갖는 것이 중요합니다.

처음 교회에 부임한 목사의 처지에서는 교회의 실세에 해당하는 중직자들과 대립각을 세우는 것이 부담될 수 있습니다. 물론 담임 목회자는 교인의 형편과 사정을 세밀하게 파악할 의무가 있습니다. 교인들의 형편과 사정에 맞는 목양을 해야 하기 때문입니다. 그러나 이 말은 교인을 하나의 세력으로 보고 그 세력의 눈치를 보라는 것과는 다른 것입니다. 때로는 담임 목회자가 인간적인 세력의 힘을 간단히 무시해 버리는 태도를 가져야 할 때가 있습니다. 하나님 앞에서 보았을 때 대의명분이 명확할 때입니다. 담임 목회자는 하나님 앞에서 정당성이 명확한 사안에 대해서는 사람을 기쁘게 하는 태도가 아니라, 하나님을 기쁘시게 하는 태도로 입장을 명확히 하고 교인들에게 메시지를 분명하게 전달해야 합니다 살전 2:4.

재정비리를 바로잡는 일은 도덕적 정당성이 확실한 문제이기 때문에 교인들의 성향이나 기호나 세력과는 상관없이 추진할 수 있습니다. 이때 다수의 저항이 있을 수 있는데, 이 저항에 굴복해서는 안 됩니다. 도덕적 정당성이 분명한 사안은 비록 저항이 있더라도 정공법으로 뚫고 나가야 합니다. 눈에 보이는 다수의 힘에 주목하기보다는 인간의 마음속에 있는 양심, 특히 기독교인에게 있는 거듭난 양심에 호소하는 전략을 택해야 합니다. 이 양심은 쉽게 무시할 수 없습니다. 처음에는 저항이 있어도 끈기를 가지고 추진하면 사안을 이해하고 동조하는 성도의 수가 증가할 것입니다.

그런데 평신도들의 재정비리를 해결한다는 것은 관련 당사자들의 부도덕함을 드러내는 일이기 때문에 이 문제를 추진하는 담임 목회자에게서 약점이 발견되면 관련자들로부터 치명적인 역공을 당하는 등 심각한 혼란에 빠질 수가 있습니다. 그러므로 담임 목회자는 더욱 치밀하게 준비한 후 접근해야 합니다.

본분에 충실한 목양

담임 목회자는 자신에게 주어진 목양의 본무本務, 즉 철저한 설교 준비, 치밀한 교회 행정, 부지런한 전도와 심방, 기도 등을 소홀히 하지 않고 이 본연의 임무에 헌신적이면서도 능력 있게 임하는 모습을 지속해서 보여주어야 합니다. 재정비리를 바로잡는 일이 중요하긴 하지만 담임 목회자의 목양에서 차지하는 비중이 큰 것은 아니며, 그것 자체가 목적이 아니라는 점을 분명히 해야 합니다. 담임 목회자가 설교는 얼렁뚱땅하고, 교회 행정은 엉성하게 하고, 심방이나 전도에는 게으르면서 재정비리 척결에만 집중한다는 인상을 주면, 담임 목회자의 설득력은 급속하게 떨어지게 될 것입니다.

재정비리가 있는 교회의 사례로서 앞에서 말씀드린 두 교회 가운데 두 번째 교회의 경우, 담임목사로 청빙 받은 목사님은 말씀을 전하고 전도하고 제자 훈련하는 일에 헌신하면서 동시에 교회 재정을 집사가 임의로 집행하는 부분에 대해서 확고한 태도로 시정을 요구했습니다. 담임목사의 태도가 확고했기 때문에 이 집사는 굴복할 수밖에 없었습니다. 지금은 교회 회계가 담임목사에게 보고한 후에 재정을 지불하고, 사용 내역에 대해서는 영수증 처리를 철저하게 하는 관습이 정착되었습니다. 목사님의 성실한 목양 업무와 실제로 전도 열매를 거둔 것이 재정비리를 바로잡는 노력에 힘을 실어 주었던 것입니다.

성도를 사랑하는 마음으로

재정비리를 바로잡는 과정에서 목회자가 관련 당사자에 대한 개인적인 감정이나 정치적인 의도로 일을 진행하는 것이 아니라는 사실, 담임 목회자는 목양의 대상으로서 자신들을 그리스도 안에서 사랑한다는 사실, 재정비리를 바로잡는 것이 자신들의 영성에도 유익한 일이라는 사실을 관련 당사자가 감지할 수 있도록 하는 것이 매우 중요합니다. 관련 당사자들에게 확실하게 권고하되, 인간관계에서는 예의와 배려와 애정을 잃지 않는 모습을 지혜롭게 병행해야 합니다. 이를 위해서는 일을 추진하기 전과 추진하는 과정에서 관련 당사자들을 위해 많이 기도함으로써 목회자 자신이 이들을 미워하거나 정죄하는 마음으로 내달리지 않도록 스스로 견제해야 합니다. '한 번 권고하기 전에 아홉 번 기도하라'는 충고를 유념할 필요가 있습니다. 교인들은 똑같은 책망을 해도 자신을 사랑하는 마음에서 책망하는 것인지, 아니면 자신을 미워하는 마음에서 책망하는 것인지를 금방 알아챕니다.

철저한 재정관리의 모범

재정비리를 바로잡는 일을 하기 위해서는 담임 목회자 자신이 재정적으로 깨끗하고 투명해야 합니다. 극히 예외적인 경우가 아닌 한 담임 목회자 자신이 직접 교회 재정을 운영하는 일이 없도록 해야 하며, 교회 재정을 목회자 자신의 사금고처럼 생각하여 정당하지 않은 항목에 사용하는 일이 없어야 합니다. 목회자 혼자 행해야 하는 사역에서 교회 재정을 꼭 사용해야 할 때는 영수증 처리를 하는 등과 같은 근거를 남겨야 합니다. 담임 목회자 자신이 재정에 투명하지 않으면, 평신도의 재정비리를 바로잡는 일은 요원합니다.

공적인 관점에서 투명하게

재정비리는 교인 한 사람의 개인적인 경제생활에 나타나는 문제를 다루는 일이 아니라 교회의 공동자산을 다루는 문제입니다. 교회의 재정을 바르지 못한 방법으로 사용했다는 말은 이미 교회에 공적인 피해를 주었다는 뜻입니다. 따라서 이 문제는 공적으로 다루어야 하고, 그 결과를 공적으로 알려야 합니다. 교회 재정은 교인의 헌금으로 구성된 공적인 자산이므로 교회 재정의 사용 과정이나 사용처도 교인들에게 공적으로 공지되어야 합니다. 사용 과정이나 사용처에 문제가 있을 때는 교회 전체가 관심을 가지고 바로 잡아야 합니다. 담임 목회자는 개인의 입장이 아니라, 교인 대표자의 입장에서 이 문제를 다루어야 합니다.

이처럼 재정비리는 공적인 사안이지만, 재정비리에 연루된 사람은 개인이기에 개인에 대한 도덕적 비판을 피해 갈 수가 없습니다. 따라서 개인적인 치리 방식과 공적인 치리 방식을 적절하게 조화시켜 진행하는 것이 필요합니다. 먼저 담임 목회자는 관련 당사자를 개인적으로 만나서 시정을 요청하고, 시정할 때 그 사실을 교회에 알려야 합니다. 이 문제는 공적인 사안이기 때문에 개인적으로 권고하고 개인적으로 시정했다 해도 일의 진행 상황을 교회 전체가 알아야 합니다. 만일 시정하지 않으면 교회의 평신도 대표자 몇 명이 함께 찾아가서 시정을 요구하고, 그래도 시정하지 않으면 당회의 이름으로 시정을 요구하고, 그래도 시정하지 않으면 치리 절차를 밟아야 합니다. 그리고 일의 진행 과정을 교회 앞에 공지해야 합니다.

문제는 중직자들이 재정비리에 연루되어 있어서 재정비리를 일으킨 당사자에게 같이 찾아갈 마땅한 평신도 지도자가 없거나 당회원들이 관련되어 당회에서 논의하기가 어려울 경우입니다. 이 경우가 가장 어려운 경우라고 할 수 있는데, 이때도 담임 목회자는 말씀을 증언하고 가르치는 자의 입장에 서서 문제가 된 중직자에게 바른 재정 사용의 원리를 분명히 가르치고 시정을 요구해야 합니다.

말씀 안에서의 감독과 지도

담임 목회자가 교인에게 교회생활을 지도할 때 재정 사용에 관한 지도도 해야 합니다. 초대 예루살렘 교회에서는 가난한 성도들에 대한 구제정책의 하나로 기금을 모아 식사를 제공했습니다. 당시 예루살렘 교회는 히브리파 유대인과 헬라파 유대인으로 구성되어 있었는데, 헬라파 과부가 식사에서 누락되는 일이 발생하자 헬라파 유대인이 불만을 토로했습니다행 6:1. 예루살렘 교회의 사도단은 이 문제를 논의한 끝에 헬라파 유대인 중에서 일곱 명을 선택해 식탁 봉사하는 일을 전담하도록 결정했습니다. 전원 히브리파 유대인 출신이었던 사도단은 아마도 헬라파 출신 유대인 신자를 사도단에 합류시키는 방안에 대해서도 생각해 보았을 것입니다. 사도단의 특별한 성격 곧, 예수님과 3년간 함께 있어야 하고 부활의 증인이라야 한다는 조건 때문에 헬라파 출신 유대인 신자를 사도단에 합류시킬 수 없었던 것 같습니다. 그 대신 교회생활의 실권이라고 할 수 있는 기금을 관리하고 운용하는 권한을 선출된 일곱 명의 헬라파 출신 유대인에게 맡기고, 사도단은 기도와 말씀 증거에 집중하는 방법으로 갈등을 해소했습니다. 이 조치가 향후 목회자는 기도와 말씀 사역에 전념하고, 재정 관리는 평신도 지도자들이 전담하는 교회 내 분권의 모델이 되었습니다.

큰 틀에서 기술적으로 목회자는 기도와 말씀 사역에 집중하고, 재정 관리를 집사들이 전담하는 것은 훌륭한 모델입니다. 그러나 이 모델을 너무 엄격하게 적용해 목회자가 교회 재정 문제에 관여하는 것을 원천적으로 차단하는 것은 잘못입니다. 역으로 재정 관리를 전담하는 집사단이 목회자의 사역인 말씀 사역에 참여하는 것을 원천적으로 차단하는 것도 잘못입니다. 사도행전 6장의 사건은 전원 히브리파 유대인 출신 남성들로 구성된 사도단이 헬라파 유대인 출신 여성인 과부들의 사정을 섬세하게 파악하기 힘들었기 때문에 이 특수한 식탁 봉사에 관련해서는 같은 헬라파 출신 유대인에게 전담시키는 것이 효율적이라고 판단한 조치였습니다. 그러나 후일 사도 바울은 마게도니아 지방의 교회들과 고린도 교회로부터 가난에 시달리고 있는 예루살렘 교회 성도를 돕는 헌금을 모으는 일에 주도적인 역할을 했습니다고전 16:1-3; 고후-

8-9장. 한편, 일곱 집사단에 속해 있었던 스데반과 빌립은 집사인데도 불구하고 적극적으로 말씀 증거 사역에도 참여했습니다행 7장, 8:26-40.

집사가 교회 재정을 실무적으로 운용하고, 목회자가 재정운용에 직접 관여하지 않는 것은 매우 지혜로운 교회 정치적 조치입니다. 하지만 이 조치는 교인들의 실무적인 교회 재정운영이 담임 목회자의 감독과 지도에서 벗어날 수 있음을 뜻하는 것은 아닙니다. 교회 재정운영도 하나님 말씀의 규범적 지도를 받아 이루어져야 하며, 담임 목회자는 '가르치는 장로'딤전 5:17로서 말씀으로 교인들의 개인적인 신앙생활과 교회 생활 전체를 지도해야 할 책임을 지닌 자이므로 교회 재정운영을 지도의 목록에서 빼놓을 수 없습니다. 따라서 바람직한 방향은 '담임 목회자의 규범적 지도와 감독하에 집사들이 실무적으로 재정을 운영하는 것'입니다.

최근 한국교회에 두 가지 극단적인 관행이 나타나고 있습니다. 하나는 담임 목회자가 교회 재정운영에 실무적으로 직접 개입하거나, 자기 자신의 지시를 잘 따르는 교인들을 회계로 세워 놓고 교회 재정을 독단적으로 사용하는 것입니다. 이로 인해 목회자의 도덕적 해이와 헌금남용이 심각한 수준에 이른 교회가 많습니다. 이 왜곡된 관행은 반드시 시정되어야 합니다. 다른 하나는 목회자의 독단적인 재정남용에 대한 우려가 너무 깊은 나머지 교회 재정을 집행하는 과정에서 담임 목회자를 완전히 배제하는 것입니다. 이 관행도 반드시 시정되어야 합니다. 교회 재정이 어떤 목적을 위해, 그리고 어떤 과정을 거쳐 집행되는가 하는 것은 교회의 건강성을 측정하는 중요한 척도 가운데 하나가 되기 때문에 담임 목회자는 교회 재정의 운영에 대한 감독과 지도를 소홀히 해서는 안 됩니다.

치리가 필요한 경우

담임 목회자가 재정비리 문제를 해결하는 것은 어떤 형태로든 재정 비리를 범한 교인에 대해 치리한다는 것을 의미합니다. 그렇다면 모든 성도를 사랑으로 포용해야 하는 교회에서 치리를 시행하는 것이 바람직할까요? 개혁주의의 전통에 뿌리를 두고 있는 교회론은 치리를 교회 삼대 표지 가운데 하나로 매우 중요시하게 여겼습니다. 치리는 "하나님은 무질서의 하나님이 아니시요 오직 화평의 하나님이시니라"고전 14:33 는 말씀과 "모든 것을 품위 있게 하고 질서 있게 하라"고전 14:40 는 말씀에 따라 일정한 질서하에 교회생활을 하게 하는 것을 하나의 목적으로 합니다. 그리고 교회의 영적이고 도덕적인 순결의 유지를 목적으로 합니다. 신약시대에 음행고전 5:2,7,13, 하나님이 세우신 자를 모독한 자고후 2:5-7, 사도의 권고를 순종하지 않은 자살후 3:14, 믿음과 양심을 버린 자딤전 1:19-20, 이단딛 3:10을 치리한 것이 바로 이 목적을 위한 것입니다. 후자는 통상적으로 '권징'이라고 부릅니다.

도덕적으로나 영적으로 문제를 일으킨 교인들을 치리하는 이유는 공동체로서의 교회 전체의 순결을 유지하고 관련 당사자들의 도덕적 영적인 건강을 회복하기 위한 것입니다. 물론 교회의 치리에는 법적 강제력이 없고 교파와 교회의 난립으로 한 교회에서 치리를 받으면 다른 교회로 옮겨 버리는 것을 막을 방법이 현실적으로 없습니다. 현대 교회에서 치리는 그 기능이 매우 약화된 것이 사실입니다. 물론 교회생활은 가능한 한 치리라는 방법에 의지하지 않고 이루어지는 것이 바람직합니다. 그러나 치리가 필요할 때 담임 목회자는 확고한 의지를 가지고 치리를 분명하게 행하여 대다수 교인의 신앙을 보호하는 책임을 소홀히 해서는 안 됩니다. 교회의 순결 유지와 당사자들의 도덕적·영적인 건강의 회복을 위해 재정비리는 반드시 바로잡아야 합니다.

교회 내의 사업자 선정

Q. 교회 리모델링 공사를 하게 됐습니다. 마침 저희 교회에는 관련 사업을 하는 성도 여러 명이 있습니다. 한 성도는 교회의 충실한 일꾼이고 한 성도는 주일성수를 겨우 하는 수준입니다. 그런데 서로 공사 수주를 기대하는 상황이라 난처합니다. 어떻게 해야 할까요?

A. 어느 교회의 담임목사가 제게 긴급하게 의견을 물어 온 일이 있었습니다. 사안은 교회의 리모델링 공사였습니다. 이제 막 교회에 출석하기 시작한 성도가 한 사람 있는데, 이 성도가 교회 리모델링 소식을 듣고 실비 정도만 받고 싸게 공사를 맡는 것으로, 봉사하고 싶다는 제안을 목사님께 한 것입니다.

작은 개척교회였기 때문에 이런 제안이 반가운 것은 사실입니다. 그런데 담임목사는 뭔가 마음이 편하지 않았습니다. 우선 이 성도가 교회에 나온 지 얼마 되지 않아서 성숙된 신앙이 없었던 데다가 사람 됨됨이도 파악할 시간이 없는 상태였습니다. 게다가 이권과도 관련된 문제였기 때문에 덜컥 공사를 맡겼다가 일이 잘못되기라도 하면 그 사람뿐만 아니라 교회도 난감한 상황에 빠질 우려가 있었습니다.

목사님의 고민을 듣고 저는 공사를 맡겠다고 제안한 성도가 실망하더라도 그분에게 공사를 맡기는 것을 유보하는 것이 좋겠다고 권면했습니다. 그리고 만일 공사를 하더라도 공개 입찰을 진행하는 것이 바람직하다고 말씀드렸습니다. 결과적으로 담임목사는 그 성도에게 공사를 맡기지 않고 교회 리모델링 경험이 풍부한 다른 교회 목사들과 정보를 교환하고 도움을 주고받으면서 필요한 부분은 일반 업체들과 직접 접촉해 계약을 체결하는 방법으로 공사를 완료했습니다.

이 사례가 모든 경우에 적용될 수 있는 것은 아닙니다. 이 사안은 교회의 정체성이나 교리의 문제도 아니고 시대와 장소를 초월하여 적용돼야 할 보편적인 계명의 문제도 아닙니다. 이 문제는 교회윤리라는 특수한 정황에서 제기된 기술적인 문제이기 때문에 상황에 따라 대처방법이 다를 수 있습니다.

이 문제를 판단할 때는 교회와 기업의 특성의 차이에 대한 바른 이해가 필요하고 교회가 처한 구체적인 상황은 무엇이며 교회 공사에 참여하려는 성도의 신앙의 성숙도는 어느 정도인가 등을 종합적으로 고려하는 것이 필요합니다. 교회의 특수한 상황은 교회마다 다르고 편차가 크기 때문에 대응방법도 다르게 나타날 수 있습니다. 따라서 이 글에서는 문제로 제기된 상황을 보다 구체화한 후 사례마다 교회관, 경제관, 신자의 신앙 성숙의 정도와 공사를 맡는 동기 등이 어떻게 작용하는가를 분석해 보고 바람직한 결정의 방향을 모색해 보겠습니다.

먼저 가장 바람직하고 또 논란의 여지가 전혀 없는 경우는 관련되는 업종에 종사하는 성도가 하나님께 헌납하는 마음으로 공사비 전체를 자신이 부담해 시행하는 경우입니다. 이 경우 전제조건은 성도가 오랜 신앙생활의 경륜이 있고 믿음 생활의 훈련도 잘 되어 있어야 하며, 자신이 하는 사업의 재무구조도 탄탄하고, 자신의 헌신이 자신의 사업 운영에 재정적으로 부정적인 영향을 주지 않는 상태에 있어야 한다는 것입니다.

공정하고 공개적인 검증 과정

다음으로는 교회가 일반적인 공사를 진행할 때와 동일한 수준에서 공사에 필요한 실비와 사업체가 받아야 할 수익금을 지급하는 경우입니다. 이 경우에는 교회 성도가 하는 사업체와 사적으로 공사계약을 하는 것보다는 공개 입찰을 하고, 관련 사업을 하는 성도들에게도 공정하게 입찰 기회를 준 다음에 계약조건 등을 꼼꼼하게 검토해 보고 계약조건에 가장 부합하는 사업체를 선정해 공사를 맡기는 것이 바람직합니다.

만약 교회의 여러 성도가 모두 공사를 맡기 원하는 상황이라면 반드시 공개 입찰로 공정하게 기회를 줘야 하며, 공사조건을 냉정하게 따져 본 후에 합리적인 판단결과에 근거해 공사를 맡겨야 합니다. 교회에 속한 성도가 운영하는 사업체만을 대상으로 비공식적으로 검토한 후에 선정하는 방법은 매우 위험하며 자칫 목회에 어려움을 초래할 수 있습니다. 어느 편이 선정되든 간에 선정되지 않은 측에서 반드시 불만이 있기 마련인데, 그 불만이 같은 교회 안의 성도에게로 향하게 된다는 점에 문제가 있습니다.

그러나 공사를 공개 입찰로 하게 되면 공정성도 확보할 수 있고 교회가 요구하는 공사조건도 꼼꼼하게 따질 수가 있으며 사업 수행능력 부족도 부담 없이 지적할 수가 있습니다. 이런 과정을 거쳐 선정된 사업체가 교인의 사업체라 하더라도 뒷말이 없고 교회가 불필요한 부담으로부터도 자유로울 수 있습니다.

교회는 간혹 교회 성도의 사업을 돕는다는 이유로 공개적인 검증 과정을 거치지 않고 관련 사업을 하는 성도에게 일방적으로 사업 혜택을 주는 경우가 있습니다. 그러나 이 방법은 의도와는 달리 오히려 관련 사업을 하는 성도에게 해가 될 수 있습니다. 교회 사업 하나를 맡는다고 해서 사업이 일어서는 것이 아니며 사업능력이 충분히 갖춰지지 않은 상태에서 쉽게 공사를 맡게 되면 오히려 사업체의 경쟁력이 약화될 수 있습니다. 체질이 약화 된 기업체는 궁극적으로 살아남을 수 없습니다.

물론 교회에 소속된 성도가 관련업을 하고 있을 때 교회가 공개 입찰을 한다는 것이 관례상 쉽지는 않습니다. 그럼에도 불구하고 교회의 고유한 영적인 특성을 손상하지 않고 유지하는 것이 일부 교인들에게 물질적인 혜택을 주는 것보다 훨씬 중요하다는 점을 유념해야 합니다. 교회는 성도들에게 영적이고 도덕적인 혜택을 주는 것을 본업으로 하는 기관이지 상업적 거래를 통한 이익을 성도에게 베푸는 기관이 아닙니다.

교회는 경제 공동체와는 그 성격과 소명이 다른 기관임을 인식해야 하며, 두 기관의 경계선이 모호해지지 않도록 유의해야 합니다. 예루살렘 성전을 강도장사꾼의 소굴로 만든 예루살렘 종교계의 관행에 대해

분노하셨던 예수님의 마음을 참고할 필요가 있습니다[막 11:17]. 교회가 교인들에게 물질적인 혜택을 베풀 때는 언제나 어떤 보상도 기대하지 않는 구제의 차원에서 행해야 하며 일에 대한 보상으로 지불하거나 상업상의 계약에 따른 불공정한 특혜를 주어서는 안 됩니다.

교회와 기업의 소명 차이

가장 어려운 경우는 교회가 공개경쟁 없이 교인 중에서 사업자를 선정하는 경우입니다. 이 경우는 교회가 공사를 맡는 성도에게 사회적으로 통용되는 공사비보다 훨씬 저렴한 가격으로 공사를 진행하거나 아니면 자잿값이나 기본적인 인건비만 받고 이익을 남기지 않는 방법으로 공사를 맡아 줄 것을 기대하는 것이 관례입니다. 그러나 이런 선정은 하지 않는 것이 좋습니다.

교회와 기업이 모두 하나님의 주권과 뜻을 이뤄야 한다는 점에서는 공통점을 갖고 있으나, 하나님으로부터 받은 소명이 다르며, 그 소명을 이루는 방법도 서로 다릅니다. 교회는 비영리단체로서 설교와 기도와 도덕적인 설득과 무상으로 베푸는 구제로 하나님의 뜻을 이 땅 위에서 구현하는 소명을 지닌 공동체입니다. 교회의 주된 소명은 영혼의 구원과 안녕에 있습니다.

반면에 기업은 영리단체로서 시민들이 필요로 하는 상품을 생산해 공급함으로써 시민의 경제생활의 안녕과 복리를 도모하고 기업에서 일하는 근로자의 재정적 생계를 지원하는 것을 목표로 하며, 이와 같은 목적을 달성하기 위하여 일정한 수익 창출을 해야 하는 기관입니다.

교회와 기업은 고유의 소명과 이 소명을 이루는 방법을 존중하고 서로 침해하지 않도록 해야 합니다. 예컨대 교회가 기업을 향하여 수익을 희생할 것을 요구하는 것은 기업의 재무구조 악화를 조장하는 조치로서 기업의 고유한 소명을 침해하는 것입니다. 교회가 기업을 향하여 이런 희생을 요구할 때 사회와 기업은 교회가 정의롭지 못하고 자기중심적이라고 판단할 수 있으며, 교회를 신뢰하지 않는 지경까지 이를 수 있습니다.

이뿐만 아니라 공사에 사용되는 자재들은 같은 자재라도 질적인 측면에서 편차가 있기 때문에 사업체가 손익을 맞추기 위해 계약했던 것보다 더 싼 자재를 사용하려는 유혹을 받기 쉽습니다. 이런 일들은 삼풍백화점 붕괴사건이나 성수대교 붕괴사건에서 볼 수 있는 것처럼 자칫하면 인간의 생명을 위협하는 부실공사로 이어질 수 있습니다. 만일 교회가 교회 건물신축이나 리모델링 공사와 관련하여 불공정, 눈속임, 부실화 등으로 얼룩지게 되면 교회의 대사회적 신뢰도가 심각하게 손상됩니다.

성도의 신앙 성숙도

교회가 불가피하게 교인 사업체에 어느 정도 수익성의 희생을 조건으로 공사를 맡기기로 해야 하는 상황이라면, 공사를 맡는 성도의 신앙이 그런 희생을 감당해내고도 시험에 들지 않고 오히려 하나님의 은혜를 더 크게 경험할 수 있을 만큼 성장해 있는지를 반드시 점검해야 합니다.

만약 신앙이 성숙하지 않은 교인의 경우라면, 공사를 맡기지 않는 것이 바람직합니다. 물론 믿음이 약한 교인이라 할지라도 어느 정도의 희생을 감수하면서 교회를 위하여 일하는 과정에서 믿음이 자라날 가능성이 없는 것은 아닙니다. 그러나 대부분은 이렇게 희생하면서까지 교회를 위하여 일하는 것이 오히려 믿음이 성장하는 것을 막거나 아니면 믿음이 왜곡된 형태로 자라게 할 위험이 있습니다. 공사를 맡는 성도는 반드시 그 정도의 희생을 능히 감당해내고도 믿음에 흔들림이 없어야 합니다.

이 점과 관련하여 성경에 등장하는 두 사례를 비교 검토해 보겠습니다. 초대 예루살렘 교회에는 갈릴리 출신의 가난한 성도들이 많았습니다. 예루살렘 교회는 성도들 가운데 재산이 넉넉한 성도들로부터 자진 헌납을 받아 일종의 공동기금을 조성하고 이 기금을 활용하여 구제를 위한 식사를 마련해 대접하기로 결정했고, 이 결정에 많은 성도가 호응하여 자원하는 마음으로 재산을 헌납했습니다.

이들 가운데 바나바가 있었습니다. 사도행전 4장 36-37절에 보면 바나바가 자기가 가진 밭을 팔아서 사도들의 발 앞에 두었다고 말합니다. 바나바는 이런 큰 희생을 감당할 만큼 인품도 훌륭했고 기도도 많이 하여 성령이 충만한 상태에 있었습니다^{행 11:24}. 사울이 개종한 후에 예루살렘의 사도들을 만나려고 하자 사울의 행적을 잘 알고 있었던 예루살렘의 사도들이 사울을 만나주지 않은 일이 있었습니다. 이때 바나바가 중재하자 예루살렘의 사도들이 곧 사울을 만나 줄 만큼 바나바는 신망이 두터운 인물이었습니다^{행 9:26-27}.

바나바의 헌납에 대한 기사記事 뒤에 또 다른 헌납에 관한 기사가 등장합니다. 이 헌납은 아나니아와 삽비라의 경우입니다^{행 5:1-11}. 아나니아와 삽비라는 소유를 판 후에 판 돈의 일부를 헌납했는데, 베드로가

이 행위를 사탄의 사주를 받아 성령을 속인 행위임을 지적한 것행 5:3
을 보면 이들도 처음에는 소유를 판 돈 전부를 바치려는 마음이었다고
추정할 수 있습니다. 그러나 아나니아 부부는 소유를 판 돈을 흔쾌히
다 드릴 정도의 희생을 감당하기에는 인품이나 믿음이 성숙하지 못했던
것 같습니다. 이들은 소유를 판 돈의 일부를 사도들에게 바치고는 다
바쳤다고 거짓말을 했습니다. 이들의 거짓말은 베드로의 눈에 발견됐
고 마침내 하나님의 벌을 받아 죽게 됩니다. 이들이 자신의 믿음의 분
량에 맞는 헌신의 범위를 벗어나지 않았다면 이런 비극은 없었을 것입
니다.

교회는 아나니아와 삽비라 사건이 주는 교훈을 유념하면서 믿음이
약한 자에게 직무를 맡겨 혼란에 빠뜨릴 우려가 있을 때에는, 그들의
믿음이 성장해 그 직무에 따르는 혼란과 어려움을 감당할 수 있을 때
까지 유보하는 것이 바람직합니다.

믿음이 성숙하고 탄탄한 재무구조를 가진 사업체를 운영하는 성도
가 자원하여 무상으로 교회 공사를 맡아 준다면 최선의 길입니다. 사
업체를 운영하는 성도가 실비 보다 훨씬 저렴한 비용으로 교회 공사를
맡는 경우에도 재정적인 희생을 감내할 만한 성숙한 믿음이 있는가를
살펴보고 맡겨야 합니다. 이와 같은 특별한 경우가 아닌 한 공개 입찰
을 하는 것이 바람직합니다.

6

미자립교회 재정후원

Q. 300명 규모 교회의 담임목사입니다. 10년 이상 매월 일정 금액을 해외 파송 및 협력 선교사와 미자립교회에 후원하고 있습니다. 새해를 맞아 후원 선교사와 미자립교회에 대한 평가와 검토가 필요함을 느낍니다. 어떤 후원 기준과 원칙으로 진행하면 좋을까요?

A. 바울은 로마서 12장 2절에서 이렇게 권고합니다. "너희는 이 세대를 본받지 말고 오직 마음을 새롭게 함으로 변화를 받아 하나님의 선하시고 기뻐하시고 온전하신 뜻이 무엇인지 분별하도록 하라." 이 본문은 '이 세대'와 '하나님의 뜻'을 대조하여 말합니다. 이후에 계속되는 로마서의 문맥이나 성경 전체의 문맥을 보면 '이 세대'의 특징은 '자기중심성'인 반면에 '하나님의 뜻'은 '자기 내어줌'임이 분명합니다. 재정적으로 여력이 있는 교회가 '자기를 내어 준다'는 마음으로 재정적으로 어려운 형편에 있는 선교지 혹은 미자립교회를 돕는 것은 아름답고 정당한 사랑의 표현입니다.

재정적으로 여력이 있는 교회가 재정적으로 열악한 교회를 돕는 구체적인 사랑의 행위는 선교 활동 혹은 전도 활동의 한 부분으로서 매우 중요합니다. 여유 있는 교회가 재정적으로 열악한 교회를 돕는 후원 정책은 선교와 전도의 효율성을 높여줄 뿐만 아니라 교회론과 기독교 윤리의 관점에서도 정당합니다. 바울은 고린도전서 12장에서 지상에 실재하는 모든 유형 교회를 유기적인 몸에 비유하여 설명합니다. 이 몸 안에서 모든 지체는 유기적인 긴밀한 신경망으로 연결되어 한 지체의 고통과 기쁨은 곧 다른 지체의 것이 됩니다.

특히 고린도전서 12장 23, 24절에서 바울은 여성들이 화장할 때의 모습을 생각합니다. 여성이 화장할 때 자신이 있는 부분은 크게 신경을 쓰지 않지만, 자신이 없는 부분 – 주름이 있거나 뾰루지가 난 부분 – 은 특별히 공을 들여서 화장합니다. 그리하여 몸 전체가 골고루 아름다움을 드러낼 수 있도록 합니다.

바울의 교회관에서 보았을 때 재정의 여유가 있는 교회가 재정이 약한 교회를 돕는 것은 "몸의 덜 귀히 여기는 그것들을 더욱 귀한 것들로 입혀" 주는 배려의 실천입니다. 이 같은 배려는 곧 100마리로 구성된 한 무리의 양 떼를 돌보는 목자가 한 마리가 길을 잃었을 때 99마리의 진행을 중단시키고 한 마리를 찾아서 무리에 합류시킨 후에야 비로소 진행시키는 예수님의 가르침을 따르는 것이며마 18:12-14, 이것이 곧 사랑의 표현입니다.

그러나 사랑의 증거라는 비둘기 같은 순결함에는 뱀 같은 지혜가 수반되어야 합니다마 10:16. 재물이 있는 곳에 마음이 있다마 6:21; 눅 12:34는 말씀처럼 사랑하는 마음은 통상적으로 재물의 나눔을 통하여 표현될 때가 많습니다. 그러나 재물 그 자체는 하나님의 선물로서 순기능을 가지고 있기도 하지만 인류를 부패시키고 멸망으로 떨어뜨리는 악마적인 역기능도 가지는데, 이 역기능이 매우 강력합니다. 따라서 재물의 나눔을 통한 사랑의 실천은 역기능을 최소화하기 위한 사려 깊은 배려를 요청합니다. 그렇지 않으면 돈은 사람과 공동체를 파괴할 수 있습니다. 더욱이 교회 재정은 성도들이 하나님께 드린 헌물이기 때문에 한층 더 신중하게 사용되어야 합니다.

바울과 네비우스의 재정정책

선교지 교회와 미자립교회에 대한 재정후원 문제를 결정할 때 바울의 선교사역과정이 중요한 참고자료가 됩니다. 바울의 선교 철학은 다른 사람이 닦아 놓은 터 위에서 사역하지 않는다는 것이었습니다롬 15:20: 고후 10:16. 이 말은 바울이 개척 선교사역을 수행했다는 것을 뜻합니다. 바울은 개척 선교사역을 수행할 때 모 교회인 안디옥 교회를 비롯하여 어떤 교회로부터도 정기적인 재정후원을 받지 않았으며, 자신과 동료들의 생활비는 철저하게 천막을 만드는 기술을 활용한 노동을 통해 충당했습니다. 빌립보 교회를 비롯한 마게도니아 지역의 교회들이 바울 일행에게 두서너 번 후원금을 보내 준 것은 사실이지만 정기적인 지원은 아니었고, 바울의 선교비를 충당하기에는 턱없이 부족한 것이었습니다. 바울은 선교지에서 교회를 설립하고 어느 정도 교회 회중이 형성된 이후에 교회를 떠날 때는 장로들을 세워서 성도를 돌보도록 했고 장로들 가운데 말씀을 가르치는 장로를 따로 세워서 전임 사역을 하게 하고 이들의 생활비를 현지교회가 담당하도록 조처했습니다.

사도들이 세운 초대교회에서는 특정한 교회가 다른 교회들로부터 재정지원을 받으면서 운영한 경우가 보도되지 않습니다. 선교 초기에 있는 교회들, 예를 들면 마게도니아 교회들이 재정적으로 극히 열악한 상황에 있었음에도 불구하고고후 8:1-3, 모교회인 예루살렘 교회가 기근으로 인하여 재정적인 어려움에 처했을 때 구제금을 모아서 보냈지만, 단발적으로 끝났고 정기적인 후원으로 연결되지는 않았습니다.

중국의 선교사 네비우스는 바울의 선교전략에서 힌트를 얻어 선교 재정정책을 수립했습니다네비우스 선교정책. 네비우스는 바울이 현지교회로부터 사례금을 받지 않고 자신의 생활비를 스스로 일하여 충당하는 결단을 하게 된 배경에 주목했습니다. 바울은 하나님 나라의 일이 돈을 목적으로 하는 사역으로 오해받지 않도록 이런 전략을 사용했습니다. 네비우스는 바울이 데살로니가에서 자신이 수고로이 일하면서 복음을 증거 했음을 상기시킨 일과살후 3:7-12 밀레도의 고별설교에서 일하면서 사역했던 자신의 모습을 본받을 것을 권고한 것을행 20:34-35 예로 들었습니다. 바울이 교회를 설립하고 선교 활동을 수행했던 지역인 데살로니가 시나 고린도 시에는 순회설교자들이 있었습니다. 이들은 주로 그리스의 궤변 철학의 전통 안에 있었던 자들로서 대중을 모아 놓고 대중의 말초적인 감각을 충족시켜 주는 기발한 처세의 원리들을 열정적으로 소개하여 청중의 관심을 끈 다음에는 일정한 강의료를 챙겨서 축재했습니다. 바울은 선교 초기의 초신자들이 아직 믿음이 연약한 상태에서 하나님 나라의 사역을 돈을 주고 사고파는 일로 오해할 위험이 있음을 인지하고 하나님 나라의 사역은 돈에 따라 좌우되는 것이 아니라는 점을 확실하게 각인시킬 필요가 있다고 보고 철저하게 자비량 방법으로 선교했습니다.

1890년에 한국선교회는 네비우스를 초청하여 2주간에 걸친 토론과 대화 끝에 네비우스의 방법을 선교 재정정책으로 채택합니다. 한국교회가 채택한 교회 재정정책의 핵심은 교회 재정의 자립화에 있었습니다. 당시 한국교회는 두 가지를 강조했는데, 하나는 한국의 목사들이 선교회로부터 생활비를 받지 않는다는 것이었고, 다른 하나는 신학교를 포함한 기독교 학교에서 교육을 받을 때 교육에 필요한 재정을 스스로 충당하거나 현지교회가 담당하도록 한다는 것이었습니다.

교회 후원 평가·관리에 필요한 원리들

기독교 윤리와 교회론의 관점에서 볼 때 재정적인 여유가 있는 교회가 재정적으로 열악한 교회를 돕는 것이 정당화될 수 있습니다. 그러나 사도 시대의 초기 선교교회들은 교회 간의 극히 간헐적인 후원을 제외하고는 다른 교회를 정기적으로 후원한 사례가 없습니다. 사도 시대의 교회들도 시대적 정황을 반영하고 있으므로 모든 시대의 교회가 반드시 따라야 할 보편적인 롤모델이 되는 것은 아니지만, 이 교회들이 모두 선교 초기의 교회들로서 같은 선교 초기의 교회들이 유념해야 할 중요한 시사점들을 지니고 있는 것은 사실입니다. 그렇다면 선교지 혹은 미자립교회에 대한 후원이 바람직한 열매를 거둘 수 있으려면 어떤 '뱀 같은 전략'이 필요할까요?

첫째, 바울이 선교 활동을 할 때 일관되게 견지했던 원리 곧, 하나님의 나라는 돈의 힘으로 이룩하는 나라가 아니라는 원리를 돕는 교회나 도움을 받는 교회가 항상 잊지 않는 것이 필요합니다. 개척교회나 개척 선교 사역자들은 다른 교회들로부터 선교비나 생활비지원을 받는 것이 불가피하다 하더라도 가능한 한 빠른 시간에 지원받는 것을 자발적으로 중단하도록 노력해야 합니다. 선교 현지나 개척교회 현지에 설립한 교회가 초기에 재정 형편이 어려우면 사역자는 일거리를 찾아서 일하면서 선교 및 전도 활동을 하는 것도 고려해 볼 필요가 있습니다.

말씀 사역은 주로 영적이고 정신적인 사역으로서 육체노동과는 거리가 있는 사역입니다. 따라서 말씀 사역자에게는 자연스럽게 육체노동을 할 기회가 줄어드는데, 육체노동을 멀리하면 인간의 삶의 많은 부분에 대한 이해, 특히 노동자들의 고된 삶에 대한 이해가 약해질 수가 있고, 거친 삶에 대한 적응력이 떨어질 수 있습니다. 그렇게 되면 말씀 사역자가 신약성경에 등장하는 서기관이나 바리새인과 같은 종교인이 될 수 있습니다.

교회가 개척 초기를 지나서 교인들의 신앙이 어느 정도 자라고 재정적인 형편이 나아지면 교인들과 협의하여 과감하게 노동을 중단하고 말씀과 목양사역에 전념해야 할 것입니다. 바울 자신은 사역하는 교회로부터 생활비를 받지 않았지만, 후임 사역자에 대해서는 교회가 생활비를 해결해주도록 했습니다. 이처럼 바울 자신에 대한 처우와 후임 사역자에 대한 처우를 달리한 것은 바울이 받은 소명과 은사가 통상적인 목회자들이 받은 소명과 은사와 다르기 때문입니다. 바울은 순회 선교의 소명과 은사를 받았으나, 목회자는 한곳에 정착하여 사역하는 소명과 은사를 받은 경우가 대부분입니다.

둘째, 선교지나 개척교회 사역자가 가능한 한 빠른 시간에 다른 교회의 후원에서 벗어나야 한다는 마음을 가져야 하는 것과는 달리, 후원하는 교회는 재정적으로 약한 교회들을 언제든지 흔쾌히 돕고자 하는 마음의 준비를 항상 하고 있어야 합니다. 그러나 교회의 도움 제공은 무조건 퍼주는 형식으로 이루어져서는 안 됩니다. 교회의 도움은 일정한 규범적 원칙에 따라서 진행해야 합니다. 우선 교회의 정기적인 재정후원은 파송한 선교사 혹은 사역자의 생활비지원에 국한하여 이루어지는 것이 바람직합니다. 이때 고려해야 할 사항은 현지에서의 생활비수준을 신중하게 조사하여 그 사회에서 중간 수준의 경제생활의 한계를 넘지 않는 범위 안에서 지원이 이루어져야 한다는 점입니다.

예컨대 환율의 큰 차이 때문에 교회가 보내는 돈이 현지에서는 예상을 초월하는 큰돈으로 둔갑하여 선교사들이 현지에서 최상위의 삶을 영위하는 경우가 있습니다. 게다가 개신교 선교사들은 교단 선교부에 소속되어 있는 경우라 할지라도 후원교회는 개인적으로 연결합니다. 그러다 보니 수완이 좋은 선교사들이 많은 교회를 후원교회로 개발하여 들어오는 후원금을 모두 받아서 풍족하게 쓰는 경우가 있습니다. 예컨대, 큰 저택에 살면서 하인들을 여러 명 거느리거나, 열악한 지역에서 선교 활동을 하면서 자녀들은 일 년에 수만 달러 이상의 학자금이 소요되는 영미의 명문 사립대학교에 보내 엘리트 교육을 받게 하는 경우가 있습니다. 이것은 매우 잘못된 관행입니다.

이런 폐단을 최소화하기 위하여 후원교회는 후원 결정을 하기 전에 선교사에게 다음과 같은 질문을 할 필요가 있습니다. "현지에서 중간계층 정도의 생활을 하려면 어느 정도의 후원이 필요한가? 본 교회 외에 후원을 받는 다른 교회들은 몇 군데이며 모두 어느 정도의 후원금을 받고 있는가?" 선교사나 개척사역자는 이 질문들에 대하여 정직하게 답변해야 하며, 답변을 들은 후에 금액을 정하여 보낼 필요가 있습니다. 만일 이 질문들에 대하여 선교사가 정직하게 답변하지 않는다면, 선교사 자신이 하나님 앞에서 책임을 져야 합니다.

셋째, 후원교회는 네비우스 선교정책의 원리에 따라서 현지인 사역자의 생활비를 지원하는 일은 자제하는 것이 바람직합니다. 이와 같은 지원은 현지인 사역자들 사이에 소외감과 질투심을 불러일으킬 수 있고, 지원받는 자로 하여금 불필요한 우월의식을 갖도록 하며, 복음의 본질에 대한 오해를 낳을 수 있습니다. 다만 사역자로 훈련받기 위하여 신학교에 입학하기를 원하는 목사후보생의 경우 장학금을 지원해 주는 것은 바람직합니다. 현지에서 세운 신학교에서 공부하는 경우에 학비 100%를 모두 지원하기보다는 등록금 정도를 지원하고 나머지는 현지교회나 본인이 부담하도록 하는 것이 좋습니다. 만일 현지의 목사후보생이 후원하는 교회가 속한 나라에 유학하기를 원하는 경우에는 전액 장학금을 지원할 수도 있으나 이때도 어느 정도는 근로를 하고 근로에 대한 대가를 지급하는 방법을 사용하는 것이 필요합니다. 중요한 점은 '돈은 반드시 수고한 대가로서 벌어야 한다'는 원리를 숙지할 수 있도록 지도하는 것입니다.

넷째, 현지교회가 기독교 학교를 설립하거나, 어떤 특별한 활동을 위한 센터 등을 건립하는 것을 추진하는데 자금이 긴급히 필요하다든가, 자연재해 등을 만나 큰 어려움에 처해서 긴급한 재정후원이 필요한 경우에는 이 상황을 소상하게 교회 성도들에게 알리고 특별한 후원자를 찾거나 목적헌금 형태로 헌금을 하여 후원을 하는 것이 바람직합니다.

다섯째, 후원하는 기간을 무기한으로 하는 것보다는 기간을 특정하는 것이 더 나은 방법입니다. 기간을 특정하되 교회의 재정 능력이 허용하고 현지교회가 필요로 하는 경우에는 계속 도울 수 있음을 시사하는 것이 좋습니다. 기간을 특정하는 이유는 현지교회로 하여금 가능한 한 빠른 시간에 재정적으로 자립해야 한다는 인식을 갖도록 하기 위한 것입니다. 예컨대, 후원교회는 5년 정도의 후원 기간을 설정하고 가능한 한 이 기간 안에 자립하도록 권고할 수 있을 것입니다. 그러나 후원이 더 필요한 상황이라면 5년이 지나기 1년 전쯤에 추가 후원이 필요한 이유를 설명하도록 하여 설명이 타당하면 한 차례 더 후원 기간을 연장해 줍니다. 이런 방식으로 두 번 정도 연장할 기회를 준 후에는 후원을 마무리합니다. 후원을 시작할 때 후원을 중단하는 때가 온다는 점을 분명히 밝히는 것이 필요하며, 후원이 중단된다는 사실을 사전에 단계적으로 예고해 준 다음에 후원을 중단한다면 현지교회도 서운함이나 상처를 받지 않고 마음의 준비를 할 수 있을 것입니다.

　선교지 및 미자립교회 후원은 전 세계에 흩어져 있는 지상의 유형교회가 하나의 유기적인 몸이므로 고통과 기쁨을 함께 나누어야 하고 약한 지체들일수록 더 관심을 가지고 돌보아야 한다는 교회관 및 기독교 윤리의 관점에서 아름답고 정당한 관행입니다. 그러나 교회의 후원은 선교지 및 미자립교회 사역자가 눈에 보이는 사람의 도움보다는 오직 하나님만을 의지하면서 하나님 나라는 돈에 있는 것이 아니라는 원리에 따라서 담대하게 나아가는 이른바 '영적 야생성'野生性을 잃지 않도록 일정한 규범적 한계 안에서 진행되어야 합니다. 정기적인 후원은 사역자의 생활비에 제한하고, 사역훈련을 위한 장학금 지원이나 학교 설립과 같은 경우는 필요에 따라서 단발적으로 지원하고, 무엇보다도 기간을 특정하여 후원하는 것이 지혜로운 후원방법입니다.

혐오시설 반대운동

Q. 저희 교회가 있는 지역에 최근 정부에서 혐오시설을 건립한다고 발표하여 주민들의 반대가 심합니다. 집값이 떨어지고 환경이 나빠진다며 반대 서명을 받으려고 교회에도 몇 번이나 찾아 왔습니다. 혐오시설들도 어디엔가는 반드시 세워져야 한다고 생각하는데 지역 주민들이 한뜻으로 반대하고 성도들도 동조하는 분위기라 목회자로서 입장을 표명하기 난처합니다. 어떻게 해야 할까요?

A. 며칠 전 친목 모임이 있어서 C시에 있는 친구의 아파트를 방문했는데, 입구부터 시작해서 아파트 곳곳에 '요양원 반대'라는 붉은색 플래카드가 걸려 있었습니다. 아마도 아파트 가까이에 요양원 건립계획이 추진되고 있었던 것 같습니다. 이 플래카드를 바라보는 저의 마음이 복잡했습니다. 요양원이 건립되면 아파트 주변에 노인들이 자주 목격될 것이고 노인들은 언제든 세상을 떠날 수 있으므로 병원 응급차나 장의차도 자주 목격될 것입니다. 이런 풍경들이 사람들에게 좋지 않은

인상을 주고 아파트 가격이 떨어질 것을 우려한 주민들이 반대운동을 전개하고 있는 것 같았습니다.

그런데 요양원이 들어서는 것이 결사적으로 반대해야 할 사안일까요? 노인들은 건강하고 젊은 사람들이 살아가는 환경으로부터 격리돼 죽음을 기다려야 하는 자들인가요? 아파트 주민이 자신의 노년을 생각할 때도 이런 반대운동을 전개할 수 있을까요? 이 반대운동에는 눈 앞에 보이는 단기적인 경제적 이해관계에만 집착하는 집단이기주의가 깊게 자리 잡고 있습니다. 그렇다면 이와 같은 반대운동에 대해 교회는 어떤 입장을 취해야 할까요?

교회와 사회의 관계

우리 사회의 민주화가 이루어지면서 정부의 시책에 대한 시민들의 반대운동이 빈번하게 전개되고 있습니다. 이 반대운동은 정부의 부당한 시책에 대한 정당한 비판의 표현인 경우도 있고, 정부의 정당한 시책에 대한 집단이기주의적인 불만의 표현인 경우도 있습니다. 어떤 경우든 정부의 시책에 대하여 시민들이 반대 의사를 집단으로 표현하는 것은 헌법이 보장하는 정당한 권리입니다.

그러나 교회가 이와 같은 시민의 반대운동을 어떻게 평가하고 대응해야 하는가를 다룰 때는 법적인 차원을 넘어 도덕적인 차원을 생각해야 합니다. 좀 더 구체적으로 말하면 하나님 나라의 관점을 고려해야 합니다. 목회자가 정부 시책에 대한 시민의 반대운동에 대응할 때는 목회자 개인의 입장에서 하는 것이 아니라 교회의 공적인 대표자의 입장에서 하는 것입니다. 따라서 현대사회에서 교회가 차지하는 위치가 무엇이며 교회와 사회의 관계를 어떻게 설정해야 하는가의 문제를 고려해야 합니다. 교회는 사회 안에서 두 가지 위치를 차지하고 있습니다.

첫째, 교회는 제도적이고 법적인 면에서 사회 안에 존재하는 다양한 기관들 가운데 하나지만 다른 기관들과는 다른 독특하고 고유한 소명을 갖습니다.

교회는 하나님을 향한 신앙을 고백하고 구속의 은혜를 받아들인 사람들로 구성된 공동체로서 하나님께 예배하고 이들을 하나님 나라의 원리로 양육하며, 이 세상을 향해 하나님의 살아계심과 참된 구원의 길을 증언하는 공동체입니다. 이 점에 있어서 교회는 정치·경제·문화 등을 포괄하는 다양한 일반은총적인 소명을 받은 사회적 기관들과는 구별됩니다.

교회는 자신의 예배 공동체적 특성을 사회의 다른 공동체들에 대하여 강제해서는 안 되고, 사회의 다른 공동체들에 적용되는 고유한 원리들을 무분별하게 교회 공동체의 운영에 도입해서도 안 되며, 다른 사회 공동체들의 고유한 일에 개입해서도 안 됩니다. 반면에 다른 사회 공동체들 역시 자신의 공동체에 통용되는 원리를 교회 공동체에 강제해서도 안 되며, 교회의 예배 공동체적 특성을 침해해서도 안 됩니다. 또한 교회는 사회의 기관으로서 모든 기관에 부과되는 국가의 법적이고 제도적인 규제로부터 - 이 규제가 예배공동체로서의 독특한 소명을 침해하지 않는 한 - 자유로울 수 없습니다. 현실에 존재하는 지역교회는 다른 기관들 위에 군림하는 기관이 아니라 다른 기관들과 나란히 공존하는 기관입니다.

둘째, 교회는 영적이고 도덕적인 면에서는 사회구조에 매이지 않습니다. 교회는 법적이고 제도적인 면에서 다른 사회 기관과 같이 국가의 제약을 받으며 공존하는 기관이지만 도덕적이고 영적인 차원에서는 국가를 포함한 사회의 다른 기관 위에 있으며 사회 전체를 아우릅니다. 모든 지역교회는 시간과 장소를 관통해 우주적으로 실재하는 보편교회 혹은 하나님의 나라에 그 뿌리를 두고 있습니다. 하나님의 나라는 역사 전체뿐만 아니라 사회의 모든 기관을 포괄하고 있으며, 사회의 모든 기관은 하나님 나라가 부과하는 원리의 영적이고 도덕적인 지도를 받으면서 운영되어야 합니다.

지역교회는 법적이고 제도적인 차원에서는 교회 공동체 구성원의 예배와 양육에 집중해야 합니다. 그러나 지역교회는 모든 구성원이 사회의 각 기관 안에서 생활하는 자들이라는 점과 사회의 각 기관이 하나님 나라의 규범적 지도 아래 있음을 고려해 교회의 구성원이 사회의 각 기관에서 하나님 나라의 원리를 따라 일할 수 있도록 가르쳐야 합니다. 이와 동시에 사회의 각 기관이 하나님 나라의 규범적인 원리의 지도에 따라서 운영되고 있는가를 영적이고 도덕적인 차원에서 감독하고 지도할 수 있어야 합니다. 영적인 차원에서라 함은 교회가 이 일을 위하여 기도한다는 것을 뜻하며 도덕적인 차원에서라 함은 이 일을 설교와 문서와 선언 등을 통하여 진행한다는 것을 의미합니다.

반대운동에 대한 이해

앞서 언급한 두 가지 원리를 바탕으로 지역주민이 전개하는 반대운동에 참여하는 문제에 대하여 구체적으로 검토해 보겠습니다. 우선적인 대원칙은 지역교회의 소명과 다른 사회 기관들의 소명이 다르다는 점을 고려해 정부의 시책이 반윤리적이고 시민의 생명권에 대한 침해가 자명한 경우가 아닌 한 시민의 정부 시책 반대운동에 대해서는 교회가 일정한 거리를 두고 법적으로나 제도적으로 직접 관여하지 않는 것입니다. 이 원칙을 중심에 두고 시민들의 정부 시책 반대운동을 세 가지로 정리해 보겠습니다.

첫 번째 경우는 집단이기주의적인 반대운동입니다. 정부의 시책이 도덕적으로 정당하고 지역주민에게 생명의 손상과 같은 치명적인 해를 주지는 않지만 약간의 복리적인 권익의 손상을 가져오는 경우가 있습니다. 이때 지역주민은 자신들의 이익 수호를 위해 도덕적인 대의를 희생하면서 반대운동을 전개합니다. 아파트 단지 가까이에 요양원, 장애인학교, 임대 아파트 등을 건립하는 경우가 이에 해당합니다. 이 경우에 지역교회는 절대로 지역주민의 반대운동에 동참해서는 안 됩니다. 오히려 지역주민이 생각을 바꾸도록 설득할 필요가 있습니다. 교회가 지역주민으로부터 불이익을 당한다 하더라도 의로운 고난으로 알고 견디면서 사회적 약자를 배려하는 차원에서 교회는 자신의 입장을 견실하게 유지해야 합니다. 지역주민으로부터 교회가 소외되고 전도의 문이 막힐지도 모른다는 불안감 때문에 반대운동에 참여하게 되면 헤어나올 수 없는 도덕적인 올무에 걸려들고 맙니다. 교회는 좀 더 멀리, 그리고 깊이 볼 필요가 있습니다. 사람들의 마음에는 양심이 있어서 그런 반대운동을 하면서도 마음 한편으로는 꺼림칙하기 마련입니다. 나중에 반대운동을 했던 것을 후회하게 되는 데 이때 반대운동에 교회가 동조했다는 사실이 드러나면 교회의 신뢰성이 손상됩니다.

여기서 우리는 바울이 3차 선교 여행을 끝내고 죄수의 신분으로 로마로 호송되어 가는 과정에서 보여준 태도를 참고할 필요가 있습니다. 바울이 예루살렘으로부터 가이사랴의 감옥으로 이송됐을 때는 벨릭스 총독과 베스도 총독의 재임 기간 중이었는데 이 두 총독은 특별한 이유도 없이 바울을 장기간 감옥에 가뒀습니다행 24:24-27. 두 총독이 바울을 석방하지 않은 이유는 바울을 면회하러 오는 기독교인들 가운데 부유한 자들이 많았고 이들로부터 뇌물을 기대했기 때문입니다. 아마도 성도들이 바울에게 찾아와서 이렇게 상의했을 것입니다. "선생님, 보석금을 조금만 내면 선생님이 석방될 수 있는데 그렇게 할까요?" 그러나 바울은 이 제안에 동조하지 않았습니다. 그 결과 바울의 구금사태는 하염없이 연장됐습니다. 바울은 교회가 부정한 일에 개입하면 교회의 권위나 하나님 나라의 일이 삽시간에 무너질 우려가 있음을 잘 알고 있었던 것입니다. 교회는 지역주민들의 부당한 집단적 이기주의에 동조해서는 안 됩니다.

두 번째는 정부의 시책이 반윤리적이고 국민의 생명권을 침해하는 것이 자명한 경우입니다. 예컨대 시민들의 거주지 근처에 카지노와 같은 도박 시설 건축을 허용한다든지, 러브호텔 등과 같은 시민들의 건전한 도덕 생활을 명백하게 침해하는 시설 건축을 허용해 주는 경우입니다. 인간의 생명을 자의적으로 중단시키는 낙태, 응급피임약 판매, 안락사처럼 반윤리적이고 시민의 생명권을 명백하게 침해하는 정책을 시행하고자 할 때는 지역교회가 교회의 이름으로 반대운동에 참여해야 합니다. 이때 교회는 설교와 문서를 통해 정책의 비윤리성을 적극적으로 비판하고 정부 시책의 철폐를 위한 반대운동을 지원해야 합니다.

　세 번째는 어느 편이 옳은지 그른지를 판단하기가 어려운 경우가 있습니다. 이 경우에 바른 판단을 하려면 상당한 정도의 전문적인 지식이 필요하며 전문적인 지식 자체가 두 진영으로 갈라질 수 있어서 결론을 내리기 어렵습니다. 이런 경우에 전문가들의 책임 있는 도움을 받기 전까지는 지역교회가 입장을 정하는 것을 유보하는 것이 좋고 끝내 판단이 서지 않는 경우에는 교회가 사안에 대하여 지속적인 관심을 가지되 반대운동에 대하여 일정한 거리를 두는 태도가 필요합니다. 이때 섣부르게 어느 한 편의 편중된 정보를 듣고 어떤 운동이나 결정에 참여했다가 교회가 헤어 나올 수 없는 궁지에 빠질 수 있습니다.

　예를 들어 원자력발전소를 건설하는 사업과 원자력발전에서 나오는 방사성폐기물을 저장하는 공간을 허락하느냐의 문제를 두고 전국 각지의 지역주민과 정부의 갈등이 반복하여 일어났습니다. 이 경우는 비전문가는 판단하기가 매우 어렵습니다. 반대운동을 하는 진영에서는 원자력발전이 사고가 날 때 일어날 수 있는 방사능오염의 위험성을 보여주는 각종 과학적 자료들을 제시하는 반면에, 정부 측에서는 원자력발전의 불가피성과 안전성 그리고 방사선 폐기물 저장방식의 안전성을 홍보하는 과학적 자료들을 제시합니다. 양쪽 논리가 다 일리 있고 장단점을 안고 있어 결론을 내리기가 매우 어렵습니다.

　초고압전류를 보내는 고압송전선 건립의 문제도 비슷한 양상을 보입니다. 고압전류의 위험성을 강조하는 지역주민은 각종 암에 걸릴 위험이 크다는 것을 보여주는 과학적 자료를 제시하는 반면에, 정부 측에서도 반박하는 과학적 근거를 제시합니다.

서울의 모 교회는 교회가 속해 있는 지역이 첨단업무단지로 재개발된다는 정보를 재개발에 관여하고 있는 일부 성도에게 듣고 재개발이 되면 종교 부지를 배당받는다는 조건을 받아들여 성급하게 교회철거에 동의했습니다. 그러나 재개발계획에 참여한 업체들의 이해관계 때문에 재개발이 무산되고 재개될 조짐이 보이지 않는 상태로 10년이 넘게 지속 되자 교회가 큰 시험에 들게 되었습니다. 사업 추진 과정에 대한 전문적이고 균형 잡힌 정보를 얻지 못한 상태에서 성급하게 결정을 내렸다가 낭패를 본 것입니다.

명백하게 비윤리적이거나 반생명적인 정부 시책을 반대하는 절박한 경우가 아닌 한, 지역주민의 정부 시책 반대운동에 대해서 교회는 매우 신중한 태도로 대응해야 합니다. 전문적인 지식이 있어도 판단하기 쉽지 않은 경우, 교회는 반대운동에 일정한 거리를 두고 신중한 태도를 견지해야 합니다. 더욱이 이 운동이 지역주민의 집단이기주의에서 비롯된 경우에는 동참해서는 안 됩니다. 무엇보다도 교회는 예배공동체로서의 고유한 소명을 충실하게 유지하는 것이 궁극적으로 사회의 안녕에 기여하는 첩경이라는 기본원리에서 떠나지 않아야 합니다.

송구영신 예배

Q. 송구영신 예배가 너무 기복적으로 변해가고 있다는 생각이 듭니다. 많은 교회가 송구영신 예배 때 특별행사로 하는 신년축복 안수기도, 기도제목을 쓴 헌금, 말씀 뽑기 등이 성경적인지 의문입니다. 그렇다고 아무런 이벤트도 없이 송구영신 예배를 드리는 것도 부담스러워 상담소의 문을 두드립니다. 다가오는 송구영신 예배를 어떻게 준비하는 게 좋을지 조언을 부탁드립니다.

A. 한국교회에서 특별한 행사를 하는 대표적인 4대 절기는 부활절, 맥추절, 성탄절, 송구영신입니다. 부활절과 맥추절은 성경적 근거가 뚜렷한 절기이고, 성탄절은 날짜 선정에 대한 논란의 소지가 있긴 하지만 그리스도의 탄생을 기념하는 날로 정착이 되어 있습니다. 한 해를 보내고 새로운 한 해를 맞이하는 송구영신도 일반은총적인 의미에서 그 자체로 특별한 날임이 분명합니다.

신앙생활에 도움이 되는 특별행사

그렇다면 교회는 이런 특별한 절기에 특별한 행사를 해야 할까요? "너는 애굽 땅에서 종 되었던 것과 네 하나님 여호와께서 너를 속량하셨음을 기억하라 그것으로 말미암아 내가 오늘 이같이 네게 명령하노라"신 15:15. 하나님은 이스라엘 백성에게 애굽에서 종살이를 하던 일과 그들을 해방시켜 주신 하나님의 구원사건을 기억할 것을 명령하십니다. 특별히 언제 이 일들을 기억해야 하는가? 생활 속에서 항상 기억하기 위하여 노력해야 하지만, 안식일이 되어 하나님께 예배를 드릴 때, 유월절로 모일 때, 맥추절로 모일 때, 수장절로 모일 때 그리해야 합니다.

하나님의 구원사건은 하나님의 백성이 항상 기억해야 할 사건인데 왜 특별한 날을 정하여 기억해야 할까요? 우선 인간은 마음의 힘으로 형식을 변화시킬 수도 있지만 동시에 형식에 의하여 마음이 변화되기 쉬운 존재라는 점을 유념할 필요가 있습니다. 기독교인은 마음을 다스리는 일에 집중해야 하지만 형식이 주는 힘을 과소평가해서는 안 됩니다. 예컨대, 옷차림이 느슨하면 마음도 어느 정도 함께 느슨해져서 쉽게 일탈에 빠지게 되지만, 옷차림이 단정하면 마음도 어느 정도 긴장을 하게 되고 일탈에 대한 유혹을 좀 더 쉽게 이겨낼 수 있습니다. 이처럼 바른 형식은 내적인 경건을 유지하는 데 크게 도움이 됩니다. 따라서 '특별행사'는 성도의 마음의 경건을 증진하는 데 상당한 도움이 됩니다.

정기적으로 특별한 이벤트를 가지는 것은 신앙생활의 길을 바로잡는 데 도움이 됩니다. 기독교인이라 해도 일상생활을 할 때는 일상의 일에 푹 빠져서 지내기 마련이며, 이때 하나님이나 영적인 세계에 대하여는 잊고 지냅니다. 그러면 자연스럽게 영혼이 지닌 영적 감각은 떨어지거나 무뎌질 수밖에 없습니다. 따라서 정기적으로 영적인 감각을 일깨워 주는 시간이나 프로그램이 필요합니다. 정기적으로 성경을 읽고 기도하는 일, 예배드리고 성경을 공부하는 일과 같이 특별히 정해진 절기에 특별한 행사를 할 때 영적으로 건강한 신앙생활을 영위할 수 있습니다. 정기적인 프로그램의 도움을 받지 않고 건강한 신앙생활을 할 수 있는 기독교인은 거의 없습니다.

특별행사의 내용은 하나님의 구속사건

특별행사를 어떤 내용으로 채워야 할까요? 출애굽 사건을 기억하라고 명령하고 있는 신명기 15장 15절은 교회에서 하는 모든 절기의 내용을 하나님의 구속사건으로 채워야 한다는 것을 말씀합니다. 부활절, 맥추절, 성탄절, 그리고 송구영신 행사가 모두 하나님의 구속사건이라는 장엄한 사역을 더 특별한 방법으로 소개하는 내용으로 구성되어야 합니다.

실제로 구약의 절기들을 잘 보면 하나님의 장엄한 구속사건을 기념하는 것이 핵심임을 알 수 있습니다. 유월절은 어린 양의 피를 문지방에 바름으로써 장자의 죽음으로부터 구원받은 사건을 기념하는 절기인데, 이 사건은 신약에서는 예수 그리스도의 죽음을 의미합니다. 맥추절은 첫 열매를 거두는 것을 기념하는 절기인데, 이는 신약에 와서는 부활 승천하신 예수님이 성령을 보내서서 인류구원의 첫 열매를 거두기 시작하는 것을 의미합니다. 수장절은 곡물을 수확하여 창고에 모아들이는 것을 기념하는 절기인데, 신약시대에는 재림의 때를 뜻합니다. 이처럼 구약의 절기들은 한결같이 '그리스도의 죽음-부활-성령 보내심-재림'으로 연결되는 구속사건으로 그 내용이 꽉 차 있습니다.

부활절이나 맥추절이나 성탄절이 하나님의 구속사건으로 내용을 채워야 한다는 점을 이해하는 것은 어렵지 않습니다. 문제는 송구영신 예배도 '하나님의 구속사건으로 채워야 하는가?' 하는 것입니다. 네! 송구영신 예배도 하나님의 구속사건으로 채워야 합니다. '말씀 뽑기', '신년축복 안수기도', '헌금봉투에 기도제목 넣기' 등과 같은 행사들은 일 년에 한 번 거행하는 뜻깊은 송구영신 예배의 내용이 되기에는 너무 사소하고 빈약한 주제들입니다. '말씀 뽑기' 한번 하는 것이 어떻게 일 년의 삶의 지침이 될 수 있겠습니까? 중국집에서 식사 끝난 후 포춘 쿠키를 뽑아 기분 좋은 경구 하나를 만나는 것과 뭐가 다를까요? 성도들의 구체적인 사정을 잘 모르는 상태에서, 그리고 5분도 채 안 되는 짧은 시간 동안에 목회자가 드리는 기도가 과연 얼마나 크고 긴 울림을 성도들에게 줄 수 있을까요? 헌금봉투와 기도를 연결해 놓는 것은 영적인 축복을 돈을 주고 사고팔 수 있다는 인상을 낳을 수 있다는 점 하나만으로도 매우 위험한 일이 아닐까요?

우리는 일 년에 딱 한 번 있는 송구영신 예배를 조잡한 행사들로 채우면 안 됩니다. 송구영신으로부터 하나님의 장엄한 구속사건과 관련시킬 수 있는 의미들을 찾아서 내용을 채워야 합니다. 송구영신은 옛것은 보내고 새 것을 맞아들인다는 뜻인데, 이것이 바로 구원사건의 특징 아닌가요? 우리는 예수 그리스도를 구주로 영접함으로써 우리의 옛사람을 벗어 버리고 그리스도 안에서 새 사람을 입었습니다. "그런즉 누구든지 그리스도 안에 있으면 새로운 피조물이라 이전 것은 지나갔으니 보라 새 것이 되었도다"고후 5:17. 송구영신은 구원사건의 핵심과 바로 연결이 됩니다! 그러므로 목회자는 구원사건을 주제로 특별하게 준비된 설교를 전함으로써 성도들이 구원사건의 깊고 풍부한 세계를 특별하게 경험하고 결단하면서 한 해를 시작할 수 있도록 해야 합니다. '옛것으로부터의 새로워짐'이라는 기본 틀을 설정하면 아주 깊고 풍부한 다양한 설교 주제를 정하는 것이 가능합니다.

예를 들면 오순절 성령강림 사건 등과 같은 본문들을 근거로 인용하면서 하나님의 백성의 새 출발을 알리는 성령세례, 그 이후에 이어지는 성령 충만에 대하여 소개할 수 있을 것입니다. 구원론에서 소개되는 아홉 단계의 구원의 서정들 하나하나를 설교 주제로 정하여 소개할 수도 있습니다. 부르심, 중생, 회심, 칭의, 수양, 성화, 견인 등과 같은 구원의 서정 상의 단계들이 모두 죄와 사망의 굴레라는 옛 세계로부터 해방되어 하나님의 백성의 새로운 삶이 어떻게 형성되며, 어떤 특징들을 가지고 있는가를 풍부하면서도 흥미 있게 묘사하고 있는 경이로운 주제들입니다. 중요한 것은 한 해를 시작하면서 하나님의 장엄한 구원사건을 주제로 하여 특별하게 준비된 '설교'에서 성도들이 송구영신 예배의 의미를 찾을 수 있도록 훈련해야 한다는 것입니다.

하나님의 구원사건을 기억하는 것을 중심에 두고 한 해 동안 교회가 걸어온 길과 시행해 온 다양한 행사들을 회고해 보고 새로운 한 해에 예상되는 일들이나 행사들을 간략히 소개하고 기도를 통하여 하나님께 의뢰하는 시간을 갖는 것도 좋을 것입니다.

말씀 뽑기는 하나님의 고유한 영역 침범

그러면 '말씀 뽑기', '신년축복 안수기도', '헌금봉투 기도제목 넣기' 등의 관행에 대하여 검토해 보겠습니다. 우선 '말씀 뽑기'에 대하여 한번 생각해 보지요. 물론 하나님이 '말씀 뽑기'를 통해서 일하시지 않는다고 단정할 수는 없습니다. 우연히 뽑은 말씀이 한 사람의 평생의 좌우명이 되어 인생을 바꾸어 놓을 수도 있습니다. 어거스틴이 어느 날 어린아이가 '책을 들어 읽으라'고 외치는 소리를 들었습니다. 어거스틴은 이 소리를 하나님의 준엄한 명령으로 듣고 성경책을 펴서 읽었는데 성경 본문은 음란한 행실을 버리라는 로마서 13장 13-14절 말씀이었습니다. 이때 성적으로 방탕한 생활을 하고 있었던 어거스틴은 이 말씀을 자신을 책망하는 하나님의 음성으로 듣고 회개했고, 이후에는 위대한 신학자가 되었습니다. 그런데 이 음성은 사실은 옆집에서 놀고 있던 아이들이 놀이에서 부르는 노래에 불과한 것이었습니다. 이처럼 하나님은 어린아이의 한마디를 통해서도 일하실 수 있습니다. 그러나 어거스틴의 경우와 같은 특별한 경우를 일반화해서 모든 사람이 따라야 하는 원리로 만드는 것은 잘못된 것입니다.

구약시대에 뽑기는 인간이 결정하기 어려운 일이 있을 때 하나님의 결정을 요청하는 특별한 종교 행위였습니다. "제비는 사람이 뽑으나 모든 일을 작정하기는 여호와께 있느니라"잠 16:33. 구약시대에 사용했던 뽑기로는 세 가지 유형이 있었습니다. 하나는 계시의 제비sors divinataria 인데 우림과 둠밈이 대표적인 것입니다. 우림과 둠밈은 대제사장이 가슴에 담고 있던 보석들로서 이스라엘 백성들은 이 보석들에 나타난 변화로 하나님의 뜻을 판별했습니다. 그러나 우림과 둠밈을 통한 하나님의 계시는 성경 시대에만 있었던 하나님의 기적적이고 특별한 작용의 결과로 나타난 현상이었습니다. 또 하나는 상담의 제비sors consultaroria로서 전리품을 훔친 아간을 찾아낼 때나수 7장 전쟁이 끝나기 전에는 음식을 먹지 말라는 사울의 명령을 어긴 자를 찾아낼 때삼상 14:41 사용되었습니다. 이 두 제비뽑기는 특별계시가 종결된 이후에는 더 나타나지 않는 계시 현상입니다. 또 다른 하나의 제비는 분배의 제비sors divosoria인데, 이 제비는 토지를 분배할 때나민 26:52 이하 직분자를 뽑을 때맛디아의 선택, 행 1:26 사용된 제비였습니다. 이 제비는 공정한 선택을 위하여 사용된 제비뽑기로 일상적으로 사용하는 것이 가능합니다.

그런데 말씀 뽑기는 계시의 제비나 상담의 제비와 같은 성격을 지닌 관행이기에 사용하지 않는 것이 바람직합니다. 하나님이 신자 개개인에게 뽑기라는 방식으로 자신의 뜻을 계시하실 가능성을 완전히 배제할 수는 없습니다. 계시의 제비나 상담의 제비가 특별계시가 중단된 후에 더 사용되지 않는다는 말은 하나님의 특별한 섭리가 없는 한 인간이 알기 어려운 어떤 사안이나 미래의 일을 들여다보는 것은 하나님의 고유한 영역을 침범하는 것이므로 금지되어야 한다는 뜻을 담고 있습니다. 하나님이 금지한 행위를 하나님의 말씀과 결합하는 것은 경솔한 일입니다.

신년축복은 일반적인 축복 안에서

다음으로 살펴볼 문제는 '신년축복 안수기도'입니다. 여기서 우선 문제가 되는 것은 안수라는 의식입니다. 우리가 안수에 대하여 생각할 때 중요한 논점 중의 하나는 안수라는 의식 그 자체를 어떤 특별한 효능을 지닌 신비스러운 것으로 생각해서는 안 된다는 점입니다. 우리는 이것을 실체를 가리키는 상징으로 이해해야 합니다.

성경에서는 다양한 목적으로 안수라는 의식이 사용되고 있습니다. 안수가 지닌 가장 중요한 목적은 특정한 직무의 위임과 관련되어 있습니다. 안디옥 교회가 바울과 바나바를 선교사로 파송할 때 안디옥 교회의 성도들이 안수하여 보냈고행 13:3, 장로 직분이 안수를 통하여 위임되었습니다(딤전 5:22, 장로를 세울 때 경솔하게 안수하지 말라는 말은 장로로 직분을 위임할 때 안수례를 거쳤음을 뜻합니다). 그러나 안수례가 직무를 위임하는 데 필수적인 요소였던 것은 아니며, 더욱이 안수례가 직분을 위임할 때 어떤 신비스러운 효능을 발휘했던 것도 아닙니다. 안수례는 하나님이 직분자에게 직무를 위임하셨다는 사실을 회중 앞에서 시청각적으로 확인하고 추인하는 예식입니다.

안수는 성령을 받게 하는 통로로 사용되기도 했습니다행 8:17. 그러나 모든 성령강림 사건들 가운데 가장 강력한 성령강림 사건인 오순절 성령강림 사건 시에는 성령이 안수라는 의식을 거치지 않고 임했으며, 집사로 피택된 일곱 명의 성도들도 안수례를 거치지 않고 성령의 충만함을 받은 자들이었습니다행 6:3. 이 같은 사실들은 안수 그 자체가 성령을 받는 필수적인 통로가 되었던 것은 아님을 보여줍니다.

안수는 안수하는 자가 하나님의 축복을 피안수자에게 전달하는 통로로도 사용됩니다. 축복의 전달통로로 안수례가 사용된 좋은 예로는 야곱이 에브라임과 므낫세와 그의 후손들에게 임할 일들을 예고하고 축복을 내리는 장면을 들 수 있습니다창 48:14. 그런데 야곱이 안수를 통하여 축복을 내린 경우를 오늘날 목회자들이 성도들을 축복하는 전례로 삼는 것은 재고할 필요가 있습니다. 야곱은 하나님의 특별한 계시를 받았던 특별계시 기관으로서 야곱에게서 일어난 일들은 성령의 영감 안에서, 그리고 구속사의 맥락에서 일어난 일들로 이해해야 하며 특별계시가 종결된 오늘날에는 야곱의 축복이나 예고와 같은 성격의 축복과 예고가 반복되어 나타난다고 보기 어렵습니다. 신약성경에는 예수님이 어린아이들에게 안수하시면서 축복하신 예가 있습니다마 19:15. 하나님이신 예수님은 형식을 자유롭게 취하시면서 축복하실 수 있으나 오늘날의 목회자들이 하나님이신 예수님과 같은 방식으로 축복을 내릴 수 있는가도 의문입니다.

현대의 목회자는 성도들이 자신들에 대하여 거는 어떤 기대를 단호하게 거부할 필요가 있고, 또한 성도들이 그런 기대를 하지 않도록 자기 자신을 '비신성화'시켜야 합니다. 성도 중에는 목사가 일반 성도에게는 주어지지 않은 어떤 특별하고 신비스러운 능력을 가진 '주의 종'이며, 이 '주의 종'으로부터 미래에 일어날 일에 대하여 어떤 특별한 축복을 받으면 앞날이 형통하게 잘 풀린다는 인식을 가진 분들이 있습니다. 그러나 신약시대의 목회자는 이런 특별한 존재가 아닙니다. 신약시대의 목회자는 자신이 회중들 가운데 한 구성원이며, 다양한 은사들 가운데 하나인 말씀을 가르치는 은사를 받은 자로서 이 은사에 부합하는 특별한 직무를 하나님과 교회로부터 위임받아 교회와 성도들을 섬기는 직분자라는 자의식을 분명히 가져야 합니다. 목회자는 하나님의 말씀을 충실하게 연구하고 해설함으로써 성도들이 말씀에 의지하여 신앙생활을 할 수 있도록 측면에서 도와주는 자이며, 다른 직분을 가진 성도들과 협력하여 교회를 운영하며, 어려움에 있는 성도들을 돌보는 직무를 수행하는 자입니다.

목회자가 성도를 축복하는 경우라도 말씀의 범주 안에서 말씀이 약속하는 일반적인 영적인 축복을 전달하고 성도의 영적이고 육적인 안녕을 하나님께 기도로써 아뢰는 선을 넘지 말아야 합니다. 특히 목회자가 성도 개인의 미래를 구체적으로 예고하고 자신이 머릿속으로 상정한 미래의 상을 실현해 달라는 기도를 해서는 안 됩니다. 그러면 '잘못된 구체성의 오류'에 빠지게 되고 성도에게 오히려 피해를 가중시킬 수 있습니다.

잘못된 구체성의 오류란 이런 것입니다. 어떤 사람이 A라는 거리에서 시계를 잃어버렸다고 가정해 봅시다. 잃어버린 시계를 찾으려면 허공을 살펴보아서는 안 되고 거리의 바닥이라는 구체적인 장소를 뒤져봐야 합니다. 시계를 찾는 사람이 구체적인 장소를 뒤지는 것이 필요하다는 원리에 따라서 구체적인 장소인 거리의 바닥을 샅샅이 뒤지긴 하는데, A라는 거리에서 뒤지지 않고 B라는 거리에서 뒤진다면 이 사람은 헛일을 하는 셈이 됩니다.

이처럼, 목회자가 성도 개인의 미래에 대한 예언적 축복을 하려면 성도 개인의 구체적인 사정을 정확하게 꿰뚫고 있어야 합니다. 그러나 이일은 매우 어렵습니다. 목회자가 성도 개인의 구체적인 사정을 정확히 모르고 있는 상태에서 예언적 축복을 하는 것은 매우 위험합니다. 게다가 목회자라 할지라도 미래를 들여다보는 안목이 주어지지 않았습니다. 따라서 목회자는 한 개인에 대하여 상세한 파악이 불가능한 공적인 자리에서, 성도 개인의 구체적인 상황을 제대로 파악하지 못한 상태에서, 그것도 극히 짧은 시간밖에는 주어지지 않는 상황에서, 성도 개인에 대한 예언적 축복을 하는 것을 자제해야 합니다. 목회자의 신년 축복은 하나님의 구원사건을 핵심으로 하는 말씀을 설교한 후에 말씀이 약속하는 일반적인 축복과 통상적으로 성도들에게 주어지는 일반적인 축복의 범주를 벗어나지 않아야 합니다.

기도제목과 헌금의 구별

마지막으로 '헌금봉투 기도제목 넣기'에 대해서도 재고하는 것이 좋습니다. 헌금은 하나님께 받은 축복에 대한 감사의 표현이어야 합니다. 헌금은 하나님으로부터 이미 받은 재물 일부를 떼어서 하나님께 드리는 것인데 이 드림의 의미는 자신이 받은 모든 재물이 하나님의 것이요 따라서 하나님이 원하시는 뜻에 따라서 사용하겠다는 결의를 밝히는 것입니다. 헌금은 이미 받은 축복에 대한 감사의 표현으로 끝나야 합니다.

헌금을 드리면서 앞으로 받기를 원하는 축복을 담은 기도제목을 함께 드리는 행위는 무속종교에서 드리는 복채와 다름없기에 지양해야 합니다. 물론 신년에 성도들이 기도제목을 목회자에게 전달하여 목회자가 그해에 중점적으로 기도해야 할 내용을 알리고 기도제목을 공유하는 것은 매우 좋은 일입니다. 그러나 기도제목을 헌금과 연계시켜서는 안 됩니다. 기도제목은 헌금과 무관하게 따로 공유하는 것이 좋습니다.

교회의 특별한 절기 행사는 신앙생활의 건강한 성장을 위하여 꼭 필요합니다. 그러나 이 특별행사는 장엄하고 풍부한 하나님의 구원사건을 '기억'하는 데 집중되어야 그 의미와 생명력이 살아나고 성도들에게 건강한 영향을 줄 수 있습니다. 1년에 단 한 번 있는 송구영신 예배를 '말씀 뽑기', '신년축복 안수기도', '헌금봉투 기도제목 넣기' 등과 같은 시시하고 조잡하며, 무속적인 요소가 섞여 있는 관행들로 채우는 것은 성도들의 신앙생활에 독이 될 수 있습니다. 개신교는 이와 같은 비성경적인 관행들을 끊임없이 살펴서 개혁해 나가야 합니다.

다만 회중 전체가 참여하는 공적인 송구영신 예배와는 달리 개인이나 가정이 송구영신 예배를 드리는 경우는 개인의 구체적인 상황을 정확하게 판단하는 것이 가능하므로 하나님의 구원 계획 안에서 지난 1년의 생활을 점검하고 새해의 계획을 수립해 보는 것도 좋습니다. 우리 가정의 경우는 먼저 성경 본문을 정하여 읽고 이 본문에 나타난 하나님의 구원사건과 그것이 생활에 주는 의미를 묵상합니다. 그런 다음에는 1년 전에 드렸던 기도제목을 적어 두었던 노트를 가져와서 어떤 기도들이 응답 되었고, 응답 되지 않았는가를 살펴봅니다. 그 과정에서 자연스럽게 1년의 신앙생활 여정이 점검됩니다. 그런 다음에 새해를 위한 기도제목을 가족 구성원들과 나누고 노트에 기록합니다. 그리고 합심하여 기도합니다. 이처럼 가족 구성원들의 기도제목을 노트에 기록해 두고 1년 뒤에 점검해 보는 것은 매우 의미 있고 흥미로운 일이 될 수 있습니다.

9

교회 폐쇄

Q. 피치 못할 사정으로 10년간 목회하던 교회의 문을 닫으려 합니다. 그동안 함께 신앙생활 했던 교인들이 눈에 밟히고 미안한 마음이 앞섭니다. 교인들은 하나님이 세우신 교회 문을 닫는다는 사실 때문에, 목회자인 저는 폐쇄 절차를 몰라 어려움을 겪고 있습니다. 교회 폐쇄에 대해 성도들에게 설명할 수 있도록 신학적인 의미와 실제적인 폐쇄 방법을 알려 주십시오.

A. 이 사안에 대하여 두 트랙에서 접근하고자 합니다. 하나의 트랙은 이 사안을 신학적으로 어떻게 해석할 것인가 하는 문제입니다. 이 사안은 교인들의 마음을 매우 힘들게 하는 사안인데, 이 사안으로부터 교인을 격려하고 성장시키는 의미가 있다면 그 의미는 어떤 것인가를 알아보는 것입니다. 다른 하나의 트랙은 문제의 사안을 교회 행정적인 실무의 차원에서 원활하게 처리하는 과정을 정리해 보는 것입니다.

우선 문제의 사안을 어떻게 묘사하는 것이 바람직할까요? 일단은 이 사안을 '교회 폐쇄'라는 용어를 쓰기보다는 '모임 중단'이라는 단어로 표현하겠습니다. 교회는 인간의 힘으로 없앨 수 있는 모임이 아니며 인간이 없앤다고 해서 없어질 수 있는 모임도 아닙니다. 다만 현실적인 여러 가지 여건 때문에 당분간 모이지 못하는 것은 가능합니다. 제 판단에는 '모임 중단' 정도로 해 놓고 언제라도 다시 모일 수 있는 여지를 항상 열어 두는 것이 바람직하다고 생각합니다.

모임 중단의 신학적 의미

그러면 첫 번째 트랙 곧, '모임 중단'으로부터 교인들의 상처를 줄이고 오히려 격려할 수 있는 신학적 의미에는 무엇이 있을까요?

첫째로, 우리는 '모임 중단'을 하나님의 주권의 관점에서 해석할 필요가 있습니다. 우리는 기도하는 가운데 최선을 다하여 우리에게 불행한 일이 일어나지 않도록 노력해야 합니다. 그러나 우리가 최선을 다해 노력했음에도 불구하고 불행한 것으로 생각되는 일이 찾아올 때는 그 일도 우리에게 가장 유익한 일이기에 하나님이 주신 것이라고 해석하고 그 일에 담긴 하나님의 선하신 뜻이 무엇인가를 찾아야 합니다. 왜냐하면 하나님은 우리에게 항상 좋은 것을 주시는 분이시기 때문입니다(약 1:17, 온갖 좋은 은사와 온전한 선물이 다 위로부터 빛들의 아버지께로부터 내려오나니; 마7:11, 너희가 악한 자라도 좋은 것으로 자식에게 줄 줄 알거든 하물며 하늘에 계신 너희 아버지께서 구하는 자에게 좋은 것으로 주시지 않겠느냐). 우리는 어떤 일을 시작할 때 기도하는 가운데 하나님께서 모든 과정을 인도해 주시기를 기원합니다. 그리고 그 일이 잘 마무리될 때 하나님께 감사를 드립니다. 그러면 우리가 하는 일이 우리 뜻대로 이루어지지 않을 때는 어떻게 해야 할까요? 아무리 우리가 원하지 않는 결과라도 일단 그 결과가 현실로 찾아온 이상에는 그 일을 하나님의 뜻으로 받아야 하고 그 결과에 담긴 하나님의 선하신 뜻과 신학적 의미를 찾아야 합니다.

둘째로, 우리는 '모임 중단'이 교회의 중단이 아님을 교인들에게 분명하게 인식시킬 필요가 있습니다. 개혁신학의 교회론은 교회를 유형교회와 무형교회의 역동적인 관계 안에서 파악합니다. 유형교회는 눈으로 볼 수 있는 교회로서, 성도들이 모여서 예배를 드리고 이 예배에서 목회자를 통하여 말씀이 선포되고, 세례와 성찬이 시행되고, 장로와 권사와 집사 등과 같은 다양한 직분자가 임명되어 활동하고, 당회와 제직회와 각종 전도회와 주일학교 등과 같은 기관들이 조직되어 활동하는 교회로서 지상에 실제로 존재하는 교회를 뜻합니다. 무형교회는 마음 문을 열고 예수 그리스도를 구주로 영접해 들이고, 성령의 세례를 받고 속사람이 거듭난 사람들로 이루어진 교회를 뜻합니다. 그런데 마음속으로 주님을 영접했는지의 여부, 속사람이 거듭났는가의 여부는 사람의 눈으로 관찰할 수 있는 것이 아닙니다. 그래서 '무형교회'라고 부릅니다. 사람의 속마음은 하나님만이 아실 수 있기에 무형교회는 하나님만이 아시는 교회입니다.

그렇다면 유형교회와 무형교회는 어떤 관계가 있을까요? 마음으로 예수님을 구주로 영접하고 성령세례를 받아 거듭난 모든 신자는 곧바로 무형교회의 회원이 됩니다. 죽어서 세상을 떠난 모든 신자는 무형교회의 회원이며, 현재 이 세상에 있는 신자도 무형교회의 회원이며, 미래에 태어날 모든 신자도 무형교회의 회원입니다. 반면에 유형교회는 현세 안에서만 눈에 보이는 형태로 존재하는 교회입니다. 유형교회는 결코 영원히 계속되는 교회가 아닙니다. 새롭게 설립되기도 하고 없어지기도 합니다. 유형교회에 많은 변화가 있어도 무형교회는 영향을 받지 않고 항상 존재합니다. 불가피한 사정으로 인하여 '모임 중단'이 이루어져서 유형교회가 없어진다 하더라도 무형교회가 없어지는 것은 결코 아닙니다. 어떤 성도가 '모임 중단' 때문에 잠시 현세의 성도들과 함께 할 수 없고, 때로는 홀로 남는 경우에도, 이 성도는 여전히 무형교회의 당당한 회원으로서 구원받은 하나님의 백성이라는 사실에는 변함이 없습니다. 목회자는 '모임 중단'의 위기를 맞이한 성도에게 이 사실을 확고하게 가르쳐 주어야 합니다.

셋째로, 우리는 '모임 중단'을 '더 나은 본향'을 지향하는 것이 성도의 삶의 본질임을 인식하는 계기로 활용할 필요가 있습니다. 히브리서 기자는 이렇게 말합니다. "그들이 이제는 더 나은 본향을 사모하니 곧 하늘에 있는 것이라 이러므로 하나님이 그들의 하나님이라 일컬음 받으심을 부끄러워하지 아니하시고 그들을 위하여 한 성을 예비하셨느니라"히 11:16. 아브람은 하나님의 부름을 받고 갈대아 우르를 떠나 하나님이 가라고 명령하신 목적지인 가나안 땅을 향하여 나아갔습니다.

그러나 아브람이 도착한 가나안 땅은 결코 이상향은 아니었습니다. 아브람이 가나안 땅에 도착했을 때 가나안 땅은 이미 가나안 부족들에 의하여 점령되어 있었고, 설상가상으로 가뭄이 들어 살 수가 없었습니다. 아브람은 어쩔 수 없이 애굽으로 내려가야 했고, 애굽에서 목숨을 부지하기 위하여 거짓말을 하다가 쫓겨나야 했습니다. 자식이 없었던 아브람은 조카 롯과 이권 문제로 갈라서야 했고, 그나마도 비옥한 땅을 롯에게 양보하고 광야로 나아가야 했으며, 처음 얻은 아들인 이스마엘을 가정불화 때문에 내보내야 하는 아픔도 겪었습니다. 아브라함 생전에 가나안 땅은 아브라함에게 주어지지 않았습니다. 이런 과정을 겪으면서 아브라함은 가나안 땅이 하나의 상징이자 예표이며, 하나님께서 은혜로 마련하신 '더 나은 본향'을 사모하는 삶이 하나님의 백성의 삶의 본질임을 깨달았던 것입니다.

성도가 어느 한 유형교회에 몸을 담고 정을 붙이고 교회생활을 하다 보면 유형교회 이상의 것을 보는 눈이 약화될 수 있습니다. 그러나 현세 안에 있는 어떤 공동체나 기관도 기독교인이 궁극적인 소망을 두어야 하는 목적지는 아닙니다. 기독교인은 이 세상에 존재하는 모든 공동체나 기관에 궁극적인 소망을 두어서는 안 되며, 하나님이 은혜로 마련하신 '더 나은 본향', 곧 하나님의 나라 혹은 무형교회에 궁극적인 소망을 두어야 합니다. '모임 중단'이 현실화되면 유형교회에 대하여 실망하게 됩니다. 그런데 하나님은 성도가 유형교회의 불완전성과 한시성을 깨닫기를 원하셨던 것입니다. "너희의 궁극적인 소망을 현세 안에 있는 어떤 공동체나 기관에 두지 말라! 너의 궁극적인 소망을 하나님이 새롭게 예비하신 '더 나은 본향'에 두라!"

넷째로, 우리는 '모임 중단'을 맞이하여 인류의 역사는 시작이 있고 끝이 있다는 성경적인 역사관을 다시 한번 새롭게 인식하는 계기로 삼을 수 있습니다.

역사를 해석하는 방법에는 두 가지 관점이 있습니다. 하나는 고대 희랍 사상에 근거한 순환 사관입니다. 순환 사관이란 자연에 대한 관찰의 결과를 인간의 역사에 투영하여 해석한 역사관입니다. 자연 세계에 계절의 순환이 있습니다. 역사의 발전과정에 계절의 변화에 나타나는 순환 과정을 닮은 흥망성쇠의 순환이 나타납니다. 이 순환이 반복될 때마다 역사는 제자리에 머무르는 것이 아니라 앞으로 나아갑니다. 이 과정이 나선이 돌면서 올라가는 과정을 닮았다고 해서 나선형 사관이라고도 합니다. 오스왈드 슈펭글러Oswald Spengler와 아놀드 토인비 Arnold J. Toynbee가 이 사관에 근거하여 역사를 설명했습니다. 이 사관을 따르게 되면 역사에는 아무런 의미도 없고 다만 동일하고 무의미한 패턴의 무한한 반복이 있을 뿐입니다. 순환 사관이 역사의 의미를 말하지 못하는 이유는 비인격의 세계인 자연에 나타난 원리를 따르기 때문입니다. 동물이나 식물이나 광물 등으로부터 어떤 주체적인 의미도 찾아낼 수 없습니다.

다른 하나의 역사관은 성경에 근거한 직선 사관입니다. 직선 사관은 역사에는 시작이 있고 끝이 있다고 파악합니다. 인류의 역사는 하나님의 우주 창조와 더불어 시작되었고, 하나님의 우주 재창조와 더불어 종말을 고하게 될 것입니다. 하나님이 알파가 되시고 또한 오메가가 되십니다. 인간이 하는 모든 일은 시작이 있고 동시에 끝이 있습니다. 인간이 하는 일들은 어떤 일정한 패턴에 따라서 자동적이고 기계적으로 진행되지 않습니다. 왜냐하면 하나님은 자유로운 선택의 능력을 가지신 분이시고, 인간도 일정한 한계 안에서 자유로운 선택의 능력을 가지고 있기 때문입니다. 인류의 역사는 자유롭게 선택할 수 있는 능력 때문에 예측할 수 없는 방향으로 전개될 수가 있습니다. 인간의 역사가 하나님과 인간의 자유로운 선택에 의하여 전개된다는 말은 인간이 하는 모든 행동 혹은 역사 안에서 일어난 모든 사건은 의미가 있으며, 또한 그 결과에 대하여 인간이 책임을 져야 하며, 이 책임은 결국 역사가 끝나는 날 진행되는 하나님의 심판에 의하여 그 시시비비가 가려지게 된다는 뜻입니다. 교회의 '모임 중단'이 불가피할 경우에 그간의 교회 성장 및 운영과정에 대하여 돌아보고 평가하지 않을 수 없는데, 이 기회를 성경적 역사관에 따라서 역사를 해석하는 훈련의 계기로 삼는다면 큰 유익이 있을 것입니다.

교회 재산 처리

두 번째 트랙 곧 '모임 중단'에 관한 교회 행정적 절차를 어떻게 다루어야 하는가 하는 문제를 생각해 보겠습니다. 이 문제는 두 가지인데, 하나는 교회의 잔여재산 처리 문제이고, 다음으로는 남은 교인을 지도하는 문제입니다.

먼저 교회의 잔여재산 처리 문제를 생각해 보겠습니다. 교회의 잔여재산을 처리할 때 대전제는 교회의 잔여재산은 목회자를 포함하여 어떤 개인의 소유가 아니라 교회의 공적인 공동소유라는 인식입니다. 교회의 잔여재산이 교회의 공적인 공동소유라는 말은 이 재산 처리는 교회의 공적인 행정절차에 따라서 이루어져야 한다는 뜻입니다.

교회를 개척하는 과정에서 예배처소를 마련할 때나 교회의 기물들을 마련할 때 목회자 개인의 재산이 투입되는 경우가 있습니다. 목회자가 예배처소의 전세금을 담당한다든지, 월세로 얻을 경우에 보증금을 담당하는 등과 같은 경우입니다. '모임 중단'을 할 때 목회자가 이 돈에 대하여 "개인 돈이 들어간 것이니까 돈을 돌려받겠다"고 주장할 수 있을까요? 그것은 바른 태도가 아닙니다. 목회자가 투입한 돈은 하나님 앞에 헌금한 것으로 해석되어야 하고, 하나님 앞에 헌금한 돈은 교회의 공동자산으로 인식되어야 합니다.

교회의 이름으로 자산거래를 하는 것이 매우 어렵기 때문에 작은 교회의 경우에 교회의 양해 아래 목사 개인의 이름으로 자산을 등록하거나 은행거래 등을 하는 경우가 많습니다. 이때 목회자가 법적인 정당성에만 의지하여 교회 자산을 자기 것으로 주장하는 일이 있어서는 안 됩니다. '모임 중단'이 결정되면 목회자는 자산의 명의를 교회 명의로 돌려놓는 것이 바람직합니다. 어쩔 수 없이 목회자 자신의 명의로 되어 있다 하더라도 그 자산에 대한 처리권 곧, 통장과 인장 등을 교회의 공적 기구에 인계하여 목회자의 의지와 무관하게 교회의 공동결정에 따라서 처리할 수 있도록 조처해야 합니다.

교회의 잔여재산은 교회의 공동소유이기 때문에 당회와 제직회와 같은 교회 심의기관의 논의를 거친 후 공동의회의 결정에 따라서 처리해야 합니다. 공동의회는 목회자의 퇴직금이나 전별금 용도로 이 잔여자산을 우선적으로 사용하기로 결정할 수 있습니다. 그것은 목회자에 대한 교회의 예우입니다. 목회자가 스스로 잔여재산을 퇴직금이나 전별금으로 챙기는 것은 잘못된 일이지만 공동의회의 결정을 통하여 퇴직금이나 전별금을 받는 것은 정당한 것입니다. 떠나는 목회자에 대한 예우를 하고도 남는 자산은 선교 사업이나 구제사업의 용도로 특정한 기관에 기부할 수 있습니다.

그러면 교회가 은행 등에 빚을 지고 있는 경우는 어떻게 처리해야 할까요? 편의상 명의를 목회자 앞으로 해 놓았다가 빚을 지는 경우에 이 빚 문제를 목회자 개인이 해결하도록 방치하는 것도 잘못된 것입니다. 잔여재산도 교회의 공동소유이지만 빚도 교회의 공동책임입니다. 이 경우에도 중요한 것은 공동의회의 결정입니다. 이 경우에 공동의회가 공동의회 구성원들 전체가 빚을 분담하는 방향으로 결정해야 합니다.

마지막으로 단계 하나가 더 남아 있습니다. 특히 장로교의 경우 지교회에 대한 감독권은 노회에 있기 때문에 교회는 공동의회의 결정을 노회에 보내서 노회의 심사를 받고 최종 허락을 받아야 합니다. 이와 같은 공적인 교회 행정상의 기구들의 절차를 거쳐서 공정하고 투명하게 처리해야 교회가 재산분쟁에 휘말리지 않게 됩니다.

남은 교인 지도

남아 있는 교인들은 어떻게 지도해야 할까요? 교회는 행정상으로는 노회 소속입니다. 따라서 '모임 중단'을 하고자 할 때도 반드시 노회에 '모임 중단'을 보고하고 노회의 지시와 권고를 따르는 것이 바른 순서입니다. 일단 노회에 소속이 되면 목회자가 마음대로 '모임 중단'을 선언할 수 있는 것은 아닙니다. 이런 경우에 노회는 교회의 상태를 실사하여 '모임 중단'을 허용할 것인지, 교회는 그대로 유지하고 목회자가 교회를 떠나는 것으로 할지를 결정할 것입니다. 이 경우 노회는 가능한 한 '모임 중단'을 결정하기보다는 목회자가 교회를 사임하는 것으로 처리하는 경우가 많습니다. 이때 목회자는 노회의 지시에 따라야 합니다.

노회로부터 '모임 중단'을 허용받은 후에 남은 교인들을 어떻게 안내해야 할까요? 이 경우에 목회자가 '모임 중단'을 선언할 수는 있으나 남아 있는 교인들의 미래의 행보를 좌우할 권리는 없습니다. 물론 목회자가 남아 있는 교인들을 근방에 있는 신뢰할 만한 친구 목사가 목회하는 교회나 아니면 목양이 잘되고 있는 교회에 소개하여 신앙생활을 하도록 안내할 수 있습니다. 그러나 오랫동안 함께 교회생활을 하던 그룹을 떠나서 모든 것이 낯설고 새로운 사람들이 있는 교회에서 적응하기가 쉽지 않은 것이 현실입니다. 떠나는 목회자가 그렇게 권고할 수는 있으나 강요할 수는 없으며, 어디까지나 교인들이 자신들의 행보를 스스로 결정하도록 해야 합니다. 떠나는 목회자가 남아 있는 교인들의 행보를 결정하는 것은 대부분 실패할 우려가 큽니다.

남아 있는 교인은 목회자가 '모임 중단'을 선언했음에도 불구하고 목회자 없이 자기들끼리 모여서 예배를 드리기로 결정할 수도 있습니다. 특히 고령인 교인들은 오랫동안 몸담고 있었던 공동체를 떠나서 새로운 공동체에 들어가는 것이 마음에 큰 부담으로 작용할 수도 있기에 더욱 그렇습니다. 남아 있는 교인들이 이렇게 결정하는 것에 대하여 떠나는 목회자가 개입할 수 없습니다. 이렇게 모여서 예배를 드리는 것도 교회입니다. 몇 사람이 모여도 주의 이름을 부르면서 예배를 드리는 모임은 모두 예외 없이 교회이기 때문입니다. 바울 당시의 로마교회도 목회자 없이 모여서 예배드리는 교회였으나 당당히 교회였으며, 오늘날 중국과 같은 곳에서는 목회자가 없는 상태에서 성도들이 모여서 예배드리는데, 이것도 당당히 교회입니다. 이렇게 예배를 드리면서 노회에 '기도처'로 등록을 하고 노회 산하 시찰회에 속한 교회들 가운데 지리적으로나 행정적으로 가장 가까운 곳에 있고 당회가 구성된 교회 산하에 들어가서 설교자 파송 등의 도움을 받을 수 있습니다. 그 교회의 담임목사를 초빙하여 임시 당회장 역할을 맡겨 세례식과 성찬식을 거행할 수 있고 행정문제를 처리할 수 있습니다. 비록 몇 안 되는 인원이지만 함께 모여서 예배드리다 보면 얼마든지 성도들의 숫자가 늘어날 수가 있고, 성도들의 숫자가 늘어나서 새로운 목회자를 초빙하여 새롭게 교회생활을 시작할 수도 있습니다. 말하자면 남은 교인들이 새로운 지교회를 개척한다는 마음가짐으로 예배 모임을 시작할 수 있다는 것입니다. 불가피한 사정 때문에 겪게 된 '모임 중단'의 위기를 오히려 복음을 더 널리 전하는 새로운 전도와 교회설립의 계기로 이용할 수 있습니다.

목회자는 불가피하게 '모임 중단'을 하지 않을 수 없는 경우에 '모임 중단'으로 인하여 교인들이 영적인 상처를 받는 일이 없도록 세심하게 신경을 써야 합니다. 목회자는 '모임 중단'이라는 위기조차도 복음과 하나님의 진리를 가르치고 교인들의 신앙을 성숙으로 이끄는 계기로 삼아야 합니다. 이와 동시에 목회자는 노회의 파송을 받은 자로서 노회의 지시에 순종해야 하는 직분임을 인식하고 교회 행정상 규정된 절차에 따라서 당회와 제직회를 거쳐서 공동의회와 노회와 긴밀히 협의하고 그 지시를 따르면서 '모임 중단' 절차를 진행하여 '모임 중단'이 교회와 사회에 누를 끼치지 않고 오히려 덕을 세우도록 노력해야 할 것입니다.

10

은퇴 목회자의 복지

Q. 목회자의 은퇴 후 노후생활이 문제가 되고 있습니다. 교회의 규모가 작으면 작은 대로, 크면 큰 대로 이런저런 불협화음이 들려 안타깝습니다. 은퇴 목회자의 노후 생활은 한 개인의 문제일 뿐 아니라 그리스도의 몸 된 교회 공동체 전체의 문제라고 생각됩니다. 목회자의 은퇴 후 경제생활을 해결하기 위하여 목회자 개인이나 교회, 그리고 교단은 어떤 대책을 세울 수 있을까요?

A. 중세 말기 로마 가톨릭 교회는 베드로 성당 건축을 위한 재원을 마련하려고 대대적인 면죄부 판매를 시행했습니다. 면죄부를 사면 죽은 이후 연옥에서 불의 시련을 받는 지인들의 형기를 단축해 줄 수 있다는 황당한 구원론을 면죄부 판매의 신학적 근거로 제시한 것입니다. 돈을 주고 구원을 사고파는 부패한 관행은 마침내 종교개혁을 촉발했습니다.

현대 한국교회에서는 중세기 말과는 다른 형태의 독특한 성직매매가 나타나기 시작했습니다. 이것은 생계형 성직매매라고 부를 수 있는 것으로서 경제적 여력이 없는 미자립교회의 목회자가 은퇴할 때가 되고, 교회는 목회자의 은퇴 이후의 생계에 대한 대책을 미처 준비하지 못했고 준비할 능력도 없을 때, 어려움을 타개하기 위한 고육지책으로 생각해낸 것입니다. 방법은 후임으로 부임하는 목회자가 전임 목회자의 퇴직금에 상당하는 돈을 마련하여 전임 목회자에게 건네주고, 후임 목회자는 교회가 주는 생활비로 생활하는 것입니다.

다른 한편에서는 이와는 상반되는 일이 목회를 성공적으로 수행하여 수천 명, 수만 명이 모이는 교회를 일궈낸 목회자의 은퇴 무렵에 일어나고 있습니다. 기업에서 영업실적을 많이 낸 사원에게 성과급을 지급하는 것처럼, 교회를 성공적으로 일궈낸 목회자가 은퇴할 때 교회가 수십억 원의 퇴직금을 지급하고 집과 자동차를 마련해 주는 것은 물론 현직에 있을 때 받았던 사례금에 준하거나 약간 못 미치는 금액을 사망 시까지 매달 지급해 주는 것입니다.

한평생 교회와 성도를 영적으로 돌보는 일에 헌신한 목회자는 은퇴 이후에도 적절한 수준의 경제생활을 영위할 수 있어야 합니다. 교회와 교단은 마땅히 이들의 은퇴 후 경제생활을 돌보아야 합니다. 은퇴 목회자는 교회와 교단이 사랑으로 돌보아야 할 첫 번째 지체인 동시에 첫 번째 이웃입니다. 그러나 은퇴한 목회자의 경제생활을 돌보는 일이 교회나 교단이 담당할 수 없는 무거운 부담이 되어서도 안 됩니다. 따라서 우리는 교회와 교단에게 무리한 부담을 떠안기지 않으면서도 은퇴한 목회자들의 경제생활을 돌보는 방법을 찾아야 합니다.

은퇴 목회자 복지문제는 제도의 문제

목회자의 은퇴 후 경제생활 문제를 다룰 때 가장 중요한 출발점은 이 문제가 전형적인 사회윤리 문제라는 점을 이해하는 것입니다. 어떤 사안이 사회윤리적 사안이라는 말은 이 사안이 개인적인 실천의 문제가 아니라 제도의 문제라는 뜻입니다. 목회자의 은퇴 후 경제생활 문제가 왜 제도의 문제일까요? 우선 이 문제는 개인이나 교회의 단회성 기부금으로 단번에 해결될 수 있는 문제가 아닙니다. 은퇴 목회자의 수가 개인이나 교회가 감당하기에는 너무 많을 뿐만 아니라 기간도 목회자가 사망하기까지, 그리고 목회자 본인이 사망한 이후에 배우자가 생존하는 경우에는 그 배우자가 사망하기까지의 기간 동안 지속해서 재정이 공급돼야 하기 때문입니다. 이처럼 큰 규모의 재정지원을 어느 한 개인이나 몇 개의 교회들이 감당하는 것은 불가능합니다. 이 문제는 큰 규모의 재정을 안정적으로 운용할 수 있는 교단이나 국가와 같은 제도를 통하여 해결되어야 합니다.

목회자의 은퇴 후 경제생활 문제는 교단적 차원에서의 은급제도와 국가적 차원에서의 연금제도를 동시에 활용해 해결하는 것이 우리나라 교계의 실정이나 사회현실에서 볼 때 최선의 방법입니다. 특별히 이 문제를 교단에만 전적으로 맡겨서는 안 되는 이유는 교단이 지닌 구조적인 한계 때문이며, 국가의 도움을 받아도 되는 이유는 국가가 도움을 제공하는 것이 기독교적인 국가관의 관점에도 부합하기 때문입니다.

교단 연금의 한계

한국의 주요 교단들이 각각 형태를 달리하긴 하지만 연금제도를 운영하고 있습니다. 기장한국기독교장로회·고신대한예수교장로회 고신·감리교기독교대한감리회는 의무적인 연금제도를 운영하고 있고, 통합대한예수교장로회통합·합동대한예수교장로회 합동·예성예수교대한성결교회의 경우는 희망하는 자에 한해 가입할 수 있도록 규정하고 있으며, 기성기독교대한성결교회의 경우는 교역자공제회에서, 그리고 기독교 하나님의 성회기독교대한하나님의성회는 조용기 목사의 출연금을 기반으로 한 연금제도를 운영하고 있습니다.

주요 교단들이 각각 성격은 다르지만 연금제도를 운영하고 있다는 사실은 이 교단들이 목회자의 은퇴 후 경제생활 문제를 외면하지 않고 교단의 현안으로 인식하고 해결하고자 노력하고 있다는 점에서 고무적입니다. 아무리 어려운 장애물을 만나더라도 한번 시작된 연금제도는 폐지되어서는 안 되고, 지속할 수 있는 길을 모색하면서 최대한 지혜를 모아야 합니다. 그러나 교단들이 운영하는 연금제도는 몇 가지 이유로 현재 목회자의 은퇴 후 경제생활 문제를 해결하기에 충분하지 않습니다.

첫째, 목회자 은퇴 후 경제생활을 해결하기 위해서는 지속적이고 안정적인 재정 뒷받침을 해 줄 수 있는 공동체가 배경적 제도로 확립되어 있어야 하지만 교단은 이와 같은 안정적인 배경적 제도로서 역할을 감당하기가 매우 버겁습니다. 교회 공동체는 일종의 자발적 결사체입니다. 교회 공동체에 들어오고 나가는 것은 구성원의 자유로운 선택에 달려 있으며, 이들을 강제적으로 공동체에 묶어 둘 수 있는 법적 장치가 없습니다. 교회 공동체의 존립 여부는 지도자의 영적인 지도력과 인

격적인 감화력이라는 요인에 크게 의존하고 있기 때문에 이 요인들이
약화되면 쉽게 무너질 수 있습니다. 또한 교회 공동체의 헌금도 구성원
들의 자발적인 결정에 따른 것으로서 법적으로 강제할 수 없습니다. 따
라서 교회 공동체는 결속력이나 재정 능력에 있어서 불안정할 수밖에
없으며, 이 같은 불안정성은 교단의 뒷받침을 받는 연금제도의 불안정
성으로 연결될 수 있습니다. 현재 주요 교단들이 교인 수 감소와 재정
고갈로 심각한 위기에 봉착해 있는 것도 이와 같은 교회 공동체의 불
안정성에 기인합니다.

둘째, 몇몇 교단들은 재정의 안정적인 확보를 위한 방책으로 주식
투자와 같은 수익사업에 눈을 돌리기도 했습니다. 그런데 주식투자
는 기업의 이윤 창출 여부가 확실하지 않을 때가 많다는 점에서 사
실상 도박과 비슷한 성격을 지니고 있으므로 아무리 금융전문가에
게 의뢰한다 하더라도 언제든지 연기금을 잃을 위험이 있습니다. 더
욱이 비전문가들인 목사들이 투자 사업에 손을 댔다가 실패해 거액
의 연기금을 잃는 사태까지 발생하고 있습니다.

교회나 교단이 교인들의 헌금을 기반으로 수익사업을 운용하는 것
은 비영리단체이자 영적인 예배 공동체로서의 교회의 본질에 중대한
손상을 가하는 행위가 될 수 있으므로 중단되어야 합니다. 그것은 연
기금 확보라는 선한 목적이라 할지라도 마찬가지입니다. 연기금 확보
라는 명분으로 온갖 유형의 비리가 양산될 수 있고, 이 비리는 교회의
영적 도덕적 건전성에 손상을 줄 수 있습니다. 교회나 교단은 넉넉하면
넉넉한 대로, 모자라면 모자란 대로 성도들이 드린 헌금의 범위 안에

서 연금제도를 운영해야 합니다.

셋째, 현재 납입액과 납입 기간에 비례해 상당액의 연금을 받을 수 있게 하는 고신, 합동, 통합 교단을 제외한 다른 교단들은 연금수령액이 목회자의 은퇴 후 생활을 보장하기에는 액수 자체가 상당히 부족하므로 사실상 연금의 기능을 제대로 발휘하지 못하고 있습니다.

넷째, 기장, 감리교, 고신을 제외하고는 연금제도를 강제 의무조항으로 두지 않고 권장 사항으로만 두고 있는 점이 중요한 문제입니다. 권장 사항으로 두는 교단의 경우에 연금제도에 대한 의구심과 연금운영 주체인 교단 인사들의 도덕성에 대한 불신이 겹쳐 연금 가입률이 높지 않습니다.

교단 안에 있는 자립교회들도 교회 자체가 여력이 있어도 교단연금에 가입하지 않고 있으며, 교단 교회들의 과반수를 차지하는 미자립교회들은 대부분 교단연금에 가입하지 않고 있습니다. 더욱이 수많은 군소 교단들의 경우에는 아예 연금제도 자체를 운용하지 않고 있습니다. 이 때문에 실질적으로 교단연금의 혜택을 받는 목회자들은 한국교회 전체 목회자들 가운데 10% 내외에 불과한 것으로 조사되고 있습니다.

국민연금의 적극적인 활용

오늘날 국가가 소극적으로 국민의 치안과 사유재산권을 보호해주는 역할만을 해야 한다고 주장하는 자유방임적 야경국가론, 곧, 신자유주의적 국가론은 시대에도 맞지 않고 국가에 주어진 고유 기능에도 맞지 않습니다. 현대 정치경제학에서는 국민의 최소한의 생존권을 보장해 주는 것이 헌법적 가치를 구현하는 국가의 소명으로 인식되고 있으며, 이와 같은 국가의 소명은 미국의 사회철학자인 존 롤즈John Rawls가 말한 사회적 최저선의 우선적인 제도적 확립으로 나타나고 있습니다. 국민이 자기 힘으로 노동을 하여 벌어들이는 수입으로 살아갈 수 없는 비자발적 실업 상태에 들어가게 될 때(병들거나, 노동 적령기 이전 어린 아이들의 시기나 노동 적령기를 지난 노인의 시기 등)도 최소한의 생계유지에는 어려움이 없도록 국가는 제도적 장치를 마련해야 합니다. 그 장치는 소득을 벌어들일 수 있는 자들이 연대성의 원리에 따라 소득을 벌어들일 수 없는 자들의 기초생계를 책임지는 구조입니다. 모든 시민이 어느 때인가는 비자발적인 실업자가 되므로 이 제도는 여름에 저장한 양식으로 겨울을 나는 개미의 지혜를 반영하는 장치입니다잠 6:6-7. 서구의 사회보장국가들이 이 소명을 충실하게 구현해 오고 있습니다.

이와 같은 국가관은 기독교적인 국가관과도 조화를 이룹니다. 하나님의 형상으로 창조된 인간의 최소한 생존을 위한 사회경제적 구조를 확립하는 것은 개혁주의 전통의 국가론에서 합당한 국가의 소명으로 인식되고 있습니다. 목회자는 하나님 나라의 시민인 동시에 한 국가의 시민으로서 국가에 대한 책임과 의무도 수행해야 하지만 동시에 국가가 정당하게 베푸는 혜택에도 참여할 수 있는 권리를 가집니다.

이 권리 안에는 사회보장제도의 수혜권도 포함됩니다. 목회자도 국가가 제공하는 의료보험제도의 제도적 혜택에 국민으로서 참여하고 있으며, 국가가 제공하는 각종 사회적 내부구조infrastructure의 혜택을 누리고 있으며, 적으로부터 국민의 생명을 보호하는 국가의 보호를 받고 있습니다.

교단이 자발적인 결사체로서 불안정성을 안고 있는 것과는 달리 국가는 운명적인 비자발적이고 강제적인 결사체로서 강고強固하고 지속적인 구조를 지니고 있습니다. 자발적으로 드리는 헌금으로 운용되는 교회와 달리 국가는 법적 강제력을 통하여 정기적으로 세금을 거두기 때문에 재정적인 안정성을 확립할 수 있는 공동체로서 연금제도를 운영하기에 적합합니다. 심지어 연기금이 모두 고갈된다 하더라도 국가는 현재 국민으로부터 거두는 연금납부금을 재원으로 연금을 지급할 수 있으며 국가가 파산하거나 망하기 전에는 지속적으로 연금을 지급할 능력을 가집니다.

우리나라의 경우에 전 국민을 대상으로 한 국민연금이 시작된 것은 1988년부터이며, 처음에는 20년 의무납부 기간을 두었다가 10년만 납부하면 연금을 받을 수 있도록 완화되었습니다. 교단연금과 국민연금은 동시에 가입하는 것이 가능합니다. 그러므로 교단연금에 가입함과 동시에 목회자의 소득을 국가에 정직하게 신고한 후에 국민연금에 가입하여 부담금을 납부하는 것이 가능합니다. 이런 방법으로 두 연금을 활용할 경우, 보다 견실한 노후 생활 보장이 가능해집니다.

교단연금 혜택을 받지 못하는 경우에는 교회로부터 받는 소액의 사례금을 국가에 소득신고를 한 후에 국민연금에 가입해 부담금을 납부하고 국민연금 혜택을 받을 수 있으며, 국민연금을 통하여 받게 되는 연금액이 넉넉하지 않을 경우에는 기초노령연금의 혜택을 아울러 받을 수 있습니다. 소득이 빈약한 성직자들의 노후 생활을 도와주는 것도 국민연금의 목적 가운데 하나입니다.

현대 한국사회와 한국교회의 상황에서는 목회자의 은퇴 후 경제생활은 국민연금과 교단연금을 통합적으로 활용해 해결해 나가는 것이 최선의 길입니다. 보다 구체적으로는 다음과 같이 정리할 수 있습니다.

첫째, 모든 교회의 교역자들이 의무적으로 소득을 정직하게 국가에 신고하고 소득에 비례하여 국민연금을 납부하되, 교회가 사업장의 입장에서 납부를 도와야 합니다. 이런 조치를 통하여 목회자의 은퇴 이후의 기초생계를 국민연금에 의지하여 꾸려갈 수 있습니다.

둘째, 교단은 연기금이 줄어들고 지급액이 줄더라도 절대로 수익사업에 관여하지 않아야 합니다. 교단은 교역자들에게는 아주 작은 금액의 기금을 납부하도록 하거나 면제해 주고, 교회 및 노회·총회의 지원금, 기타 기부금을 은행에 저축해 두고 이 기금의 범위 안에서 형편이 되는 대로 연금을 운용해야 합니다. 일정한 비율의 재정을 각 교회가 기부하되 재정 형편이 넉넉한 교회는 누진적으로 더 많이 부담해 연기금 재정을 마련해야 할 것입니다. 그리고 은퇴한 모든 교역자에게 일정 금액을 동등하게 나눠 연금 형태로 지급하면 될 것입니다.

국민연금이 주력연금으로 지급되므로 교단연금은 국민연금을 보완하는 형태로 가면 됩니다. 이런 방식으로 교단이 연기금 고갈에 대한 우려와 걱정, 그리고 수익 창출에 대한 고민으로부터 해방되어 교단 본연의 업무에 집중할 수 있도록 해야 합니다.

셋째, 지교회는 공무원에게 지급되는 퇴직금 정도의 수준에서 은퇴 목회자에 대하여 경제적 예우를 마무리하고 은퇴 교역자의 경제생활 자체를 지속적으로 지원해야 하는 부담으로부터 해방되는 것이 바람직합니다. 지교회가 은퇴 교역자에게 플러스 알파의 은퇴금을 지급하는 관행을 중지하고 지교회는 현직에서 시무 중인 교역자들을 지원하는 일에 더욱 집중해야 합니다.

넷째, 은퇴 교역자는 은퇴한 후에는 생활 규모를 획기적으로 줄여 교회가 예우해 주는 일시불 퇴직금과 국민연금과 교단연금으로 검소하게 살아갈 수 있는 마음의 준비를 단단히 해야 합니다. 목회자는 시무하는 동안 성도들이 생활비를 지원해 준 것만으로도 하나님께 깊이 감사하며, 더욱이 퇴직금과 연금 혜택을 받을 수 있도록 배려해 준다면 더더욱 교회와 국가에 감사하면서 남은 생애를 보낼 수 있어야 합니다.

목회자의 내적 갈등, 어떻게 할까요?

11

부교역자와의 관계

Q. 저는 오랜 부교역자 경험으로 그 고충을 잘 알고 있어서 담임목사로서 부교역자에게 따뜻하고 친밀하게 다가가려고 하지만 오히려 그것이 역효과를 내는 것 같아서 고민이 됩니다. 싫은 소리를 잘하지 못하는 편인데 잘못을 지적할 때 어떤 방법으로 권면하는 것이 좋을까요? 또한 부교역자를 선발할 때 가장 중요하게 봐야 할 점도 고민이 됩니다.

A. 뉴욕 리디머 교회의 팀 켈러Timothy J. Keller 목사님에 관한 작은 이야기부터 해보겠습니다. 제가 신학대학원의 경건훈련원을 담당하고 있을 때 수련회 강사로 뉴욕에서 성공적인 목회를 하는 팀 켈러 목사님을 초빙하면 좋겠다는 생각으로 목사님의 이메일 주소를 알아보려고 리디머 교회 홈페이지에 들어갔습니다. 그런데 아무리 찾아도 팀 켈러 목사의 이름을 찾을 수가 없었습니다. 교회를 대표하는 담임목사의 프로필이 가장 눈에 띄는 한국교회의 홈페이지를 생각하면서 찾아본

것이지요. 한참 동안 찾은 결과 마침내 이름을 발견할 수 있었습니다. 어디에 있었을까요?

교회 홈페이지 한쪽에 아주 작은 글씨로 알파벳 순서에 따라서 수십 명이 넘는 직원이 소개되는 곳의 거의 맨 끝자리에 다른 직원들의 이름에 섞여, 그리고 아무런 소개도 없이 이름만 있었습니다. 이름이 T로 시작하니까 알파벳 순서에서 뒤에 있었습니다. 저는 좀 놀랐습니다. 팀 켈러 목사는 가장 낮은 자리에서 성도를 섬기는 모범을 홈페이지에서부터 보여 주고 있었던 것입니다.

그리고 이것이 팀 켈러 목사님이 목회를 성공으로 이끌어 온 동력이었다고 생각했습니다. 동역하는 교회 직원을 동등한 입장에서 존중해 주고 이들과 힘을 합하여 교회를 세워 가는 노력이 오늘의 리디머 교회를 가능하게 했다고 생각했습니다. 팀 켈러 목사의 태도는 오늘날 담임목사들에게 주는 의미가 매우 큽니다.

오늘의 질문은 담임목사와 부교역자의 관계 설정을 묻는 것인데, 이에 대해서도 두 가지 방향에서 접근하는 것이 가능합니다. 하나는 부교역자의 관점에서 접근하는 것입니다. 다른 하나는 담임목사의 관점에서 접근하는 것입니다. 오늘의 주제 질문은 담임목사의 입장에서 부교역자와의 관계 설정을 묻는 질문이므로 이 관점에서 접근하고자 합니다.

부교역자의 고충

부교역자가 한국교회 실제 목회에서 차지하는 비중은 아주 크고 중요합니다. 교회 규모가 중형급 이상만 되어도 부교역자 없이 담임목사 혼자 목회하기는 거의 불가능합니다. 담임목사 혼자 모든 설교를 담당할 수 없음은 물론 성도의 양육, 심방, 행정 등 여러 분야에서 신실한 부교역자의 도움은 절대적입니다. 이처럼 부교역자의 비중이 절대적인 것과는 대조적으로 교회법상 부교역자에 대해서는 거의 배려가 없는 것이 한국교회의 현실입니다. 교회법상 담임목사의 신분은 확실하게 보장됩니다. 일단 위임목사로 위임이 되면 은퇴할 때까지 생활비와 활동비는 물론 은퇴한 이후의 생활까지도 보장받을 수 있습니다.

부교역자의 인사권은 절대적으로 담임목사의 권한에 속해 있습니다. 원칙적으로 일 년에 한 번씩 고용계약을 새롭게 체결하도록 되어 있으니 계약직인 셈이지요. 담임목사가 원하면 교회에서 내보낼 수 있습니다. 부교역자에게는 교회법상 신분보장이 되어 있는 것이 거의 없고, 수행해야 하는 직무의 양에 비해 실질적으로 보장된 권한도 거의 없습니다. 부교역자는 교회 안에서 투표권을 포함한 기본 권리를 행사할 수 있는 권리도 없고 그렇다고 실질적인 교회 권력기관인 당회에 회원으로 참여할 수도 없으니 법적으로 설 자리가 사실상 없습니다.

담임목사와 사례비에서도 격차가 큰 것이 현실이고 담임목사의 인사권에 매인 상태에서 담임목사의 목회를 보조하는 역할을 벗어나서는 안 되는 한계도 있습니다. 할 일은 많은데 신분보장은 안 되고 권한도 없습니다. 그리고 경제적으로도 넉넉하지 못한 상태에서 사역에 임해야 하는 고충도 있습니다. 차후에 이런 구조는 교회법 개정을 통하여 조정되어야 합니다.

그러나 교회법상의 구조개혁은 현재로서는 매우 어려운 일이고 교단 차원에서의 많은 격렬한 토론의 과정을 거쳐야 하는 문제입니다. 따라서 교회법상의 구조개혁을 위하여 노력하는 것과는 별도로 현재의 구조 안에서 할 수 있는 한 담임목사와 부교역자의 관계를 원활하게 유지하는 방법을 모색하는 것이 필요합니다.

좋은 부교역자를 만나려면

현재 한국교회의 교회법 구조에서 볼 때 성공적인 부교역자의 활동이 가능한가는 상당 부분 담임목사의 역량에 달려 있다고 할 수 있습니다. 이 말의 의미는 담임목사가 부교역자를 대할 때 법적인 관계에 맞추어서 대하기보다는 법적인 관계 이상의 도덕적이고 영적인 관계에서 대해야 한다는 것입니다.

교회법적 권한의 관점에서 생각하면 담임목사가 부교역자에게 해줄 수 있는 것이 사실상 거의 없습니다. 그렇게 되면 부교역자를 가장 열악한 자리에 방치해 두는 결과가 됩니다. 담임목사가 부교역자를 채용했다면 법적인 관계에 매이지 말고 부교역자가 소신을 가지고 일하고 활동할 수 있도록 배려해줘야 합니다. 부교역자의 입지는 담임목사의 뜻에 따라 결정됩니다.

부교역자와의 만남은 부교역자를 채용하는 과정에서부터 시작됩니다. 교회법상 부교역자의 입지가 미미한 것과는 상관없이 담임목사가 목회하는 과정에서 부교역자의 역할이 매우 크기 때문에 부교역자의 선정은 중요합니다. 기업체나 공공기관 등과 같은 기관에서는 주로 업무능력을 중심으로 사람을 뽑지만, 부교역자의 경우에는 다른 선정기준이 필요합니다. 부교역자는 담임목사의 목회 반경 안에 들어와 있는 중직자를 포함한 성도들과 인격적으로 직접 관계를 맺으면서 일해야 합니다. 그러기 때문에 신학이나 경건 훈련이 잘 되어 있어야 하는 것은 기본이고 특히 인성이 잘 갖추어져 있는가 하는 것이 우선적으로 고려되어야 합니다. 예를 들어 부교역자가 대화를 하는 가운데 다른 사람들에 대하여 부정적으로 말하는 것이 습관화되어 있으면 교회 공동체에 치명적인 영향을 미치게 됩니다.

요즈음에는 부교역자를 공개 채용하는 것이 관례로 되어 있고 이때 서류심사나 간략한 면접을 하게 되는데, 이것만으로 부교역자의 인성을 모두 파악하는 것은 불가능합니다. 교회가 초빙공고를 내면 수십통 이상의 지원서들이 들어오니 그 가운데 좋은 지원자를 고르는 것은 어렵지 않다고 생각할 수도 있는데 현실은 다릅니다. 사람의 인성은 상당 기간 같이 지내보지 않으면 파악하기 어렵습니다. 수십, 수백 통의 지원서들 가운데 선정하는 방법이 대부분 실패로 끝나는 이유가 여기에 있습니다. 이런 방법보다는 신뢰할 만한 동료 목회자에게 부탁하여 추천받는 것이 더 좋은 방법이라고 생각됩니다. 동료 목회자가 상당 기간 함께 지내 잘 알고 있는 사람 중에서 추천해주는 후보들 가운데 개인적으로 만나 대화로 의중을 확인한 후에 영입하는 것이지요.

저는 신대원에 입학한 이후 한 번도 공개채용에 지원서를 내 본 일이 없습니다. 신대원에 입학하자마자 친구의 소개로 서울 회현동에 있는 S 교회의 교육전도사로 사역했습니다. 그 당시 S 교회 담임목사님은 그 교회에서 섬기고 있던 친구의 소개만 듣고 저를 교육전도사로 채용했습니다. 일 년 후에 교회를 옮길 때도 S 교회 담임목사님이 구의동에서 목회하는, 친분이 돈독한 K 목사님에게 저의 장점과 결점까지도 모두 솔직하게 전달해 주셨고, K 목사님은 조찬 모임에서 함께 만난 후

바로 저를 교육전도사로 채용하셨습니다. 저는 K 목사님이 목회하시는 교회에서 유학을 떠나기 전까지 봉사했습니다.

좋은 담임 목회자가 되려면

일단 신중하게 부교역자로 채용을 했다면 담임목사는 부교역자를 인격적으로 대하며 신뢰하고 활동할 수 있는 여지를 확실하게 보장해 주는 과감한 조처를 해야 합니다. 이때 담임목사가 반드시 마음에 두어야 할 것은, 담임목사와 부교역자의 관계는 담임목사가 성도에게 실제 삶으로 복음의 진정성을 보여 줄 수 있는 첫 번째 실천 현장이라는 점입니다.

모든 성도가 담임목사가 부교역자를 어떻게 대하는가에 큰 관심을 두고 예의주시합니다. 담임목사가 부교역자를 인격적으로 잘 대해 주고, 활동을 잘했을 때는 진정으로 인정해 주고, 부교역자의 경제생활에 대해서도 세심하게 배려하는 것이 필요합니다. 그것이 바로 담임목사가 매 주일 하는 설교가 허공을 치지 않고 살아 있는 설교임을 증언하는 것이며, 담임목사에 대한 성도의 신뢰와 사랑을 더욱 견고하게 해주며, 담임목사의 권위를 확립시켜 줍니다.

일을 잘하는 훌륭한 부교역자를 정치적으로 눌러서 제압하는 행동은 담임목사의 권위를 견고히 하는 것이 아니라 오히려 담임목사의 권위를 서서히 무너뜨리는 행위입니다. 여기서 담임목사가 반드시 유의해야 할 점이 있습니다. 그것은 성도들은 담임목사가 생각하는 것보다 담임목사의 의중이나 의도를 훨씬 더 정확하게 파악한다는 점입니다. 담임목사가 '성도들이 이런 점은 모를 거야'라고 생각하는 것까지도 성도들은 이미 다 알고 있습니다. 성도들이 다 알고 있다는 사실을 담임목사만 모릅니다. 담임목사가 부교역자를 대하는 작은 태도 하나하나에서 성도들은 담임목사의 마음을 정확하게 읽어 냅니다.

그런데 담임목사가 부교역자를 동역자로서 인정해 주고 존중해준다는 말은 부교역자가 잘 모르는 부분을 가르쳐 주지 말라거나 부교역자의 명백한 실수를 지적하지 않고 그냥 넘어가라는 뜻은 결코 아닙니다. 부교역자는 담임목사에 비교해 볼 때 성경을 이해하는 면에서나 연륜으로나 교회와 사회와 성도들을 바라보고 이해하는 면에서 아직 시야가 넓지 못하고 미숙하므로 많은 부분에서 더 배우고 훈련받고 가르침을 받아야 합니다. 물론 담임목사가 신학교에서 신학생을 가르칠 때처럼 가르쳐야 하는 것은 아니지만 담임목사는 여러 경로를 통해 자연스럽게 현장 목회를 훈련하고 가르친다는 생각을 가져야 합니다. 그리고 조금 엄격하게 훈련할 필요도 있습니다.

부교역자가 행하는 설교도 담임목사는 주의 깊게 들어야 합니다. 담임목사도 부교역자가 하는 설교를 통해 하나님이 주시는 교훈을 겸손히 받아들여 자신을 영적으로 다듬을 수 있기 때문입니다. 그러나 부교역자가 성경 말씀에서 벗어나는 설교를 하는 것이 분명하다면 개인적으로 불러 놓고 애정 어린 태도로 지적해 줄 필요가 있습니다. 또한 부교역자가 교회 성도들과의 관계에서 명백히 잘못된 처신을 했다면 그것도 그냥 방치해서는 안 됩니다. 역시 따끔하게 지적해야 합니다.

부교역자도 항상 부교역자의 위치에 머무는 것이 아니고 어느 시점이 되면 담임목사의 위치에 서게 됩니다. 바로 그런 이유 때문에 부교역자 시절에 행했던 실수를 그냥 두면 안 되고 교정하고 바로잡기 위한 훈련이 필요합니다. 부교역자가 나중에 담임목사가 되면 부교역자

시절에 들었던 충고와 권면이 큰 도움이 될 것입니다. 담임목사가 아무리 따끔하게 지적하더라도 담임목사가 진정한 마음으로 한다면 담임목사의 의중을 부교역자들도 이미 알기 때문에 담임목사를 오해하지 않을 것입니다.

다만 이처럼 담임목사가 부교역자의 잘못을 지적하는 것은 교인이 참여하지 않는 교역자 회의나 아니면 교역자들만 만나는 시간에 이뤄져야 합니다. 교인들이 함께 참여하는 자리에서는 부교역자의 입지를 충분히 세워 주고, 교역자들만 모이는 자리에서는 조금 엄격하게 칭찬보다는 실수나 잘못한 것들을 바로잡는 시간을 갖는 것이 바람직합니다.

동역자로서의 고유 영역

담임목사는 도덕적이고 영적인 면에서 부교역자를 동등한 파트너로 생각하고 함께 생각을 맞추고 협의해 가면서 교회를 섬길 수 있어야 합니다. 담임목사 한 사람의 생각보다는 부교역자와 함께 의논하면서 생각을 나누고 의견을 듣는 것이 담임목사의 시야를 넓히는 데도 도움이 됩니다. 그러나 담임목사가 책임을 질 수 있는 고유한 영역에 속한 일에 대해 부교역자가 부당한 방법으로 관여하고자 할 때는 단호하게 선을 그어야 합니다.

사도 바울은 바나바, 디모데, 디도, 실라와 같은 동역자들과 모든 문제를 함께 협의했습니다. 서신을 쓸 때도 내용은 자기 자신이 다 마련했지만 서신을 보낼 때는 서신의 내용을 동역자들에게 읽히고 동역자들의 의견을 듣고 동의를 얻은 후에 언제나 동역자들의 이름을 함께 기록하며 공동명의로 보냈습니다. 그러나 바울은 이런 동역자들을 자신에게만 주어진 직분인 사도의 직분으로까지 높이는 일은 없었습니다. 바울은 자신은 사도로서 성경을 기록할 수 있는 권위를 가진 자라는 자의식을 분명히 가지고 있었는데, 이 직분은 예루살렘의 사도들과 자신에게만 독특하게 주어진 직분이기 때문에 동역자를 이 직분에 포함하는 일은 없었습니다. 업무분담을 분명히 한 것이지요.

담임목사가 부교역자를 동역하는 사역자로서 존중하고 이들이 소신껏 일할 수 있도록 지원을 아끼지 않아야 하지만 동시에 부교역자가 넘어서서는 안 될 선을 분명히 인식하고 이 선을 넘지 않도록 해야 합니다. 예를 들어서 교회의 중요한 정책적인 결정은 교회의 각종 회의, 특히 제직회와 당회에서 행하는 일이고 제직회의 의장은 담임목사이며 당회의 의장도 담임목사입니다. 담임목사가 제직회와 당회의 의장으로서 결정한 사안에 대해서는 부교역자가 관여해서는 안 됩니다. 담임목사에게 책임이 주어져 있는 영역에 대해 부교역자가 관여하는 일이 없도록 해야 합니다.

대체로 교회 전체의 직분 임명이나 정책을 결정하는 데는 부교역자에게 권한이 없습니다. 부교역자에게는 담임목사가 위임한 한계 안에서 소신 있게 성도를 영적으로, 그리고 도덕적으로 돌보아야 할 의무가 주어질 뿐입니다. 특히 부교역자가 담임목사와 상의하지 않은 상태에서 자신을 좋아하고 따르는 성도들과의 정기적인 모임을 별도로 갖는 일이 없도록 해야 합니다.

이 점과 관련하여 부교역자도 교회 안에서 자신에게 주어진 역할의 한계를 분명하게 인식하고 교회를 섬기는 일에 임해야 합니다. 예를 들어서 부교역자로서 중고등부 교육을 위임받았다면 이 부교역자가 집중해야 할 영역은 중고등부에 관련된 일입니다. 이 부교역자가 중고등부 사역을 위임받았지만 교회 안에서 중고등부 회원이 아닌 다른 교인을 상대로 하여 간혹 설교하거나 기도회를 인도해야 하는 상황이 있을 수가 있습니다. 이때 설교의 내용이나 기도회의 내용을 결정하는 데 지혜가 필요합니다.

가령 당시 성인 교인에게 매우 어려운 현안이 몇 가지 있다고 가정해 봅시다. 이 현안은 대부분 지교회 차원의 교회 정치적인 문제일 경우가 많고 이 문제를 해결하려면 당회나 제직회 등이 관여해야 할 경우가 대부분입니다. 이 현안이 초미의 관심사이고 부교역자 자신이 이 문제가 어떤 방향으로 나아갔으면 좋겠다는 사견을 가지고 있을 수가 있습니다. 이때 부교역자가 이 사견을 설교 시간이나 기도회 시간, 아니면 성인 교인을 만나는 자리에서 밝히는 경우가 있습니다. 바로 이 행동이 부교역자가 자기에게 주어진 고유한 영역을 넘어서는 것입니다. 이런 말들을 성도들이 들으면 그 말이 옳은 말이라도 속 시원해하는 것이 아니라 당혹스러워합니다. 왜냐하면 부교역자 자신이 이 말에 책임을 질 수 있는 위치가 아니기 때문입니다.

바로 이 점이 제가 부교역자로 일하면서 간혹 범했던 실수였습니다. 저에게 위임된 직무는 중고등부인데 교회 전체에 관련된 현안에 대하여 발언을 하는 일이 많았습니다. 그 당시에는 의분에 사로잡혀서 말을 했는데 교회 공동체에 대하여 좀 더 넓고 깊게 공부하고 좀 더 성숙해지자 당시에 제가 성급했다는 사실을 알게 된 것입니다.

그러면 부교역자에게 이런 자리가 주어질 때 어떻게 해야 하겠습니까? 부교역자는 이 자리에서 현안에 대하여 구체적이고 기술적인 언급을 해서는 안 되고 어떤 자리든지 성경 말씀을 성도에게 가르친다는 생각을 가져야 합니다. 이때 부교역자가 유념해야 할 원리는 이것입니다. '성도들이 교회에 나와서 설교를 경청하는 이유는 장엄하고 생명력 있는 복음의 소식과 성도들의 삶의 원리를 듣기 위한 것이다.' 그렇습니다. 교회가 어떤 문제 때문에 혼란을 겪는 때에도 성도들이 부교역자들에게 듣고 싶어 하는 것은 책임을 질 수 없는 현안에 대한 기술적인 견해가 아니라 하나님의 말씀입니다. 부교역자는 이 기대를 저버리면 안 됩니다. 그리고 현안에 대하여 말하는 것은 부교역자 자신이 장차 담임목사의 위치에 올라서서 그 현안을 책임 있게 해결할 수 있을 때까지 유보하는 것이 바람직합니다.

담임목사는 부교역자를 신학이나 경건성뿐만 아니라 인성까지도 충분히 고려하여 선임하되, 일단 선임한 후에는 부교역자를 신뢰와 사랑으로 대하고 영적이고 도덕적인 면에서 소신껏 활동할 여지를 충분히 마련해 줘야 합니다. 그러나 담임목사는 부교역자가 아직 미숙하다는 점을 고려해 애정을 갖고 교역자로서의 신분에 어울리지 않는 행동을 하는 경우에는 책망과 질책을 아끼지 말아야 합니다. 부교역자는 자기 자신에게 위임된 업무의 범위를 부당하게 넘어서지 않도록 신중하게 처신해야 합니다.

12

청년부 사역자와의 갈등

Q. 우리 교회 청년부는 교회 내 독립된 교회입니다. 예배부터 양육과 재정까지 청년부의 모든 목회는 청년 담당 사역자가 맡고 있습니다. 얼마 전, 청년부 사역자가 사역을 열심히 잘하나 약간의 문제가 있다는 이야기를 듣고 이에 대해 몇몇 청년들과 대화를 나누었습니다. 제가 청년들과 이런 이야기를 나누었다는 소식을 들은 청년부 사역자가 싫은 내색을 합니다. 담임목사의 입장에서 이 문제를 어떻게 판단하고, 극복해야 할까요?

A. 교회의 본질은 영원불변하지만 지상교회의 형식은 변할 수 있습니다. 실제로 교회사를 살펴보면 교회의 형태는 계속 변화해 왔습니다. 족장 시대 교회는 가정교회의 형태를 취했습니다. 가장이 교역자의 기능을 담당했으며, 이방인을 향한 전도보다는 자녀를 낳아 양육하는 방법으로 교회의 전통을 이어갔습니다. 모세 시대부터 교회가 국가 공동체와 동일시되었으며, 국가의 정치 지도자가 종교 지도자이기도 했

습니다. 이 틀은 사사시대까지 유지되었습니다. 왕정시대에는 국가 공동체가 교회와 동일시되었으나, 종교 지도자와 정치 지도자가 분리되는 제도적 분화가 있었습니다. 중간기 시대에는 교회가 국가로부터 완전히 분리되어 회당에서 모이는 예배 공동체로 존재했습니다.

초대교회는 말씀을 가르치는 장로와 교회 운영을 책임지는 치리 장로가 지도하는 장로정치 형태로 교회가 존재했습니다. 그 후 말씀을 가르치는 장로가 감독의 위치를 차지하면서 감독의 권한이 강화된 감독교회 형태가 등장했고, 중세시대에는 감독의 위치가 더욱 강화되고 감독들의 대표자인 교황의 권한이 절대화된 절대군주정치 형태의 교회가 등장했습니다.

종교개혁시대 이후에는 교역자를 회중 위에 두는 계급적인 교회구조가 철폐되었습니다. 교역자를 회중과 동등한 위치에 두고 교역자가 다양한 은사들 가운데 하나인 말씀의 은사를 받아 교회를 섬기는 민주화된 교회관이 등장했습니다. 다양한 교파들이 등장하면서 이 교회관을 근간으로 하여 교파마다 약간씩 다른 편차가 나타났습니다. 성경에 나타난 교회 정치의 원리를 그대로 받아들여 목사와 장로회를 중심으로 성도들을 지도하는 민주적인 장로교회, 말씀 전파 이외의 모든 행정적인 권한을 국가에 위임한 국가교회, 교역자와 회중 간 차별을 철폐하고 완전히 민주화된 회중교회 형태 등이 등장했습니다.

이처럼 목회 환경이 변하면, 환경에 적응하여 교회의 외적 형태도 변하는 것이 자연스러운 일입니다. 얼마 전까지만 해도 한국교회에서는 목회자가 회중 전체를 위한 설교와 지도를 담당하고, 목회자의 지도하에 교구들을 나누어 작은 공동체를 만들고, 각 교구마다 세운 구역장 혹은 교구장을 중심으로 생활에 좀 더 밀착된 말씀 공부와 친밀한 교제와 돌봄을 시행해 왔습니다. 그리고 학령 대에 있는 나이 어린 성도들을 위해서는 영아부, 유치부, 유초등부, 중고등부, 대학부, 청년부 등을 별도로 만들어 '교구'라는 틀로 담을 수 없는 성도들에 대한 교육과 돌봄을 실시해 왔습니다.

그런데 이런 조직에 변화가 생겼습니다. 하나는 목장 제도의 도입입니다. 낮에 교구 모임들을 가지다 보니, 직장생활을 해야 하는 남성들은 참여가 어려워 교구가 여자 성도들만의 모임이 되고 말았습니다. 교회는 남성들에 대한 교제와 교육은 거의 방치할 수밖에 없었습니다.

이와 같은 문제점을 해결하기 위해 '목장'이라는 제도를 도입해 가족 단위로 모이도록 함으로써 남자 성도들을 끌어들이고자 했습니다. 목장 제도를 도입한 상당수의 교회가 목장에 '작은 교회'라는 이름으로 대폭 자율적인 권한을 부여했습니다. 심지어 목장들은 독자적으로 선교사를 파송하고 관리하는 권한까지 부여받았습니다.

다른 하나는 대학청년부에 목장과 같은 정도의 자율성을 부여한 것입니다. 이는 대학청년부의 특수한 형편을 고려한 조치였습니다. 대학청년부는 수많은 학문의 세계 속에 본격적으로 들어가는 시기입니다. 대학청년부는 기독교에 대한 논리적 설명과 학교와 사회에서 만나는 강력한 이념들에 대응할 수 있는 깊이 있는 기독교 사상에 대한 지식을 요구합니다. 이들의 요구에 응하기 위해서는 상당한 시간 동안 집중적인 연구를 해야 하는데, 설교 준비와 교회 내의 성도들을 돌보는 목양에 대부분의 시간을 투자해야 하는 목회자로서는 이 작업을 위한 별도의 시간을 내기가 어렵습니다.

게다가 이 시기는 부모의 그늘에서 벗어나 독립하기 시작하는 때이 기도 합니다. 이런 특수성 때문에 대학청년부의 경우 이들에게 맞는 사역자를 세우고 이들에게 자율성을 부여하고 독립적으로 운영할 수 있도록 배려하는 교회들이 많습니다. 아마도 질문하신 목회자도 이런 의도를 가지고 열린 마음으로 청년부에 자율성을 대폭 할애하신 것 같습니다.

물론 목회자의 능력과 손길이 미처 닿지 못하는 영역에 있는 성도들 이 좀 더 효율적으로 신앙훈련을 받을 수 있도록 배려하는 것은 모든 목회자가 당연히 가져야 할 마음가짐입니다. 그러나 목회자가 이런 동 기에서 취한 특별한 조치가 교회의 본질에 어떤 오해나 손상을 가져오 지는 않는가에 대한 반성도 필요합니다. 문제가 된 청년부에 대한 조치 는 교회의 본질과 관련해 좀 더 신중하게 살펴야 할 부분이 있습니다.

교회의 보편성과 통일성

첫째는 교회의 보편성과 통일성과 관련된 문제입니다. 여기서 통상적 인 교회의 분류법인 유형교회와 무형교회의 관계를 정리할 필요가 있 습니다. 유형교회는 신앙고백, 말씀선포, 성례시행, 외적 기관과 정치체 제 등을 통하여 가시화된 교회이며, 무형교회는 마지막 날에 나타날 이상적이고 완전한 교회이며, 온 세계에 편만해 있고 인간이 볼 수 없 는 교회입니다. 물론 무형교회와 유형교회의 관계는 두 개의 다른 교회 를 말하는 것이 아니라, 하나의 예수 그리스도의 교회가 가지는 두 양 상을 지칭합니다. 지상의 교회는 유형적이며 동시에 무형적입니다. 인 간의 영혼이 몸을 입고 몸을 통해 자기를 표현하듯이 무형교회는 유형적 형체를 취합니다. 교회의 속성은 일차적으로는 무형교회에 있습니다. 그러나 무형교회의 속성은 이차적으로 그리고 필연적으로 유형교회에도 나타나도록 되어 있습니다.

교회의 보편성이란 그리스도만이 모든 사람의 주가 되시고, 모든 사람에게 부요하시고, 누구든지 주의 이름을 부르면 구원을 받으며롬 10:12-13, 유대인이나 헬라인이나, 종이나 자유인이나, 남자나 여자나 다 그리스도 예수 안에서 하나갈 3:28임을 의미하며, 만물이 그리스도 안에서 통일되어 있음엡 1:10을 뜻합니다.

교회의 통일성이란 어떤 조직의 통일성을 말하는 것이 아니라, 예수 그리스도의 신비로운 몸의 통일성을 말합니다. 신자들로 구성된 몸은 하나의 머리이자 교회의 왕이신 예수 그리스도의 통제를 받으며, 그리스도의 영에 의하여 활력을 부여받으며, 몸에 속한 모든 신자의 공통된 신앙, 공통된 사랑의 끈으로 묶이며, 미래에 대한 공통된 전망을 가집니다. 이와 같은 통일성은 일차적으로 무형교회의 통일성을 의미합니다. 그런데 이와 같은 교회의 통일성은 무형교회에만 적용되는 것이 아니라 유형교회에도 적용됩니다. 왜냐하면 무형교회는 필연적으로 유형교회라는 형체를 취하고 있기 때문입니다.

바울은 교회를 '몸'으로 비유하고 있는데, 몸이라는 비유는 교회의 통일성을 강조합니다. 또한 교회라는 몸에 속한 성도들을 '지체'로 표현합니다고전 12:12-31. 이 표현은 우리가 생각하는 것보다 훨씬 강력한 표현입니다. 지체라는 표현은 클럽이나 협회의 회원 정도의 의미를 지닌 것이 아니라, 생물학적인 몸의 기관들을 뜻하는 것으로서 특별히 '사지와 장기들'이라는 의미를 지니고 있습니다. 지체는 두 팔과 두 다리, 심장, 신장, 간, 뇌 등을 가리키는 단어라는 것입니다. 사지와 이 중요한 신체 기관들은 혈관, 신경망, 림프관 그리고 한의학에서 말하는 경락 등에 의하여 긴밀하게 연결되어 있어서 도저히 떼어낼 수가 없고 떼어내 버리면 사람이 죽습니다. 오늘날에는 다리나 손을 절단하고도 사는 경우가 있습니다만, 고대 사회에서 팔이나 다리를 절단한다는 것은 바로 죽음을 의미했습니다. 뇌, 심장, 신장, 간 등도 마찬가지입니다. 그만큼 교회의 통일성은 중요하다는 것입니다.

교회의 보편성과 통일성의 관점에서 보았을 때, 한 지교회 안에 청년들을 위한 또 하나의 독립된 교회를 두는 것은 바람직하지 않습니다. 교회사를 보면 '교회 안의 교회'를 지향하는 이와 같은 관점은 경건주의 전통에 속한 교회들이 표방한 분리주의적 관점으로서 하나님의 교회에 분열의 상처를 안겨 주었다는 사실에 유념해야 합니다. 극단적인 경건주의자들은 기성교회 신자의 타락한 생활을 보고 교회의 거룩성과 순결을 유지하기 위해 이른바 '경건한 성도들'로만 구성된 '참된 교회'를 별도로 가지기 시작했고, 결국은 교회분열로 이어졌습니다. 그리고 나중에는 바로 그 '참된 교회'도 이전의 교회와 다름없이 타락으로부터 자유로울 수 없는 교회임이 드러났습니다.

물론 지교회 안에 독립된 교회를 둔다고 하더라도 무형교회의 관점에서 볼 때, 보편성과 통일성이 깨지는 것은 아닙니다. 제도적으로 완전히 독립해서 운영되는 교회들도 사도신경적인 신앙고백에 있어서 일치한다면, 이미 하나 된 교회입니다. 심지어 서로 다른 교단에 속해 있는 경우라 할지라도 바른 신앙고백 위에 서 있다면, 제도적 형태와는 무관하게 이미 무형교회의 보편성과 통일성 안에 있다고 볼 수 있습니다.

그러나 유형교회는 교회의 제도적인 형식을 통해서도 최대한 보편성과 통일성을 드러낼 수 있어야 하며, 만에 하나 보편성과 통일성에 손상을 가하는 제도라면 수정해야 합니다. 하나의 지교회가 다른 지교회와 관계를 갖지 않고 혼자만 활동하는 것은 교회의 보편성과 통일성에 대한 인식을 약화시킬 수 있고, 교회의 속성에 대한 오해를 불러일으킬 수 있습니다. 하물며 한 지교회 안에 두 개의 독립된 교회를 두고 설교나 행정, 교육 등에 있어서 일체 간섭을 받지 않는다는 것은 교회의 보편성과 통일성에 손상을 가할 위험이 있습니다.

한 지교회는 제도와 운영을 통해 성도들이 교회의 보편성과 통일성을 배울 수 있도록 해야 합니다. 따라서 제도와 운영 안에 보편성과 통일성을 반영하는 요소들이 배어 있어야 합니다. 한 지교회 안에서도 각자 독립되어 서로 상관하지 않는 교회 구성원들이 지교회들 간의 협력, 나아가서는 교단적인 차원, 범교단적인 차원에서의 협력에 적극적으로 임하기를 어떻게 기대할 수 있겠습니까? 적어도 한 지교회 안에서는 증거되는 말씀이 과연 바른 신앙고백 안에 머무르고 있는가를 항상 함께 점검하고 서로 도움을 줄 수 있어야 합니다.

운영에 있어서도 서로 긴밀한 연관성을 유지해야 합니다. 청년부는 독립된 교회를 지향하기 보다는 지교회의 담임목사와 당회의 행정적 감독과 지도 아래 있어야 합니다. 물론 담임목사와 당회의 감독과 지도는 일방적인 권위주의적 태도보다는 청년 사역의 특수성을 인정하고 바른 신앙고백의 틀에서 벗어나지 않는 한 자율성을 존중해 주고 따뜻한 마음으로 지원하는 방식으로 이루어져야 합니다. 청년부 사역자도 지교회로부터 독립된 교회라는 인식을 가져서는 안 됩니다. 청년부 사역자는 지교회를 지도하는 담임목사와 당회의 권위를 자발적으로 존중하고 순종하며 청년부 사역의 과정들과 실상을 정기적으로 알리고 조언과 지도를 받아야 합니다. 한 지교회의 청년부는 지교회의 지체, 곧 떼어내고 싶어도 떼어낼 수가 없는 몸의 일부이자 중요 장기와 같은 위치에 있다는 인식을 가져야 합니다. 따라서 청년부를 독립된 교회로 만들기보다는 지교회의 한 지체로 두고 행정적인 지도를 받도록 하되, 최대한 특수성과 자율성을 보장해 주는 것이 바람직합니다.

유형교회의 다형성

둘째는 유형교회의 다형성多形性의 문제입니다. '교회의 다형성'이란 하나의 무형교회가 반드시 하나의 외적 기관을 통하여 표현될 필요는 없다는 인식을 핵심으로 합니다. 로마 가톨릭 교회는 하나의 외적 기관을 통하여 교회의 통일성을 표현하고자 했으나 이로 인하여 형식주의, 의식주의, 율법주의로 빠지는 후유증으로부터 자유롭지 못했습니다. 교회가 지닌 풍요로운 내적인 보화들은 다양한 교회 형식들을 통하여 더 잘 표현된다고 볼 수 있습니다. 영적으로 통일되어 있는 교회가 외형에 있어서 다형성을 띄는 것은 오히려 교회의 아름다움과 질서를 드러내는 데 도움이 됩니다.

지교회 간의 외적 형태상의 차이에 중점을 두고 전개되는 교회의 다형성은 지교회 내부에도 적용할 수 있습니다. 하나의 지교회는 제도상으로 통일된 구조 안에 있는 하나의 교회지만, 이 교회 안의 다양성이 인정되어야 합니다. 그런데 지교회의 다형성은 군집의 개념으로 이해되어서는 안 되고 유기적인 통전성統全性 안에서 이해되어야 합니다. 다시 말해서 교회의 다양한 구성요소들은 마치 독립된 개체인 구슬들이 한 곳에 우르르 모여 있는 군집체로 이해되거나 수많은 독립된 방을 가진 건물과 같은 것으로 이해되어서는 안 된다는 뜻입니다. 교회의 다양한 개체들이 통일성 안에서 조화를 이룰 때 비로소 진정한 다양성이 드러납니다. 교회 안에 있는 특수한 요소들이 다른 특수한 요소들과 긴밀하게 연결되어 있고, 다른 특수한 요소들이 있어야만 그 기능을 발휘할 수 있으며, 다른 특수한 요소들이 없으면 존재할 수 없다는 철저한 유기적 관련성 안에서 생명의 줄로 연결된 사지라는 인식이 있을 때 다양성이 그 아름다운 모습을 드러낼 수 있습니다.

한 지교회의 다양성은 일차적으로 은사의 다양성으로 나타납니다. 바울은 교회를 많은 지체들로 구성된 하나의 몸으로 제시하면서 다양한 지체들의 예로서 은사들을 열거합니다. "너희는 그리스도의 몸이요 지체의 각 부분이라 하나님이 교회 중에 몇을 세우셨으니 첫째는 사도요 둘째는 선지자요 셋째는 교사요 그 다음은 능력을 행하는 자요 그 다음은 병 고치는 은사와 서로 돕는 것과 다스리는 것과 각종 방언을 말하는 것이라 다 사도이겠느냐 다 선지자이겠느냐 다 교사이겠느냐 다 능력을 행하는 자이겠느냐 다 병 고치는 자이겠느냐 다 방언을 말하는 자이겠느냐 다 통역하는 자이겠느냐"고전 12:27-30. 은사의 목록은 고린도전서 12장 8-11절, 로마서 12장 6-8절, 에베소서 4장 11절, 베드로전서 4장 11절 등을 보완하면 더 많이 첨가될 수 있습니다. "지혜의 말씀, 지식의 말씀, 예언, 영들 분별함, 방언 통역함, 섬기는 일, 가르치는 일, 위로하는 일, 구제, 다스림, 긍휼 베품, 복음 전함, 목사, 봉사" 등이 첨가될 수 있습니다. 하나의 은사가 다른 은사들과 긴밀한 관련을 맺고 있다는 것은 어렵지 않게 알 수 있습니다. 예컨대 은사들 가운데 가장 중심이 되는 은사는 말씀을 가르치는 은사사도, 선지자, 교사입니다. 그런데 가르치는 내용은 위로하는 일, 구제하는 일, 긍휼을 베푸는 일, 가르치는 일, 복음 전하는 일, 능력 행하는 일, 병 고치는 일, 서로 돕는 일 등입니다. 말씀을 잘 가르치기 위해서는 식당에서 식사 봉사를 하는 사람도 있어야 하고, 주차 봉사하는 사람도 있어야 하고, 헌금 관리하는 사람도 있어야 합니다. 이런 사람들의 도움이 있어야 비로소 말씀을 전하는 일이 제대로 그 기능을 발휘할 수가 있습니다.

은사의 다양성은 성도들의 직종의 다양성, 성격의 다양성, 학력의 다양성, 기술의 다양성 등과 밀접한 관련을 맺고 있습니다. 이 말의 의미는 교회는 학력이 높은 사람들로만 구성된 공동체가 되어서는 안 되고, 다양한 학력을 가진 사람들이 함께 모여 어울리는 공동체가 되어야 하며, 다양한 직종과 기술을 가진 사람들이 스스럼없이 어울리는 공동체가 되어야 한다는 뜻이기도 합니다. 이와 같은 다양성의 종류는 수도 없이 많습니다.

통합교육의 필요성

그런데 저는 특히 연령상의 다양성의 문제에 주목하고자 합니다. 현대교회는 일반 학교에서 인지능력의 수준에 따라서 연령상의 차이를 두어 세분화시켜서 교육하는 방식을 그대로 받아들여 교회 교육도 인지능력의 차이를 고려하여 세분화시켜야 한다고 생각하는 경향이 있습니다. 그 결과 영아부, 유치부, 유년부, 초등부, 중등부, 고등부, 대학부, 청년부, 장년부 등으로 연령대별로 세분화시켜서 교육하고, 심지어

장년 봉사부서도 여전도회 1부, 2부, 3부, 남전도회 1부, 2부, 3부 등으로 세분화시켜서 구성하는 것입니다.

그런데 교회의 교육이나 봉사부서를 이처럼 연령대별로 세분화시켜서 각각 독립적으로 운영하는 것이 과연 신앙교육의 측면에서 바람직한가에 대해서 재고할 필요가 있습니다. 신앙교육은 지식교육이 아니라 인성교육으로서, 교회의 지체이자 하나님의 백성으로서 살아가는 법을 가르치는 생활교육입니다. 생활교육은 같은 또래가 모인 공동체에서만 이루어져서는 안 됩니다. 생활이라는 것 자체가 나이가 많은 사람들, 동년배들, 나이가 어린 사람들이 함께 어우러진 상태에서 이루어지는 것이므로, 생활교육은 또래뿐만 아니라 위아래 사람들이 함께 모인 공동체에서라야 전인적으로 이루어질 수 있습니다.

세분화시켜 왔던 교회 교육을 다시 통합교육으로 전환할 필요가 있습니다. 유년부부터 고등부까지 한자리에 모아놓고 말씀 교육을 시키는 것입니다. 대학청년부는 연령층을 설정하여 20대에서 30대까지 넓게 모일 수 있도록 통합하는 것입니다.

어느 교회에서 유치부부터 고등부까지 하나의 주일학교로 묶어서 주일예배를 드리고 교육하는 것을 본 적이 있습니다. 교역자가 설교를 40분이나 하는데도 유치부 아이들로부터 고등부 아이들까지 모두 눈을 동그랗게 뜨고 설교에 푹 빠져서 경청하고 있었습니다. 예배가 끝나자 형과 누나, 오빠 언니들이 동생들을 지도해서 함께 탁자와 의자도 정리하고 서로 교제하는 모습이 너무나 아름답게 보였습니다. 자연스럽게 전인적인 생활교육이 이루어지고 있었는데, 의사소통에 어려움을 겪는 것이 아니라 의사소통이 아주 원활하게 이루어지고 있었습니다.

이런 관점에서 볼 때 청년 사역이 지교회 안에서 다른 성도들과의 연관성과 지도를 아예 단절한 상태에서 진행되는 것은 바람직하지 않습니다. 또래와 교제하는 것에만 익숙하고 위 아래 사람들과 교제하는 훈련을 하지 않는 것은 통전적인 생활교육이라고 볼 수 없습니다. 청년 사역도 다른 부서를 향하여 문을 열도록 해야 합니다. 청년 고유의 사역을 위한 시간을 가지면서도 반드시 외부를 향해 열려 있는 공동체가 되어야 합니다.

하나의 지교회는 모든 산하부서가 담임목사와 당회의 행정적인 지도에 순종하는 가운데 산하부서들의 고유한 특성을 살려 나가야 합니다. 하나의 지교회 안에 또 하나의 독립된 교회를 두는 것은 잘못된 교회관입니다. 그것은 교회의 보편성과 통일성을 깨뜨리거나 오해를 초래할 수 있으며, 분리주의의 위험을 안고 있습니다. 담임목사와 당회뿐만 아니라 교회 전체 회중을 향해서도 열려 있어야 하며, 다른 부서들을 향해서도 열려 있어야 합니다. 담임목사는 이 점을 분명히 주지시켜서 청년부 사역자가 교회의 지도에서 벗어나서 독립적으로 활동하지 않도록 지도해야 합니다. 청년부 사역자가 감시당한다는 불만을 토로하는 것은 바른 자세가 아닙니다. 청년부 사역자도 잘못한 일이 있으면 담임목사를 중심으로 한 교회 지도부의 권고를 받을 마음가짐을 가지고 있는 것이 마땅한 일입니다.

13

수평 이동 성도

Q. 교회의 중직자가 대형 교회로의 수평 이동을 희망합니다. 작은 교회에서 신앙이 정체되는 것 같다는 말에 복잡한 마음을 감출 수 없습니다. 성도에게 더 좋은 환경을 만들어 주지 못해 미안하기도 하고, 교회에서 그분이 하는 역할이 크기 때문에 두려움도 있습니다. 또한 성도가 더 좋은 환경에서 신앙이 성장하는 것이 좋은지, 아니면 어려운 환경 속에서 버티는 것이 좋은지 판단하지 못하겠습니다. 어떻게 하는 것이 성도와 목회에 도움이 되는 결정일까요?

A. 이 질문은 작은 교회를 목회하는 한국의 목회자에게 가장 힘들고 가슴 아픈 문제입니다. 제가 아는 A 교회는 개척한 지 15년이 넘어가는 전형적인 작은 교회입니다. 이 교회는 개척하던 시점부터 넉넉하지는 않지만 어려움 없이 목회자 사례금을 지급했고, 힘든 순간이 있긴 했으나 담임 교역자가 순수하고 신실했기에 견실하게 성장해 왔습니다. 그러나 폭발적인 성장을 이루지는 못했고, 지금까지도 작은 교회

규모를 그대로 유지하고 있습니다.

A 교회의 담임목사도 같은 문제로 인하여 마음의 어려움을 겪어야만 했습니다. 최근 세 가정이 교회를 떠났습니다. 한 가정은 개척 구성원으로서 중추적인 역할을 담당해 온 가정으로 먼 곳에서 출석하던 부부였습니다. 그들은 교회가 자리를 잡았으니 떠날 때가 되었다는 이유로 교회를 옮겼습니다. 다른 한 가정은 대학입시를 앞둔 아이의 장래를 위해 옮긴다는 이유로 교회를 떠났습니다. 또 다른 한 가정은 초등학교에 다닐 자녀를 위해 더 좋은 주일학교 교육체제가 갖추어진 교회로 옮긴다는 이유로 교회를 떠났습니다.

이와 같은 표면적인 이유도 물론 중요하고 무시할 수 없으나, 교인이 교회를 떠날 때 더 중요한 이유가 있을 수 있습니다. 담임 목회자의 설교에 만족하지 못하거나, 담임 목회자 혹은 목회자 사모, 중직자 등과의 관계에서 상처를 받거나 실망한 것이 그 이유가 될 경우도 있습니다.

담임 목회자의 설교

상당수의 성도가 작은 교회를 떠나는 이유 가운데 하나는 담임 목회자의 설교가 이들의 필요를 충족시켜 주지 못하는 데 있을 수 있습니다. 설교가 재미없고 별다른 영향을 주지 못하기 때문에 교회를 떠날 생각을 한다는 것입니다.

사실 설교를 통하여 전해야 할 내용은 복잡한 것이 아닙니다. 설교는 단순한 주제를 반복해서 전달해야 합니다. 모든 설교에서 중심축을 이루는 부분은 두 가지입니다. 하나는 복음입니다. 예수 그리스도께서 우리 죄를 대신 지고 십자가 위에서 죽으셨고, 그 예수님을 믿음으로 영접하면 구원을 얻는다는 것입니다. 다른 하나는 그리스도인의 삶입니다. 값없이 은혜로 구원을 얻었다면 구원받은 자로서의 삶을 살아내야 한다는 것입니다.

설교는 이 두 명제를 반복해서 선포해야 합니다. 그런데 어떻습니까? 아무리 몸에 좋은 음식도 하루 세 끼 똑같은 음식을 먹는 것은 불가능하지 않습니까? 그래서 같은 재료에 대해서도 헤아릴 수 없이 많은 요리방식이 등장하는 것 아니겠습니까? 마찬가지로 설교의 두 가지 주제를 질리지 않게 반복하여 전하려면 많은 장치가 필요합니다.

사실 성경도 두 가지 진리를 전하기 위해 다양한 장치들을 사용합니다. 교리와 율법의 형태로 말하기도 하고, 역사를 통하여 말하기도 하고, 시를 통해 말하기도 하고, 환상을 통해 말하기도 합니다. 게다가 성경의 저자들마다 문체, 성향, 살아온 배경, 직업, 성격 등이 모두 다릅니다. 성경은 이처럼 다양한 장치들을 적극적으로 활용하면서 단순한 가르침들을 반복하여 전하고 있습니다.

설교자는 성경 본문이 지닌 이와 같은 다양한 장치를 세심하게 연구하여 이해한 후, 그 이해한 결과를 설교에 반영할 수 있어야 합니다. 그러면 설교가 단순한 진리를 전하면서도 지루하지 않고 흥미 있게 전달될 수 있을 것입니다. 성도들은 자연스레 다음 설교를 기다리게 될 것입니다.

중요한 것은 성도들이 담임목사의 설교에 흥미를 느끼고 성경을 더 깊이 알아가고 있다는 보람을 느끼면 어지간해서는 교회를 떠나지 않는다는 것입니다. 그런데 솔직하게 말하면 작은 교회를 목양하는 목사의 설교 내용이 너무 빈약해 성도들이 설교에 대한 흥미를 잃는 경우가 많습니다. 사실 이 문제는 작은 교회들만의 문제는 아닙니다. 게다가 요즈음은 인터넷이 발달해 흥미를 끌 수 있는 명설교를 얼마든지 접할 수 있습니다.

개신교는 예전을 중시하는 로마 가톨릭교에 대항해 말씀 곧, 설교의 중요성에 사활을 걸고 나온 분파입니다. 그러므로 개신교가 설교를 통하여 성도들의 마음을 얻는 데 실패하면 아무것도 남는 것이 없습니다. 유감스럽게도 많은 교회의 설교가 충분한 연구 없이 전달되고 있습니다. 또한 본문은 한두 군데 읽고 내용은 설교자 자신이 생각했던 것들로 채워 넣는 경우가 비일비재합니다. 자기가 가진 사상을 가지고는 청중을 사로잡을 수 없습니다. 준비 없이, 설교자의 진지한 고민 없이 전달되는 설교는 영혼 속으로 파고 들어가지 못하고 그냥 귓전을 맴돌다가 날아가 버립니다. 이때 청중은 교회를 떠날 다른 구실을 찾다가 적절한 구실이 발견되면, 그것을 기회 삼아 미련 없이 교회를 떠납니다.

구조적인 문제의 극복

작은 교회의 구조적인 문제가 목회자의 성경 연구를 방해하기도 합니다. 담임목사 혼자 교회 안의 모든 예배 설교를 맡아야 하고 기타 행정업무, 심방 업무까지 다 처리해야 하는 상황에서 깊이 있는 성경 연구를 위한 시간을 내는 것은 어려운 일입니다. 게다가 작은 교회의 경우 목사에게 주어지는 사례비가 너무 낮아 연구를 위한 주석서나 서적들을 사는 것도 쉬운 일이 아닙니다. 이런저런 이유로 성경 연구를 소혼히 하면 나중에는 성경을 연구할 마음도, 연구하는 법도 잊어버리고, 연구할 엄두가 나지 않고 또 귀찮아집니다.

너무나 많은 현장 목회자들이 동료 목회자들과 어울려 운동하고 여행가고 식사하고 노는 것은 기꺼이 해도 공부하는 것은 싫어합니다. 현장에서는 공부하는 것이 구태의연하게 느껴지고 목회에 별로 도움이 안 된다는 생각이 있는 것 같습니다. 누가 감히 담임목사에게 공부하라고 훈계를 할 수 있겠습니까? 그러나 성경을 연구하지 않으면 목회자로서의 생명이 사실상 끝납니다. 많은 목회자가 이런 딜레마에 빠져 있습니다. 사력을 다하여 이 딜레마에서 벗어나야 합니다. 사례금이 모자라서 책을 살 형편이 안 되면 신학대학교 도서관을 정기적으로 방문해 풍부한 자료의 도움을 받으면서 준비할 수 있습니다. 작은 교회의 목회자들은 상대적으로 시간을 자유롭게 낼 수 있으므로 마음만 있으면 얼마든지 도서관을 방문할 수 있습니다.

담임 목회자와의 관계

다음으로 성도들이 작은 교회를 떠나는 이유는 담임 목회자와의 관계에서 겪는 어려움 때문입니다. 대형 교회의 경우에는 교역자가 다수이기 때문에 어느 특정한 교역자에 대한 성도의 기대가 $1/n$로 분산될 수 있고, 성도들의 숫자는 교역자들보다 훨씬 더 많으므로 성도에 대한 교역자의 기대도 $1/n+n+...$로 더 넓게 분산될 수 있습니다. 성도가 한 교역자에게 실망했어도 기댈 수 있는 다른 교역자가 있고, 이는 교역자도 마찬가지입니다. 이처럼 큰 교회는 교역자와 성도에 대한 실망을 완화해 줄 수 있는 장치들이 있습니다.

그러나 한 명의 교역자가 지도하는 작은 교회의 경우, 성도에게 있어서 담임 목회자는 이 성도가 교역자와 관계를 맺을 수 있는 전부입니다. 그러므로 이 관계가 틀어지면 전부 망가지는 것이고, 틀어진 관계가 회복되지 않으면 교회를 떠나는 것 외에는 다른 선택의 여지가 없습니다. 또한 교역자의 입장에서도 비중이 있는 한 명의 성도에 대한 기대치가 너무 높고 무거울 수 있습니다. 이 기대치가 충족되지 않으면 대형 교회의 경우보다 실망감이 더 클 수 있습니다. 작은 교회 목회자는 건물이나 교육 환경이 열악한 교회에 출석하는 성도들에게 뒤따르는 이와 같은 어려움을 고려하여 넓은 마음으로 성도들을 포용할 수 있어야 합니다.

작은 교회 목회자는 몇 명이 모이든지 일단 모임이 형성되면 성도들이 가족과 같은 분위기 안에서 즐겁게 교회생활을 할 수 있도록 교회 분위기를 만들어야 합니다. 담임 목회자 자신도 빨리 교회를 부흥시켜야겠다는 부담을 털어 버리고 몇 명이라도 하나님이 주신 성도들을 만나는 기쁨이 있어야 합니다. 교회생활은 재미있어야 하고 만나는 것이 신나야 합니다. 봉사나 헌금을 좀 더 하고 못 하는 것은 본질적인 것이 아닙니다. 특히 담임 교역자의 얼굴에 자신의 기대에 부응하지 못하는 것에 대한 불만이 나타나서는 안 됩니다.

설령 애지중지하던 성도가 교회를 떠나서 대형 교회로 간다 해도 머물러 줄 것을 애원하기보다는 흔쾌한 마음으로 보내야 합니다. 어차피 성도는 목회자의 사람이 아닙니다. 실제로 목회자가 성도의 신앙생활 여정을 실질적으로 지도하기도 어렵고 또 그럴 능력도 없습니다. 성도의 신앙생활을 실질적으로 지도하실 분은 그리스도뿐입니다. 성도는 하나님의 사람이고 그리스도의 사람입니다.

어떤 성도도 목회자 곁에 영원히 둘 수 없습니다. 일정 기간 하나님이 맡기신 성도를 측면에서 도와주고 교회생활을 할 수 있도록 안내해 주다가 하나님이 '그만하면 네 역할은 충분히 했다'라고 판단하셔서 다른 곳으로 이동시키시면 그대로 순종하면 됩니다.

사도 바울은 혼자 지중해 전역을 복음화하다시피 했는데, 한 교회에 가장 길게 머물렀던 기간이 에베소 교회에서의 3년 정도이고 다른 곳에서는 일 년 반, 또는 몇 개월 정도였습니다. 바울이 성도를 자기 곁에 영원히 둘 사람들로 생각했다면 이동할 때마다 큰 상처를 받았을 것입니다. 그러나 바울은 하나님이 허락하신 동안 최선을 다하여 훈련한 다음에 하나님이 사역지를 옮기라 하시면 미련 없이 떠났습니다. 바울이 떠난 것은 다른 시각에서 보면 성도들이 바울을 떠난 것이나 다름 없습니다.

중국의 어느 한인교회에 집회를 인도하기 위하여 방문했을 때, 담임 목회자가 고충을 털어놓은 일이 있습니다. 그 교회에는 주로 기업의 주재원이 많이 출석하는데, 주재원은 주기적으로 근무지를 옮기기 때문에 가르쳐서 일꾼으로 만들어 놓으면 떠나서 곁에 견실하게 남아 있는 성도가 많지 않다는 것이었습니다. 우리는 대화를 나누는 가운데 성도를 훈련하여 파송하는 마음으로 목회하는 것이 바람직하다는 점에 공감했습니다.

자녀의 신앙교육

성도들이 대형 교회로 옮기고자 하는 또 하나의 이유는 자녀의 신앙교육 문제입니다. 이 문제가 제기되면 작은 교회 목회자들은 주눅이 들 수밖에 없습니다. 우선 성도들의 숫자 자체가 적기 때문에 아이들 숫자가 많지 않습니다. 아이들을 가르칠 인력도 많이 부족하고, 재정도 부족합니다. 시대에 맞는 교육을 시행하려면 교육 기자재들의 가격이 고가여서 재정이 열악한 작은 교회가 감당하기가 벅찰 때가 많습니다. 이런 상황에서 자녀에 대한 신앙교육이 제대로 이루어지지 않으면, 성도는 주일학교 시스템이 잘 갖추어져 있는 교회로 옮기고 싶은 마음이 생기게 됩니다.

그러나 이 점에 있어서 작은 교회가 지닌 장점을 최대한 활용하는 지혜가 필요합니다. 신앙교육은 지식교육이 아니라 영적인 교육인 동시에 인성을 기르는 교육이며, 지혜를 가르치는 교육입니다. 신앙교육은 구원의 복음이 바르게 소개되어야 하고, 구원받은 자들이 바른 인성을 가지고 하나님과 인간과의 관계를 바르게 형성해가는 법을 가르쳐야 합니다. 그런데 이와 같은 기독교 교육의 본질적인 요소를 가르치는 데 작은 교회가 불리한 것만은 아니며, 오히려 작은 교회를 잘 활용하면 양질의 신앙교육이 가능합니다.

대형 교회 주일학교는 학생 수가 많기에 학년을 세밀하게 나누어 같은 학년이나 또래들을 모아서 가르치게 되어 있습니다. 많은 사람이 학습 능력을 기준으로 하여 나누어 놓는 것이 더 효율적이고 현대적인 방법이라고 생각합니다. 그런데 교회 교육도 과연 그럴까요? 사실상 교회 교육은 학년을 이처럼 세분화할 필요가 없고 오히려 세분화하는 것이 방해가 될 수도 있습니다. 구원의 복음은 철학 이론과는 달리 유치원 아이들조차도 이해할 수 있을 만큼 단순하고 쉽기에 구태여 학년을 나누어 가르칠 필요가 없습니다. 어린아이나 어른이나, 유치원 학생이나 박사학위 소지자나 극히 단순하고 명료하고 쉬운 복음을 듣고 구원을 받습니다. 그리스도인의 바른 삶에 관한 교육은 어떨까요? 이 교육도 또래 학습보다는 학년 구별을 철폐한 학습이 훨씬 좋습니다. 왜 그렇습니까? 바른 삶이란 곧 인간관계를 바르게 맺어가는 법을 가르치는 것인데, 인간관계에서 또래와의 관계는 극히 일부에 지나지 않고 아랫사람과의 관계, 윗사람과의 관계도 매우 중요하기 때문입니다. 작은 교회에서는 아이들 숫자가 부족하여 통합교육을 할 수밖에 없는데, 이 통합교육방식이 세분화 교육보다 전인적인 신앙 및 생활교육에 유리하므로, 이 유리한 점을 최대한 활용하면 전화위복이 될 수 있습니다.

작은 교회 목회자는 사력을 다하여 성경을 깊고 넓게 연구하여 진리를 알고자 하는 성도들의 필요를 충족시켜 주어야 합니다. 또한 작은 교회 목회자는 더 너그러운 마음과 애틋한 사랑으로 성도들을 품을 수 있어야 합니다. 그리고 작은 교회 목회자는 작은 교회가 지닌 장점들을 최대한 활용하여 효율적인 교회 교육을 하기 위하여 노력해야 합니다.

14

목회자를 험담하는 성도

Q. 얼마 전 교회 중직을 맡고 있는 한 집사님이 담임목사인 저에 대해 좋지 않은 소문을 낸다는 이야기를 들었습니다. '말씀이 좋지 않다', '중학생 아들이 신앙적으로 미성숙하다' 등의 이야기를 한다는 말에 너무 화나 밤잠을 설쳤습니다. 저에 관한 이야기뿐만 아니라 가족들까지 사람들의 입에 오르내리는 것에 울화가 치밀어 오릅니다. 그 집사님을 볼 때마다 자꾸만 미운 생각이 듭니다. 어떻게 해야 할까요?

A. 문제의 집사님 언행은 매우 잘못된 것입니다. 목회자의 설교가 좋지 않은 것이나, 목회자 자녀의 행실이 바르지 않은 것이 사실일 수도 있고, 아닐 수도 있습니다. 그러나 어떤 경우든 이 집사님의 언행은 심각한 문제를 안고 있습니다. 만일 목회자 과실이 사실이 아니라면, 이 집사님은 거짓말로 다른 사람 특히, 하나님이 세우신 목회자의 명예를 심각하게 훼손한 것이며, 이 언행은 제9계명을 정면으로 범하는 행동입니다. 제9계명은 어떤 상황 속에서도 사실을 사실과 다르게 말하

는 것을 금지한 계명이라기보다는 이웃에게 상해를 가하려는 의도를 가지고 사실과 다르게 말하는 것을 금지한 계명이기 때문입니다.

목회자의 과실이 사실이라 하더라도 이 집사님은 문제를 잘못 다루고 있습니다. 집사님은 먼저 당사자인 목회자에게 개인적으로 찾아와서 고언苦言을 드려야 합니다. "목사님, 설교 말씀을 좀 더 충실하게 준비해 주십시오." 이처럼 목회자에게 찾아와서 고언을 하고, 회중들 앞에서는 발언을 자제했어야 합니다. 어떤 사람에 관한 부정적인 말을 그 사람이 있는 자리에서 하지 않고, 그 사람이 없는 자리에서 먼저 터뜨리는 것은 매우 비열한 행동입니다. 교회 성도를 지도하는 위치에 있는 목회자에게 이런 행동이 주는 상처는 매우 큽니다.

또한 이 집사님은 목회자의 중학생 자녀의 행실을 문제 삼고 있는데, 이것도 매우 경솔한 처사입니다. 목회자의 자녀인가, 아닌가를 떠나서 중학교 시절은 신체적인 면에서나 정신적인 면에서 변화를 겪게 되는 사춘기의 시기이기 때문에 일탈할 수 있습니다. 어쩌면 목회자의 자녀라는 신분이 주는 중압감 때문에 다른 청소년보다 좀 더 큰 반항심 등이 나타날 수도 있습니다. 이런 시기를 보내고 있는 목회자의 자녀를 따뜻한 시각으로 이해해 주기는커녕, 지나치게 엄격한 윤리적·율법적인 잣대로 판단하는 것은 매우 위험한 일입니다.

투명한 유리 상자

이처럼 성도가 목회자 없는 자리에서 목회자를 비방하는 것 자체가 비윤리적인 일이지만, 목회자가 비방하는 성도에게 맞대응해 반격하기 시작하면 자신이 시무하는 교회에서 더는 목회 활동을 하지 못하게 될 위험이 있습니다. 그러면 목회자는 이 위기를 어떻게 극복해야 할까요?

목회자는 목회에 발을 들여놓는 순간 좋은 평가든 나쁜 평가든 끊임없이 평가하는 청중을 하나님으로부터 위탁받았다는 점을 분명히 인식하고 목회에 임해야 합니다. 목회자에 대하여 항상 칭찬만 하고 순종만 하는 청중은 거의 만나기 힘들고 또 바람직한 것도 아닙니다. 교인들이 목회자, 특히 담임 목회자에 대해 다양한 형태의 평가를 하는 것은 불가피합니다. 한 교회에 소속되어 신앙생활과 교회생활을 할 때 교회의 영적이고 도덕적이며 행정적인 모든 책임을 담당하고 있는 담임목사는 교인들의 신앙생활과 교회생활의 중심축이 될 수밖에 없고, 교인이 중심축에 대하여 비상한 관심을 가지는 것은 당연하며, 따라서 담임목사는 긍정적이든 부정적이든 대화의 중심 소재가 될 수밖에 없습니다. 그러므로 목회자가 없는 자리에서 성도들이 목회자에 대하여 많은 말을 하는 상황을 극히 당연한 현실로 받아들여야 합니다. 예배 시간에 성도들이 아무 말도 하지 않고, 목회자 앞에서 그저 공손하게 인사를 한다고 해서 목회자가 없는 자리에서도 동일한 태도를 유지할 것이라는 생각은 오해입니다.

어차피 목회자와 목회자 가족은 목회하는 동안 교인이 언제든지 들여다볼 수 있는 투명한 유리 상자 안에서 살아야 합니다. 목회자가 이를 피하려고 하면 목회를 할 수가 없습니다. 목회자는 사역이 끝나는 날까지 자신이 유리 상자 안에서 살아야 하는 자라는 사실을 흔쾌하게 100% 인정하고, 이른바 '탈탈 털릴 각오'를 해야 합니다. 그러면 마음이 편해집니다.

이제 우리는 매우 중요한 질문을 해야 합니다. "하나님은 왜 이렇게 끊임없이 평가하고 여차하면 불평불만을 토로하는 '문제 청중'을 나에게 붙여 주셨을까?" 사실 하나님이 모세에게 붙여 주신 청중도 같지 않았습니까? 모세의 청중은 모세가 사역을 시작할 때부터 사역을 마무리하기까지 끊임없이 모세를 비방하고 원망했습니다. 그러나 우리는 모든 일이 하나님의 주권적인 손길 안에서 일어남을 고백하며, 한결같이 선하신 하나님은 어떤 경우에도 우리에게 해로운 일을 허락하시지 않음을 고백합니다. 그렇다면 하나님이 우리에게 목회자에 대해 끊임없이 비방을 가하는 청중을 붙여 주신 일에도 하나님의 선하신 뜻이 있지 않겠습니까? 그렇습니다. 하나님이 끊임없이 비방을 일삼는 청중을 목회자에게 붙여 주신 데는 정말로 목회자 자신에게 유익한 하나님의 선한 뜻이 깊이 숨어 있습니다. 그러므로 목회자는 성도들이 어떤 이유로 비방을 하든, 이 비방 속에 들어 있는 하나님의 선하신 뜻을 찾아내 묵상하는 가운데 기뻐하면서 하나님을 찬양해야 합니다.

무고한 비방에 대한 대응

먼저 목회자에게 특별한 과실이 없는데도 성도들이 목회자를 비방하는 경우에 대해 생각해 보겠습니다. 이때 목회자는 시련에 부딪히게 됩니다. 목회자에게 특별한 과실이 없는데도 찾아오는 시련을 다루는 대표적인 성경 본문은 야고보서 1장 2-4절입니다. 2절에서 야고보는 이런 시련을 만날 때 "온전히 기쁘게 여기라"고 권고합니다. 시련이 찾아올 때 기뻐하라고 권고하는 이유는 무엇일까요? 3절은 "믿음의 시련이 인내를 만들어" 내기 때문이라고 답변합니다. 인내로 번역된 헬라어 '휘포모네'ύπομονή는 매우 무거운 짐을 장기간 떠받들고 있는 사람을 묘사합니다. 역도선수를 한 번 생각해 보지요. 역도선수는 매우 무거운 바벨을 온 힘을 다해 번쩍 들어 올리지만 오랜 시간 들고 서 있지 않습니다. 약 10초 정도 들고 서 있다가 바로 내려놓습니다. 그러나 '휘포모네'의 사람은 무거운 바벨을 들어 올린 다음 끝을 알 수 없는 긴 기간 동안 들고 서 있습니다.

그렇습니다. 일단 한 교회를 맡아서 목양을 시작하면 무거운 목양의 짐을 사역이 끝나는 날까지 떠받치고 가야만 합니다. 이를 위해 '휘포모네'의 능력이 필요합니다. 만일 울화가 치민 상태에서 성급하게 맞대응하기 시작하면 한 곳에서 목양을 지속하지 못한 채 이 교회 저 교회를 전전하는 방랑목회자가 될 수 있습니다. 그러므로 목회자는 성도들이 목회자를 근거 없이 비방하는 현실을 만날 때, 평생에 걸쳐서 진행될 목양의 무거운 짐을 능히 지고 갈 수 있는 '휘포모네'의 능력을 배양시키려고 잠시 시련을 주신다고 생각하고 감사해야 합니다.

휘포모네의 능력은 목회자가 평생 가르쳐야 하는 기독교인의 삶의 대원리와 직결됩니다. 인내의 성품, 곧 오래 참는 것은 기독교에서 말하는 사랑아가페의 핵심입니다. 고린도전서 13장 4-7절은 사랑이 무엇인가를 정의하고 있는데, 여기에 등장하는 15가지 정의의 목록을 보면 "오래 참는 것"으로부터 시작해 "모든 것을 참는 것"을 거쳐서 "모든 것을 견디는 것"으로 끝납니다. 다른 항목들도 참아내지 않으면 이룰 수 없는 것들입니다.

안더스 니그렌Anders Nygren은 그의 책 〈아가페와 에로스〉에서 아가페에 관한 포괄적인 연구를 진행한 끝에 아가페의 의미를 두 가지로 요약했습니다. 하나는 '호감을 받을 수 없는 존재를 호감을 받을 수 있는 존재로 대우해 주는 것'이고, 다른 하나는 '자기를 철저하게 희생하고 타인의 유익을 구하는 것'입니다. 이 문맥에서 제가 강조하고자 하는 것은 아가페의 첫 번째 의미입니다.

인간의 자연적인 성품은 나에게 호감을 줄 수 있는 대상을 좋아하게 되어 있습니다. 목회자의 경우에 목회자를 존중하고 선하게 평가해 주는 성도가 그런 존재이며, 목회자는 자연적인 품성에 따라서 이런 성도를 좋아합니다. 그러나 이것은 사랑이 아닙니다. 목회자 주변에 목회자를 칭찬하고 선대하는 사람들만 있으면 목회자에게는 기독교의 아가페 사랑을 실천할 수 있는 현장이 없게 되고, 결국 목회자는 아가페 사랑의 의미를 알 수 없게 됩니다. 목회자가 아가페 사랑의 의미를 모르고 실천 경험이 없다는 말은 가장 중요한 기독교인의 삶의 원리를 성도들에게 가르칠 자격이 없다는 것을 의미합니다. 그러면 목회자는 목양을 할 수 없습니다.

호감을 받을 만한 조건을 갖추지 못한 대상을 호감을 받을 만한 조건을 갖춘 대상으로 대우해 주고자 할 때 필요한 태도가 바로 인내입니다. 기독교인의 삶은 자연적인 품성을 그대로 물 흐르듯이 따라가는 것이 아닙니다. 강력한 자연적인 성향이 나타날 때 의지를 세워서 이 자연적인 성향을 거스르기 위해 힘을 다하는 것이 그리스도인의 삶의 요체입니다. 자연적인 성품과의 관계에서 보았을 때 그리스도인의 삶을 위장僞裝으로 본 루이스C.S. Lewis의 정의는 바른 정의입니다. 자연적인 성품의 관점에서 보았을 때 하기 싫은 일을 마치 정말로 하고 싶어하는 일처럼 하니까 위장으로 보이는 것입니다.

그리스도인의 삶은 마음속에 있는 자연적인 감정을 다 밖으로 풀어 내 버리고 해방을 얻는 것이 아닙니다. 그리스도인의 삶은 자연적인 성품이 원하는 바를 인내로써 철저하게 통제하고 누르는 것입니다. 자연적인 성품을 통제하고 누르는 것은 인간의 힘으로는 불가능하므로 기도를 통해 성령의 권능을 받아야 합니다. 근거 없는 비방에 시달리면 당연히 울화가 치밀어 오르지요. 그러나 이때 목회자가 해야 할 일은 그것을 터뜨리고 발산하는 것이 아니라, 그것을 철저하게 인내로 다스리고 통제하고 누르는 것입니다.

여기서 이런 질문을 드려 보겠습니다. 목회자를 근거 없이 비방하는 성도는 이웃일까요? 아니면 원수일까요? 이웃인 동시에 원수입니다. 원래 원수는 이웃에게서 나오게 되어 있습니다. 아무리 악한 사람도 내 주위에 없으면 나와 원수가 될 일이 없지 않습니까? 내 주위에 있으면서 나와 많이 교류하고 나의 사정을 잘 아는 사람들로부터 원수가 나오는 법입니다. 그러므로 원수를 사랑하지 못하면 이웃을 사랑할 수가 없습니다. 원수사랑과 이웃사랑은 동의어입니다.

과실로 인한 비방에 대한 대응

그러면 이번에는 목회자가 범한 과실이나 죄가 교인들 사이에서 비방거리가 되는 경우에 대해 생각해 보겠습니다. 목회자의 설교가 빈약하다거나 목회자가 바른 삶의 모습을 보여 주지 못한다는 비방이 바로 그 예입니다. 이런 경우 목회자는 교인들 사이에서 목회자에 대한 부정적인 평가들이 나오는 것에 대하여 서운하고 억울하다고 생각하면 안 됩니다. 이런 평가가 나오는 것이 너무나 당연하다고 생각해야 합니다.

교수는 한 학기의 강의를 끝내면 반드시 강의 평가를 받습니다. 강의 평가를 하기 전이라도 교수의 강의가 몇 차례 이루어지고 나면 학생들 사이에서 교수의 강의에 대한 어마어마한 횟수의 자체평가가 나옵니다. 교수 입장에서는 가슴 졸이는 일이지만, 교수의 강의에 대해 긍정적이든 부정적이든 평가를 하고 대화의 소재로 삼는 것은 학생들에게 주어진 특권이요, 막을 수 없고, 막아서도 안 됩니다.

목회자에 대한 교인의 태도도 마찬가지입니다. 목회자의 설교내용이 교인들의 신앙생활에 가장 큰 영적·도덕적인 영향을 끼치는데, 어떻게 목회자의 설교에 대해 교인들이 평가하지 않을 수 있으며, 대화의 소재로 삼지 않을 수 있겠습니까? 또한 목회자의 행실은 바로 교인들이 어떻게 행동해야 하는가를 결정하는 바로미터가 되는데, 어떻게 목회자의 행실에 대해 교인들이 평가하지 않을 수 있으며, 대화의 소재로 삼지 않을 수 있겠습니까? 소문이 들렸다는 말은 이 사안이 벌써 성도들 사이에서 수차례 대화의 소재로 오고 갔음을 의미합니다. 성도들은 목회자가 예상하는 것보다 목회자에 대하여 훨씬 더 많은 것을 알고 있으며, 목회자 자신보다도 더 정확하게 목회자의 실력과 삶의 모습에 대해 파악하고 있다는 사실을 목회자는 잊어서는 안 됩니다.

목회자가 성도로부터 설교가 빈약하고 삶이 형편없다는 비방을 들을 경우, 우선 '지도자로서의 체면이 구겨졌다'라는 생각에 사로잡힐 수 있고, 비방하는 성도들에 대한 분노의 감정을 느낄 수 있습니다. 목회자는 이런 마음 상태에 말려 들어가서 목회자로서 중심을 잃는 일이 없도록 주의해야 합니다. 자신에게 이런 비방이 들려오는 것조차도 자신을 좀 더 나은 사역자로 다듬기 위한 하나님 섭리의 손길로 받아들이고 오히려 감사할 수 있어야 합니다. 이때 목회자는 구차스러운 변명을 늘어놓거나, 비방하는 성도들을 정치적으로 공격하려는 마음을 가져서는 안 됩니다. 목회자는 이 기회를 자기 발전의 계기로 삼을 수 있어야 합니다. 목회자는 자신의 설교 실력이 부족하다는 것을 우선 마음속으로 흔쾌하게 받아들여야 합니다. 그리고 설교에 최선을 다해 준비하는 모습을 성도들에게 보여 주어야 합니다. 이런 진솔한 모습을 지속해서 보여 주면 성도들도 마침내 감동하게 될 것이고, 결국 목사님의 설교 능력이 부족한 것을 크게 문제 삼지 않고 이해하게 될 것입니다.

목회자로서 바른 삶의 모습을 보여 주지 못한 부분이 있다면, 진솔하게 인정하시기 바랍니다. 목회자라고 해서 항상 자식 교육을 잘 시킬 수 있는 것은 아닙니다. 목회자의 자식도 탈선할 수 있고, 공부를 못할 수도 있습니다. 그것도 그냥 있는 그대로 인정하시기 바랍니다. 마음을 열어 놓고 교인들과 똑같은 입장에서 자식 교육에 대하여 고민하고 기도도 부탁하면서 원활하게 소통하는 것이 좋습니다.

공적 모임에서의 대응

어떤 경우에도 목회자가 반드시 준수해야 할 원칙 가운데 하나는 절대로 비방과 관련된 내용을 교회의 공적 모임에서 거론하지 말라는 것입니다. 특히 설교 시간에 비방과 관련된 내용을 거론하지 않도록 주의해야 합니다. 간혹 마음속에 울화가 치밀어 오르다 보면, 억울함을 해소하려는 목적이나 성도를 교육한다는 목적으로 설교 시간에 비방과 관련된 내용을 직접 거론하고 싶은 강한 충동을 느낄 수 있습니다. 그러나 절대로 그렇게 해서는 안 됩니다. 설교 시간은 하나님이 주시는 복음과 삶의 원리들을 선포하는 시간이므로 성경이 가르치는 복음과 삶의 원리를 공적으로 소개하고, 성도들이 성경을 통해 말씀하시는 하나님의 음성을 들을 수 있도록 깊이 주의를 기울여야 합니다. 따라서 목회자 개인의 신변과 관련된 시시한 이야기나 변명으로 설교 시간을 채워서는 안 됩니다. 그것은 하나님의 말씀이 선포되어야 할 강단을 오염시키는 행위입니다. 설교 시간 이외에 기도하는 시간이나 성도들이 모여 대화하는 자리에서도 가능한 한 비방과 관련된 문제는 거론하지 않는 것이 바람직합니다. 끝까지 인내하면서 기도하는 가운데 하나님의 처분에 맡기고 기다리다 보면 어느 순간 하나님의 은혜로 비방과 관련된 시련을 넘어서고 있는 자기 자신을 발견하게 될 것입니다. 그때까지 인내하는 가운데 참고 기다려야 합니다.

이 논점과 관련하여 18세기의 저명한 청교도 신학자이자 목회자였던 조나단 에드워즈Jonathan Edwards의 일화를 소개하고자 합니다. 에드워즈는 조부가 목회하던 교회의 후임 목사로 들어가서 목회 생활을 시작했습니다. 에드워즈가 처음 교회를 맡을 때는 성도들의 숫자가 100여 명 정도 되었는데, 28년 목회를 하고 난 다음에는 800명이 넘는 회중으로 부흥시켰습니다. 에드워즈는 순수한 학자적 성향을 지녀 교인들의 잘못을 직설적으로 지적하는 습관이 있었습니다. 반면에 조부는 정치적 성향이 강한 목사였는데, 그 밑에서 훈련받은 중직자들도 비슷한 성향을 가지고 있었습니다. 그들은 에드워즈의 화법에 불만을 느끼고 있었는데, 잠재되어 있던 갈등이 생활고에 시달리던 에드워즈가 당회에 사례금을 올려달라는 제안을 하면서 표면화되었습니다. 이때부터 중직자들은 에드워즈를 몰아내기 위한 정치적인 공작과 온갖 비방을 시작했고, 5년 후에 교회를 사임할 때까지 에드워즈는 그야말로 엄청난 혼란의 소용돌이 속에 있어야만 했습니다.

그런데 놀라운 일은 이 5년 동안 에드워즈가 설교 시간을 포함한 교회 안의 어떤 모임 자리에서도 자신과 관련된 사안에 대해서 단 한마디도 하지 않았다는 사실입니다. 에드워즈는 성도는 하나님의 복음과 하나님의 삶의 원리를 듣기 위해 교회에 나온 것이지, 목사의 신변잡기에 대하여 듣기 위해 나온 것이 아니라는 분명한 확신을 가지고 있었습니다. 에드워즈가 자신과 관련된 사안에 대해서 언급한 것은 고별설교에서 말한 다음과 같은 한마디뿐이었습니다. "여러분이나 나나 모두 재림의 날 주님 앞에 형제로서 서야 할 자들입니다."

목회자는 자신에 대하여 가해지는 정당한 비방이든, 부당한 비방이든, 맞대응해서는 안 되는 직분으로 부름을 받은 자들입니다. 왜냐하면 이 비방에 대해 맞대응을 하는 순간 목회자는 성도와 대등한 입장에서 다투는 것이며, 이 다툼이 시작되는 순간 성도를 영적이고 도덕적으로 지도해야 할 목회자의 고귀한 직분의 기능이 마비되기 때문입니다. 목회자는 어떤 형태의 비방이든 목회자 자신에게 찾아오는 유익이 있기에 하나님이 허락하셨다고 생각하고 기쁨으로 받아들여야 합니다. 목회자는 자신에게 비방이 찾아오는 순간을 평생에 걸쳐 진행되는 무거운 목양의 짐을 굳건하게 지고 나가는 데 필요한 인내를 배양하는 계기로 활용해야 합니다. 아가페 사랑을 실천하고 가르치기 위한 계기로 삼고, 나아가 하나님의 사역자로서 아직 부족한 부분들을 채워가는 계기로 삼아야 합니다.

목회자의 재혼

Q. 부인과 사별하고 초등학생 자녀를 둔 40대 후반의 목회자입니다. 교회에서 저의 재혼에 대해 관심이 많습니다. 권사님들로부터 중매도 종종 들어옵니다. 교회 안에 있는 사별한 여성도들이나 노처녀들도 사모 자리를 눈여겨보는 눈치인데, 어떻게 처신하면 좋을지 모르겠습니다.

A. 성경에서 재혼이 허용되는 필수적인 전제 조건은 기존의 결혼 관계가 합법적으로 해소돼야 한다는 것입니다. 결혼 관계는 네 가지 사유에 의하여 정당하게 해소될 수 있습니다.

첫 번째는 배우자와 사별하는 경우입니다. 이 경우 결혼 관계가 자동으로 정당하게 해소됩니다. 로마서 7장 1-3절에서 바울은 법은 사람이 살아 있는 동안에만 적용된다는 법철학 원리에 근거해서 결혼법은 배우자가 살아 있는 동안에만 적용되는 것이므로 한쪽 배우자가 죽으면 결혼 관계는 자동으로 해소된다고 말합니다. 결혼 관계가 해소되면 재혼을 해도 간음을 범하는 것이 아니라는 것이지요. 이 말은 배우자 사후의 재혼이 정당하다는 것입니다.

이 경우에 질문이 제기될 수 있습니다. '재혼하는 것은 세상을 떠난 배우자에 대해 지켜야 할 정조貞操를 깨뜨리는 것이 아닌가? 사별한 배우자를 배신하는 것이 아닌가?' 이런 생각은 죽은 사람의 영혼이 귀신이 되어 집 주위를 맴돌면서 현세에서 이루지 못한 아쉬움을 달랜다고 생각하는 유교적인 사생관의 관점에서는 의미 있는 생각일 수 있습니다. 그러나 인간이 육체적 죽음을 맞으면 즉각 현세를 완전히 떠나 천국이나 지옥으로 가고, 그 후에는 어떤 방식으로든 현세와 관계하지 않는다는 기독교 내세관의 관점에서 볼 때 이 생각은 아무런 의미가 없습니다. 남은 배우자는 현세의 삶을 어떻게 살아가는 것이 최선인가를 생각하면 됩니다. 재혼하는 것이 최선의 길이라고 판단된다면 사별한 배우자와의 관계 때문에 주저할 필요는 없습니다.

두 번째는 배우자가 간음을 행한 경우입니다. 구약시대에는 간음한 배우자가 사형의 형벌을 받게 되어 있었습니다. 사형을 받게 되면 배우자가 죽기 때문에 자동으로 결혼 관계가 정당하게 해소됩니다. 그리고 무죄한 남은 배우자는 자유롭게 재혼할 수 있습니다. 신약시대에 들어와서 예수님은 간음하다가 현장에서 잡힌 여인을 돌로 치려는 사람들로부터 보호해 죽이지 못하게 함으로써 간음한 자를 사형에 처하는 시민법 차원의 형벌을 폐지하고 그 대신 간음을 이혼 허용 사유로 낮추어 주셨습니다. "음행한 이유 외에"는 이혼이 허용되지 않는다는 말은 간음을 정당한 이혼 사유로 인정하셨다는 것을 뜻합니다마 19:9. 물론 이때 이혼 요구권은 무죄한 배우자에게만 있습니다. 곧 무죄한 배우자에게만 재혼권이 있다는 뜻입니다. 간음한 자는 무죄한 배우자가 이혼을 요구하면 그 요구에 따라야 할 뿐입니다. 간음한 자에게 이혼 요구권을 주는 것은 현재의 배우자와 헤어지고 새살림을 차리고 싶어 하는 악한 소원을 들어주는 셈이 되므로 허용되지 않습니다.

세 번째는 종교가 다른 경우입니다고전 7:12-16. 믿는 배우자는 먼저 종교의 차이를 이유로 이혼을 요구해서는 안 됩니다. 그러나 믿지 않는 배우자가 종교의 차이를 이유로 이혼을 요청하면 믿는 배우자는 들어줘도 무방합니다. 이때 믿는 배우자의 결혼 관계가 합법적으로 해소되었으므로 그에게는 재혼권이 주어집니다. 이혼해 홀로 된 믿지 않는 배우자에 대해서는 기독교윤리의 영역을 벗어났기 때문에 특별한 지침을 주지 않습니다.

네 번째는 한쪽 배우자의 신체적이고 정신적인 폭력이 너무 심해 다른 쪽 배우자의 생명이 위협받는 경우입니다. 이 경우에 대해서는 성경에 명시적인 언명이 없으나 기독교윤리의 규범론에 근거해 이혼이 허용되는 것으로 해석하고 있습니다. 기독교윤리에서는 인간의 생명이 최고의 가치이기 때문에, 폭력이 수반되는 결혼 관계가 인간의 생명을 위협한다는 사실이 명확해지면 생명의 보호를 위해 결혼 관계를 파기할 수 있습니다. 배우자의 폭력 때문에 이혼한 무죄한 배우자에게는 당연히 재혼의 권리가 있습니다. 폭력을 행한 배우자에게는 재혼권이 주어지지 않습니다.

목회자로서 고려해야 할 것들

그러면 이런 이혼과 재혼에 관한 성경의 가르침은 목회자라는 특수한 소명을 받은 자에게 그대로 적용될까요? 일단은 그렇다고 답변할 수 있습니다. 그러나 목회자가 재혼하고자 할 때는 목회직이 지닌 몇 가지 특성들을 고려해야 합니다. 재혼하는 것이 과연 최선의 길인가를 신중하게 고려해야 하며, 목회 현장에 혼란을 초래하지 않도록 지혜를 모을 필요도 있습니다. 목회자의 신상 변화는 단지 개인적인 호불호에 의해서만 결정될 수 없고, 그것이 교회에 끼칠 영향을 고려해 결정돼야 합니다.

배우자와 사별한 목회자가 성적인 욕구에 크게 영향을 받지 않고 배우자가 없어서 주어지는 자유로운 시간을 오직 교회를 섬기는 일에 집중하겠다는 적극적인 의지가 있다면, 재혼하지 않고 목회에 임하는 것도 가능한 선택 가운데 하나입니다. 예컨대 바울이 바로 그런 예입니다. 바울은 자신의 경우를 예로 들어 결혼하지 않은 자들과 과부들이 정욕을 절제할 수 있고 주님을 섬기는 일에 흔쾌히 집중할 수만 있다면 혼자 지내는 것도 좋은 선택이라고 권고합니다.고전 7:8.

교회가 목회자의 성적 일탈을 지나치게 염려해 독신으로 교회 일에 헌신할 수 있는 길을 아예 차단하는 것은 바람직하지 않습니다. 독신으로 사역할 수 있는 능력과 소명을 가진 목회자가 결혼하지 않고 사역할 수 있는 환경도 마련돼야 합니다. 물론 이 경우에 목회자는 자신의 입장을 교회에 분명히 알리고 교회 안의 여성도들의 오해가 없도록 신중하게 처신해야 합니다.

배우자와 사별한 목회자가 남은 생애 동안 성적 욕구를 제어할 자신이 없거나, 먼저 떠난 아내의 빈자리를 지혜롭게 메우며 정돈된 삶을 살 자신이 없다고 판단된다면 얼마든지 재혼을 선택할 수 있습니다. 그러나 이 경우에 목회하는 본 교회 안에서 새로운 배우자를 선택하는 것은 바람직하지 않습니다. 왜냐하면 목회하는 교회 안에서 새로운 배우자를 선택하는 경우에 목회 윤리의 기본 원리들이 무너질 위험이 뒤따르기 때문입니다. 교인들은 목회자의 편중됨 없는 영적인 돌봄과 지도를 받아야 할 대상이며, 목회자는 모든 교인을 보편적인 아가페 사랑의 원리에 따라 공평하게 대우해야 합니다. 그러나 목회자가 교인들 가운데 특정한 사람에 대해 각별한 애정을 표현하기 시작하면 이와 같은 원리가 무너지는 것이 불가피합니다. 이 원리가 무너지면 목회 전반에 어려움이 찾아올 수 있습니다.

교인들 가운데 한 여성이 사모 후보자로 선정이 되는 경우, 결혼식을 올리는 순간까지 한 교회 안에서 이 사실을 비밀로 유지하기는 현실적으로 불가능합니다. 목회자가 어떤 경우에도 재혼하지 않겠다는 의사를 분명히 밝히지 않는 한 여러 명의 여성도가 목회자의 사모가 되고 싶어 하는 기대를 할 수 있습니다. 이런 상황에서 어느 한 여성도를 사모 후보로 선정하는 것은 다른 여성도의 실망과 질투를 유발할 위험이 매우 큽니다. 여성이 애정 문제로 질투심을 품기 시작하면 걷잡을 수 없는 방향으로 사태가 악화될 수 있습니다. 교회 공동체가 깨지며, 이 일에 중심인물로 휘말린 목회자가 성도를 영적으로 지도하는 것은 매우 힘들어집니다.

아무리 목회자라 하더라도 애정 관계는 인간의 변덕스러운 감성에 많이 의존하기 때문에 잘 발전돼 가는 것 같다가도 예기치 않았던 순간에 틀어지는 경우가 얼마든지 생깁니다. 관계가 틀어지면 목회자나 여성도는 치명적인 내상內傷을 입을 위험이 있습니다. 이 일은 십중팔구 교회 공동체 전체에 직접적으로든 간접적으로든 알려지게 되며, 목회자와 여성도의 가정 사이에 불편하고 적대적인 관계가 형성되는 것은 물론 목회자에 대한 교인들의 인식에 균열이 생깁니다. 이런 사태가 발생하면 목양은 현실적으로 불가능해집니다. 결과적으로는 서로 내상을 입은 상태에서 여성도가 교회를 떠나든지 아니면 목회자가 교회를 떠나야 합니다.

목회자가 재혼하기로 마음을 굳혔다면 자신이 목회하는 교회를 이런 어려움 속에 빠뜨리지 않도록 다른 교회에 출석하는 여성도 중에서 배우자를 찾는 것이 바람직합니다. 목회자는 교회의 공식적인 자리에서 자신은 본 교회의 성도와는 절대로 재혼하지 않을 것이며 재혼을 하더라도 외부 사람과 할 것임을 분명하게 선언함으로써 교인들이 불필요한 오해를 하지 않도록 조처하는 것이 바람직합니다.

반드시 거쳐야 하는 점검 과정

목회자가 교회 외부의 여성과 재혼하기로 결단을 내리는 경우에도 재혼에 임하는 자신의 마음가짐을 반드시 점검해야 합니다. 번거로운 점검 과정을 반드시 거쳐야 하는 이유는 목회자의 가정은 모든 교인에게 공개되지 않을 수 없고, 따라서 상당한 정도의 모범적인 모습을 보여 줄 수 있어야 하기 때문입니다.

가장 중요한 것은 목회자가 새로운 배우자를 어떤 마음으로 맞이하느냐 하는 것입니다. 목회자가 자신의 현실적인 필요를 채우기 위한 목적으로 새로운 배우자를 맞이할 수가 있습니다. 목회 업무에 집중하기 위해 밥을 해주고 빨래를 해주고 자녀를 돌보는 등과 같은 일종의 가사도우미의 역할을 생각하는 것입니다. 그뿐만 아니라 절제하기 힘든 성적인 욕구를 채우기 위한 대상으로 배우자를 선정할 수도 있습니다. 이와 같은 동기에서 배우자를 선택한다면 재혼 생활은 실패할 위험이 큽니다. 재혼의 대상이라 할지라도 정말로 인격적인 대화를 통해 공감대를 발견하고 인격적인 사랑을 나눌 수 있는 대상인지, 상대방도 목회자 자신을 같은 마음으로 대하는지를 반드시 확인해야 합니다.

한 여성을 아내로 맞는 일은 상당히 많은 시간과 재정과 노력을 쏟아부어야 하는 일이며, 이 모든 일을 기꺼운 마음으로 감당하는 희생을 요구합니다. 혼자 생활할 때 교회를 섬기는 일에 100이라는 시간을 사용했다면, 재혼하면 아마도 이 시간의 절반을 아내를 위하여 할애할 결심을 해야 합니다. 그러면서도 목양을 소홀히 하지 않아야 합니다. 자기 자신은 교회의 담임목사로서 중요한 사역을 수행하고 있으니 사모가 된 여성이 모든 것을 자신에게 맞춰야 한다고 생각해서는 안 됩니다. 이와 같은 이기적인 태도로 재혼에 임하면 실패할 수 있습니다.

재혼하고자 하는 목회자는 새로 들어오는 배우자가 전 배우자의 자녀들을 사랑으로 따뜻하게 돌보고 키우는 일을 감당할 수 있는가도 반드시 점검해야 합니다. 이 일은 생각보다 어려울 수 있습니다. 전 배우자가 낳은 자녀들은 이미 마음에 큰 아픔을 안고 있기에 쉽게 마음 문을 열지 않을 수 있습니다. 새로운 배우자는 자신에게 마음 문을 열지 않는 전 배우자의 자녀들에 대해 미워하는 마음을 가질 수도 있습니다. 신데렐라 이야기나 콩쥐와 팥쥐 이야기가 동서양을 막론하고 전해 내려오는 것은 전 배우자의 자녀들과 새로운 배우자와의 관계를 원활하게 맺는 것이 얼마나 어려운 것인가를 단적으로 보여주는 예입니다. 자녀 문제에서 새로운 배우자의 마음과 전 배우자 자녀들의 마음을 확인할 필요가 있습니다. 자녀 문제로 어려움을 겪으면 목회를 원활하게 수행하기 어려우므로 재혼을 보류할 필요가 있습니다.

목회자도 사별, 신앙의 차이, 상대방의 폭행 등과 같은 정당한 이유로 배우자와 헤어지게 된 경우에 재혼할 수 있습니다. 그러나 재혼을 하는 목회자는 새로 맞이하는 배우자를 진정한 마음으로 사랑하고 있는가를 먼저 고려해야 하며, 두 당사자 사이에서 자녀양육 문제에 대하여 충분한 교감이 있어야 하며, 목회자가 목회하는 교회 성도 중에서 배우자를 선택하는 일을 자제하는 등의 몇 가지 원칙을 유념해야 합니다.

16

사모 모임

Q. A 교회를 3년째 섬기고 있는 부목사입니다. 우리 교회에는 담임 목사님 사모님을 중심으로 하는 정기 사모 모임과 모든 사모가 참여하는 교회 봉사나 기도회가 있습니다. 교회 안에 마음을 터놓고 대화할 상대가 없는 아내에게 좋은 모임이 될 것 같아서 처음에는 적극적으로 참여를 권했습니다. 그러나 직장생활을 하는 제 아내는 사모 모임에 참여할 시간을 내기도 쉽지 않고, 눈에 보이지 않는 사모 모임의 서열 문화도 힘들어하는 눈치입니다. 어떻게 하면 좋을까요?

A. 교역자는 직무수행을 위해 부름을 받은 자들이기 때문에 직무수행을 목적으로 하는 교역자만의 조직, 곧, 정례적인 교역자 회의 등을 조직해 운영하는 것은 당연한 일입니다. 그러나 사모는 교회로부터 공적으로 직무를 부여받은 위치가 아니기 때문에 사모들만으로 직무와 관련된 모임을 조직해서는 안 됩니다.

사모 모임의 정례화는 피해야

그러면 직무상의 조직이 아닌, 단순한 친교와 격려를 위한 사모들만의 정례적인 모임을 조직하는 것은 허용될 수 있을까요? 이때는 사모의 남편 교역자가 노회 소속으로서 직무수행을 위해 보냄을 받은 자이고, 사모도 남편의 직무수행 결과에 따른 진퇴에 절대적으로 함께 해야 한다는 사실이 고려되어야 합니다. 이러한 사실을 고려할 때 사모들이 진퇴 문제나 공적인 직무수행의 부담으로부터 자유로운 평신도들의 교제와 같은 모임을 구성하는 것은 가능하지도 않고 바람직하지도 않습니다. 야구 선수의 아내가 남편이 참여하는 경기의 승패에 절대적으로 영향을 받지 않을 수 없는 것처럼 사모는 남편 교역자의 직무수행 성패 여부에 직접적이고 절대적인 영향을 받지 않을 수 없으며 매우 민감하게 반응하게 됩니다.

또한 교역자들 간의 위계가 현실적으로 상존하는 한국교회의 현실이 상황을 더 어렵게 합니다. 현재 한국교회에서는 담임목사만이 교회 헌법상으로 모든 권리와 지위를 보장받고, 부교역자는 교회 헌법상의 권리와 지위를 거의 보장받지 못하는 실정입니다. 부교역자는 임시직으로 그 임기는 담임목사의 의중에 따라서 결정되며, 재정적 복지에도 담임목사와 현격한 차이가 납니다. 남편 교역자에게 위계질서와 복지적 상황의 현격한 차이로 인한 어려움이 있는 상황에서 사모들이 모임을 결성하여 친교와 위로의 시간을 갖는다는 것은 현실적으로 쉽지 않습니다. 따라서 사모들만의 정례화된 친교 모임은 사모의 부담을 가중시킬 수 있습니다. 물론 담임목사의 사모가 정말 따뜻한 마음으로 부교역자들을 돌보는 경우가 있기는 하겠지만, 이 같은 위로가 문제를 근본적으로 해결할 수는 없습니다.

따라서 사모들의 모임을 정례화하는 것은 바람직하지 않습니다. 필요할 때 우발적으로 그리고 자연스럽게 모여서 교제하고 위로하는 정도로 제한하는 것이 바람직합니다. 사모 모임은 사모들에게 지나친 부담을 주어서도 안 되고, 그렇다고 해서 지나친 기대를 주어서도 안 됩니다. 따라서 사모 모임은 비공식적이고 비정기적인 느슨한 모임 정도로 두고, 사모들이 교회와 자신의 상황에 따라 탄력 있게 자신의 위치를 정할 수 있도록 허용하는 것이 바람직합니다.

위계적인 모임 되지 않도록

비공식적인 사모 모임이 위계질서를 강요하거나, 선임 교역자의 사모가 후임 교역자의 사모에게 은연중에 지시나 명령에 따를 것을 요구하거나, 남편 목회자의 위치를 빌미 삼아 어떤 훈계를 하는 모임이 되지 않도록 유의해야 합니다. 한국교회 현실에서 직무상 선임 교역자와 후임 교역자 사이에 어느 정도의 질서와 위계가 존재할 수 있습니다. 사모들은 남편 교역자의 직무에 직접적이고 결정적인 영향을 받기 때문에 남편 교역자의 직무와 분리해 동료 사모들을 대우하기가 쉽지 않습니다. 그러나 이와 같은 직무상의 질서와 위계가 사모들의 모임에까지 영향을 주어서는 안 됩니다. 교역자 사모 모임이 계급 관계가 철저한 군대 장교 부인의 모임이나, 회사 직원 부인의 모임, 재산과 지위를 철저하게 따지는 상류계층의 모임과 같은 모임으로 전락하지 않도록 매우 유의해야 합니다.

사모 모임이 질서와 위계 모임이 되지 않도록 유의해야 하는 이유 두 가지를 짚어 보겠습니다.

하나는 그와 같은 모임이 교회 공동체의 본질에 반하는 것이기 때문입니다. 교회 공동체는 그리스도를 머리로 모시고엡 5:23 머리이신 그리스도에게 모든 지체가 동등한 입장에서 순종하는 공동체입니다. 한 걸음 더 나아가 모든 지체 자체가 그리스도의 몸입니다고전 12:27. 모든 지체는 "유대인이나 헬라인이나 차별이 없음이라 한 분이신 주께서 모든 사람의 주가 되사 그를 부르는 모든 사람에게 부요하시도다"라는 로마서 10장 12절 말씀이나, "너희는 유대인이나 헬라인이나 종이나 자유인이나 남자나 여자나 다 그리스도 예수 안에서 하나이니라"라는 갈라디아서 3장 28절 말씀처럼 머리이신 그리스도 예수 안에서 평등합니다. 교회의 모든 지체는 주이신 그리스도께 절대적으로 순종해야 하지만 같은 지체들끼리는 사회적 신분, 경제적 상태, 학력, 인종, 성별 등을 초월해 평등한 관계에 있습니다. 교회 안에는 하나님이 세우신 지도자에 대한 마음에서 우러나오는 존경딤전 5:17과 공적인 직무를 수행하는 교역자들 간의 기본적인 질서와 위계를 제외하고는 모든 조직이 섬김과 사랑의 관계로 형성되어야 합니다. 이 점은 사모 모임에도 적용됩니다.

사모 모임이 위계적 모임이 되어서는 안 되는 또 다른 이유는 여성이 교회 안에서 차지하는 역할과 관련이 있습니다. 고린도전서 14장 34절을 보면 "여자는 교회에서 잠잠하라"는 권고가 나옵니다. 35절은 "만일 무엇을 배우려거든 집에서 자기 남편에게 물을지니 여자가 교회에서 말하는 것은 부끄러운 것이라"라고 되어 있습니다. 물론 이 말씀은 여자가 교회 안에서 말씀을 가르치거나 설교를 해서는 안 된다는 뜻이 아닙니다. 고린도전서 11장 5절에는 "무릇 여자로서 머리에 쓴 것을 벗고 기도나 예언을 하는" 것을 금지하는 내용이 나오는데, 이 말씀 역시 교회 안에서 여자는 아예 입을 닫고 있으라는 뜻이 아닙니다.

특히 이 말씀은 고린도 교회의 특별한 상황을 염두에 두고 주어진 것입니다. 영국의 신약학자인 앤서니 티슬턴Anthony C. Thiselton에 따르면, 이 본문의 의미는 남자 지도자가 설교했을 때 설교내용에 대하여 의문을 가진 여자 성도가 공예배에서 설교내용에 대해 의문을 제기하는 것을 자제하라는 것입니다. 설교는 질문하고 대답하는 시간이 아니라, 설교자가 말씀을 선포하면 성도는 그 말씀을 듣고 순종하기로 결단하는 시간입니다. 이 점에서 선포로서의 설교는 자유롭게 질문하고 토론할 수 있는 성경공부 시간과 다릅니다. 따라서 의문이 있을 경우 그 자리에서 질문하여 설교자에게 무안을 주지 말고 집에 가서 남편에게 의문을 전달하고, 이후 남편이 설교자에게 가서 질문해 답변을 듣고 집에 와서 아내에게 설명하는 방식으로 하라는 것입니다. 이 말은 여자 성도로서 설교자에 대한 예의를 지키라는 뜻입니다.

이 권고에서 주목해야 할 논점은 여성이 설교와 관련된 어떤 평가를 직접 하기보다는 남편과 협의해 가면서, 가능한 한 남편을 통해서 하는 것이 교회의 질서를 유지하는 데 바람직하다는 것입니다. 이 논점을 사모 모임에 적용해 보면, 선임 사모가 후임 사모에게 시정해 주고 싶은 어떤 요소가 있더라도 선임 사모가 직접 후임 사모에게 지적하고 말하는 것을 자제하라는 뜻으로 적용할 수 있습니다. 꼭 필요한 경우 남편 교역자에게 말하고, 남편 교역자가 후임 교역자에게 귀띔하는 방식으로 간접적으로 전달하는 것이 서로에 대한 예의를 지키는 길이라는 것입니다.

사모의 직업도 존중되어야

한국교회는 목회자 사모를 매우 인색하게 대우하는 좋지 않은 전통을 가지고 있습니다. 한국교회의 분위기는 '사모는 일체의 세상 직업을 갖거나 일을 해서는 안 되고 목회자를 내조하는 일에 헌신해야 한다'라는 생각이 주류를 이루어 왔습니다. 그러면서도 다른 한편으로는 '사모는 교회의 일에 공식적으로 일절 관여해서는 안 되고 드러나지 않는 그림자와 같이 처신해야 한다'라는 압박을 가하고 있습니다. 이 두 압박 사이에서 사모가 설 자리는 마땅치 않습니다.

그러나 이제는 이런 생각을 교정할 때가 되었습니다. 우선 사모가 세상 직업을 가지는 문제에 대해 교회가 조금 더 탄력 있게 대응할 필요가 있습니다. 교회로부터 공식적인 직무를 부여받지 못하고 교회 안에서 평신도처럼 자유롭게 친교 모임을 할 수도 없는 사모에게 세상에서 일할 수 있는 재능과 기회가 있을 때 이 일까지도 하지 못하도록 차단하는 것은 성경적인 근거도 없고 현실적이지도 못합니다.

두 가지 상황을 고려한다면 사모가 세상 직업을 가지고 일을 하는 것은 문제가 되지 않습니다.

첫째, 교역자가 교회로부터 받는 사례금이 너무 적어서 교역자 가족의 생활을 꾸려 가기가 어려운 경우입니다. 이 경우에 사모가 재능이 있어서 일할 수 있다면, 교회는 양해해주는 것은 물론 오히려 격려해 줄 필요가 있습니다. 비정기적인 사모 모임을 하더라도 일하는 사모의 시간 사정에 맞추어서 모임을 하는 배려가 필요하며, 직장 사정상 사모가 모임에 참석하지 못하는 경우를 배려해 주어야 합니다.

둘째, 교역자가 교회로부터 받는 사례비만으로 생활하는 전임사역자의 경우입니다. 신약시대 형성 초기의 교회 지도자들인 장로들은 사례비를 받지 않고 사역했으나 교회가 부흥하고 규모가 커지면서 말씀 사역에 전념하도록 말씀 장로를 따로 세웠는데, 말씀 장로는 교회로부터 사례금을 받고 사역을 했습니다. 이 두 가지 상황이 역사상에 모두 등장했다는 것은 일해서 생활비를 충당하면서 사역을 하는 방법과 교회로부터 주는 생활비를 받아 사역하는 방법이 모두 가능하다는 뜻입니다. 두 방법 가운데 어느 것을 선택하느냐는 교회의 상황이 결정합니다.

오늘날 신앙의 자유가 보장되어 있고 교회도 정상적인 규모를 갖춘 상황에서는 교회로부터 생활비를 지원받으면서 사역하는 것이 통상적입니다. 그러나 전 세계적으로 보면 오늘날에도 생활비를 스스로 충당하면서 교회사역을 하는 경우가 매우 많습니다. 대학생선교회C.C.C.에서는 자비량 선교를 원칙으로 하고 있고, 복음 전파가 자유롭지 못하고 목회자에 대한 정부 당국의 제재가 강한 나라들에서는 전문 직업을 가진 평신도가 자기 일을 하면서 선교나 교회사역을 수행하는 것이 통상적입니다.

오늘날 한국교회의 현실도 일하면서 교회사역을 수행하는 것을 통상적인 사역의 한 방법으로 고려해야 할 때라고 판단됩니다. 특히 한국교회의 재정 현실을 들여다보면, 문제는 매우 심각해집니다. 한국교회의 절반이 훨씬 넘는 교회들이 목회자의 생활비를 충당하기 어려운 미자립 상태에 있습니다. 이는 목회자 자신의 잘못보다도 사회의 경제구조가 원인인 경우가 많습니다. 사실상 사회의 가장 빈곤한 계층에 속해 있는 미자립 교회의 담임 목회자나 부교역자가 사력을 다해 교회를 섬겨도 가족들의 생활비가 충당되지 않는 절박한 상황이기에 사모가 세상 직업을 가지고 일을 하는 것이 불가피할 때가 있습니다. 목회자나 부교역자가 교회를 전임으로 섬겨도 생활비가 충당되지 않을 때 사모가 생활비의 일정한 부분을 충당하면서까지 어려운 교회를 포기하지 않고 교회를 섬기는 것은 매우 아름다운 일입니다.

사모 모임은 의무화하거나 정례화해서는 안 되고 필요에 따라서 자연스럽게 모여서 서로 위로하고 격려하는 선을 넘어서지 않는 것이 바람직합니다. 사모는 교회의 직무를 공적으로 부여받은 남편 교역자와 진퇴를 같이 하지만, 사모에게는 공적인 직무가 부과된 일이 없으므로 공적인 직무에 직접 관여해서는 안 되며, 사모 모임 안에 남편의 직무에 뒤따르는 질서와 위계가 구현되어서는 안 됩니다. 특히 남편 교역자가 교회로부터 필수적인 생활비 지원을 받지 못하는 경우나 특별한 전문적인 능력이 있어서 사모가 사회의 직업을 수행할 경우 사모 모임에 참석하지 못하는 것에 마음의 큰 부담을 가질 필요는 없습니다.

17

이단에 빠진 사모

Q. 사모인 제 아내가 이단에 빠졌습니다. 처음에는 성경공부 모임에 열심히 다니는 줄 알았는데 사이비 단체의 모임에 나가고 있었습니다. 한 걸음 더 나아가 아내는 제가 목회자로서 자격이 없다고 교회 안팎에 공공연하게 말하고 다닙니다. 저로서는 책임을 지고 목회를 그만둬야 할 것 같습니다. 어떻게 해야 할까요?

A. 마음이 매우 힘드실 것 같습니다. 우선 이 문제를 다루기 위해서는 목사님 가정 상황을 좀 더 분명하게 정리하는 것이 필요할 것 같습니다. 상황이 조금만 변동돼도 그에 따른 평가나 해결방안의 제시가 달라질 수 있기 때문입니다. 질문만으로 상황을 정확하게 파악하기는 어렵지만, 몇 가지는 분명한 것 같습니다. 첫째로, 사모님이 결혼하기 전에 이단에 빠진 것 같지는 않고 결혼하고 목회 활동을 시작한 후에 이단과 관계를 맺게 된 것 같군요. 둘째로, 부부의 종교가 서로 다를 경우에 해결방안으로서 이혼이 제시될 수 있으나 현재로서는 목사

님이 이혼이라는 방법으로 상황에서 벗어나려는 생각은 하지 않는 것으로 보입니다. 셋째로, 문제 해결 방안으로 목회사역 중단을 생각하신 것 같습니다. 목사님의 경우는 종교의 차이, 결혼과 이혼, 목회자의 자격 여부 등이 복합적으로 맞물려 있어서 딱 맞게 직접 적용할 수 있는 지침이 성경에 없다는 점도 문제 해결을 어렵게 합니다.

목사님의 경우는 사모님이 다른 종교로 전향하게 된 것이 문제의 발단이 되고 있습니다. 부부가 서로 다른 종교를 가진 경우에 대한 성경의 가르침은 주로 이혼과 관련해 제시되기 때문에 목회사역을 지속할 것인가의 여부를 묻는 목사님의 경우에 바로 적용되지는 않습니다. 그러나 성경의 가르침은 목사님의 경우를 이해하고 필요한 성경적 추론을 전개하는 데 간접적인 도움이 될 수 있습니다.

중요한 논점은 목사님의 경우는 목회사역의 지속 여부를 검토하기 전에 문제가 된 사안이 결혼 생활에 끼칠 영향에 대해 먼저 검토하는 것이 필요하다는 점입니다. 왜냐하면 결혼 생활을 바르게 유지하는가의 여부는 목회사역을 지속할 수 있는가를 결정할 때 중요한 요인이기 때문입니다.

종교의 차이에 대한 성경의 가르침은 두 곳에 분명히 나타나 있는데, 하나는 고린도전서 7장 12절-16절이고, 다른 하나는 구약성경 에스라서 9장과 10장입니다. 그러나 고린도전서의 상황과 에스라서의 상황은 다릅니다. 고린도전서 7장은 부부가 모두 기독교인이 아닌 이방인으로서 이방 종교를 믿고 살아오다가 바울의 전도 활동의 열매로서 한 쪽 배우자가 기독교를 믿게 된 경우를 다루고 있고, 에스라서는 하나님을 믿는 백성이 믿지 않는 이방인과 결혼하는 경우를 다루고 있습니다.

결혼 생활 지속의 여부

바울은 하나님을 믿지 않던 두 배우자 가운데 한 배우자가 믿음을 가지게 된 경우를 다시 두 경우로 세분하여 각기 다른 지침을 제시하고 있습니다.

하나는 믿지 않는 배우자가 기독교로 개종하는 것은 거부하면서도 믿는 배우자를 사랑하기 때문에 함께 사는 것을 좋아하는 경우입니다. 이 경우에는 이혼하지 말고 함께 살라고 바울은 말합니다고전 7:12-13. 그러나 여기에는 한 가지 조건이 뒤따릅니다. 그것은 이 세상을 떠나는 날까지 함께 살면서 믿지 않는 배우자가 믿음을 가질 수 있도록 기도하면서 최대한 노력해야 한다는 것입니다.

많은 경우에 믿지 않는 배우자가 믿는 배우자를 사랑하고 좋은 인상을 갖고 있으면 시간이 걸려도 결국은 믿음을 가지게 됩니다. 그러나 아무리 노력해도 상대방이 믿음에 이르지 못한 상태로 세상을 떠난다 하더라도 믿지 않는 배우자가 함께 살기를 원하면 갈라서지 말라는 것입니다. 죽는 순간에 영원한 운명이 갈리는 것은 어쩔 수 없지만 그 순간까지 결혼 생활을 유지하는 것도 의미가 있습니다.

이 경우도 일반 성도와 질문하신 목사님은 또 상황이 다릅니다. 고린도전서의 경우는 믿지 않는 상태에서 결혼했지만, 목사님의 경우는 두 배우자가 모두 믿는 상태에서 결혼했습니다. 고린도전서의 경우에 믿지 않는 배우자를 신자로 변화시키는 것은 권장 사항으로 제시돼 있으나 의무사항으로 제시되지는 않았습니다. 사람의 마음을 변화시키는 것은 사람이 할 수 있는 일이 아니라 성령만이 하시는 일이기 때문입니다.

그러나 두 배우자가 이미 믿는 상태에서 결혼 생활이 시작됐고, 더욱이 목회자 부부라면 믿음 생활을 바르게 유지하는 것은 권장 사항을 넘어 의무사항이라고 할 수 있습니다. 이때 믿음 생활이 건전하게 유지되지 않으면 목회사역이 심각하게 손상될 수 있습니다.

고린도전서의 경우에 종교가 달라도 결혼 생활을 유지하는 것을 추천한 근거는 믿는 배우자를 향한 믿지 않는 배우자의 사랑이 지속되고 있다는 점입니다. 그러나 목사님의 경우에는 목사님을 향한 사모님의 사랑이 지속되고 있는가가 의문입니다. 사모님이 목사님에 대해 목사의 자격이 없다고 공공연하게 말하고 다니는 것을 볼 때 목사님에 대한 사랑이 유지되고 있다고 보기 어렵습니다. 따라서 결혼 생활을 지속할 것을 권장하는 고린도전서의 권고는 목사님의 상황에 맞는 것이 아닐 수 있습니다. 그렇다고 해서 고린도전서의 권고가 목사님 같은 경우에 반드시 이혼할 것을 권장하는 것은 아닙니다. 목사님이 처한 상황에 대해서는 고린도전서가 아무런 권고도 제시하지 않는다는 뜻입니다.

고린도전서의 경우와 질문하신 목사님의 경우에 또 하나의 차이점이 있습니다. 고린도전서의 경우는 배우자가 믿음이 없는 상태로부터 벗어나지 못한 반면, 목사님의 경우는 배우자가 믿음의 상태로부터 이단자의 상태로 변화되었다는 점입니다. 전자는 적어도 당사자는 성령의 역사로 믿음을 가지게 된 사건인 반면 후자는 성령의 작용을 거스르는 사탄의 일이 작용한 과정입니다. 따라서 목사님이 처한 상황이 훨씬 더 힘들고 어려운 상황인 것 같습니다.

바울이 제시하는 또 하나의 방향은 믿지 않는 배우자가 자기의 종교를 포기할 생각도 없고 또 같이 사는 것을 좋아하지 않기 때문에 이혼을 요구하는 경우에 이혼을 허용하라는 것입니다고전 7:15. 여기에서 "화평 중에 너희를 부르셨다"라는 표현에 주목할 필요가 있습니다. 이 경우에 이혼이 허용되는 이유는 갈등에서 벗어난 화평의 유지가 더 나은 생활이기 때문입니다.

이 경우도 다시 두 가지로 생각할 수 있습니다. 하나는 본문에 딱 맞는 상황으로서 믿지 않는 상대방이 이혼을 요구하고 이혼을 해주지 않으면 끊임없이 갈등과 불화가 계속되는 경우입니다. 이 경우에는 이혼을 허용함으로써 더 싸우지 말고 갈등 상황에서 벗어나라는 것입니다. 다른 하나는 이혼을 요구하지는 않지만 종교의 차이로 인하여 갈등이 해소되지 않는 경우인데 본문에서는 이에 대해서는 명시적으로 말하지 않습니다. 이 경우는 다른 성경적 가르침을 유추하여 판단할 수밖에 없습니다. 아마도 목사님의 상황이 현재로서는 이 경우에 해당되는 것으로 판단됩니다. 질문하신 목사님의 경우는 이혼함으로써 갈등을 중단하고 서로 평화를 되찾는 것이 같이 살면서 끊임없이 갈등과 싸움을 지속하는 것보다 윤리적으로 나은 선택인 것 같습니다.

질문하신 목사님의 경우는 사모님이 이혼을 요구하는 것 같지 않고, 목사님도 이혼을 원하지 않는 것 같습니다. 아마도 목사님은 어떻게 해서든지 사모님을 바른 신앙으로 돌아오도록 하시려는 마음인 것 같습니다. 이 결정은 많은 어려움이 예상되지만 목회자로서 가져야 할 좋은 마음의 표현이라고 판단되므로 가능한 선택들 가운데 하나라고 볼 수 있습니다. 그러나 사모님이 목사님에 대한 비방을 계속하는 것을 보면 목사님에 대한 부부로서의 애정이 없는 것 같습니다. 게다가 종교의 차이로 인한 갈등도 끊임없이 지속되는 상황이라면 이혼을 함으로써 목사님이나 사모님 모두 갈등에서 벗어나 평화를 찾는 것이 더 나은 선택이 될 수 있다는 것이 저의 판단입니다.

목회사역 지속 여부

에스라서 9장과 10장에 등장하는 상황은 포로기 생활 중인 이스라엘 백성이 종교가 다른 이방 여인을 만나서 사랑에 빠지고 결혼까지 하는 경우입니다. 믿는 남자들이 의도적으로 믿지 않는 여인들을 아내로 맞아들인 것입니다. 이스라엘 남자들은 이방 여인을 아내로 맞아들일 때 이들이 이방 종교를 버리고 하나님을 믿도록 계도하고 이들이 하나님을 향한 믿음이 있음을 분명히 확인한 다음에 아내로 맞아들인 것 같지 않습니다. 이들은 이방 종교를 믿는 여자를 그대로 아내로 맞았고, 그 결과 이스라엘 공동체 안에 혼합주의 종교가 숨어들었습니다. 이들의 행위는 하나님 앞에서 심각한 반역의 죄로 책망 받았고스 9장, 죄를 회개했음을 보여 주는 실천적 행위로 이혼을 해야 했습니다스 10:3.

앞에서 말한 고린도 교회와의 차이는 고린도 교회는 배우자가 믿지 않는 상태에서 결혼한 반면에, 에스라서의 경우는 남자가 믿음이 있는 상황에서 의도적으로 이방 종교를 믿는 여자와 결혼했다는 점입니다. 고린도 교회의 경우는 결혼 자체가 선한 행위였던 반면에 에스라서의 경우는 결혼행위 자체가 고의적인 죄였습니다.

질문하신 목사님의 경우는 에스라서의 경우와도 차이가 있습니다. 목사님의 경우는 믿는 자와 결혼했으므로 결혼 자체는 선한 것입니다.

다만 결혼 생활 중에 사모님이 이단에 빠지는 일이 발생했습니다. 목사님의 아내가 바른 신앙을 버리고 이단에 빠진 행동은 에스라서의 경우에 등장하는 아내의 행동보다 훨씬 더 악한 행동입니다. 믿지 않던 사람이 믿는 사람으로 변화되지 않는 것보다 바른 신앙을 경험한 다음에 바른 신앙으로부터 떠나는 것이 더 악한 행위가 되는 이유는 이 행위가 배교에 해당하는 심각한 죄이기 때문입니다.

질문하신 목사님의 경우는 고린도전서의 두 가지 상황이나 에스라서의 상황과는 다른 독특한 상황이므로 이 두 본문의 경우를 목사님의 경우에 바로 연결해 어떤 해결책을 제시하는 것은 무리라고 판단됩니다. 그러나 한 가지 분명한 것은 기독교인 부부, 더욱이 목회자 부부 사이에 종교 차이로 비방과 갈등이 지속되는 상황은 결혼 질서를 합법적으로 끊는 것을 고려할 정도로 심각한 상황이라는 점입니다. 혹 결혼 관계를 유지한다고 하더라도 부부가 심각한 내상을 입을 것이 분명합니다.

결혼 관계가 깨지거나 깨지지는 않더라도 심각한 내상을 입은 상태 그대로 목회사역을 지속하는 것은 목회자 당사자뿐만 아니라 성도에게도 많은 상처가 될 수 있기에 바람직하지 않습니다. 목회사역은 믿지 않는 자를 믿는 자로 변화시키고 믿는 자가 삶의 모든 영역에서 믿음을 지속적으로 유지하도록 지도하는 것인데, 가장 가까운 배우자가 믿음을 이탈하는 것을 목회자가 막지 못하고 믿음 안에 머물도록 지도하지 못했다면 이에 대한 영적이고 도덕적인 책임을 피할 수 없습니다. 결혼은 교회를 향한 그리스도의 마음을 그 안에 담고 있어서 그리스도의 마음을 전하는 가장 중요한 비유로 사용되므로 목회자가 부부관계를 하나의 믿음 안에서 유지하는 데 실패한다면 이 비유를 사용할 수 없게 될 것이며, 목회자의 설교 범위와 설득력은 크게 떨어질 것입니다.

교회 공동체가 함께 고민해야

목회자가 어떤 형태로든 목회사역의 지속 여부를 최종적으로 결정하기 전에 사모님이 이단에 빠지게 된 이유가 무엇인가를 좀 더 구체적으로 파악하는 것이 필요합니다. 우선 사모님이 이단에 빠지게 된 원인이 목회자 자신에게 있는 경우를 생각해 볼 수 있습니다.

목회자가 교회에서는 친절한 사람으로 처신하지만, 집에서는 폭력적이든지, 교인들 앞에서는 경건한 것처럼 보이지만 목회자를 가까이에서 보는 사모님의 눈에는 거짓된 경건으로 보인다든지, 목회자가 충실한 성경 연구와 기도를 하지 않는 것 등과 같은 이유는 사모님이 이단에 빠지게 된 원인이 목회자 자신에게 있는 경우입니다. 사모님이 이런 모습들을 오랜 시간 겪으면서 실망과 좌절이 누적되어 이단의 유혹에 넘어가기 쉬운 환경이 조성될 수 있습니다. 만일 이런 경우라면 일단 안식년이나 휴직으로 목회사역을 중단하고 정직하게 자신의 모습을 돌아보고 점검하는 시간을 가져야 합니다.

목회자 자신에게는 아무 잘못이 없는 상황에서 사모님이 미혹을 받을 수 있습니다. 이런 경우라 할지라도 갈등이 지속되는 한 목회사역이 힘들어지고, 갈등이 교회 전체에 알려지면 목회자와 교회는 심각한 어려움에 빠지게 됩니다. 이런 경우에 목회사역의 지속 여부에 대해서는 교회에 허심탄회하게 사정을 말하고 교회의 의견에 따를 필요가 있습니다.

만약 교회가 목회사역을 지속하는 것이 불가능하다는 의견을 전해 오면 목회사역을 중단해야 합니다. 그러나 교회 당국이 목회자의 사정을 이해하고 이런 아픔에도 목회자를 신뢰하고 목회사역을 지속하기를 권고하면 그 권고에 따르면 됩니다. 교회는 때로 목회자를 견제하는 역할도 하지만 목회자가 어려움을 만날 때 보호하는 역할도 합니다. 이처럼 목회자 개인이 결단을 내리기 어려운 문제에 대해서는 목회자 혼자 고민하는 것보다는 교회에 문제를 공개하고 함께 기도하며 공동체의 지혜를 구하며 함께 해법을 모색하는 것이 교회와 목회자 모두를 위험으로부터 보호하는 길입니다.

목회자는 가장 가까운 이웃인 아내가 남편의 생활 모습을 보고 존경하면서 참된 믿음생활을 경험할 수 있도록 바른 믿음생활의 본을 보여 주기 위해 힘쓰고 아내를 진정한 마음으로 사랑함으로써 아내가 이단의 미혹에 빠지지 않도록 환경을 조성해 주어야 합니다. 그런 노력이 있었음에도 불구하고 아내가 아내 자신의 잘못으로 인하여 이단에 빠졌고, 이로 인하여 갈등이 지속된다면, 이혼하는 것이 바람직하며, 목회활동의 지속 여부에 대해서는 교회와 협의하여 결정해야 합니다. 그러나 목회자 자신의 잘못 때문에 아내가 이단에 빠진 것이 분명하다면, 목회사역을 자발적으로 중단하는 것이 바른 결정입니다.

성도의 내적 갈등,
어떻게 할까요?

18

교회 안의 사적 모임

Q. 교회 내에 몇몇 친한 권사님들의 해외여행 모임과 수년 전에 함께 제자훈련을 받은 안수 집사님들의 사적인 모임이 지금까지 이어지고 있다는 사실을 우연히 알게 되었습니다. 성도의 교제라는 측면에서 보면 긍정적인 면도 있겠지만 소수의 폐쇄된 모임이라는 점과 혹시 교회나 목회자에 관한 험담을 하여 교회에 부정적인 영향을 미치게 될까 봐 염려됩니다. 담임목사로서 어떻게 지도하는 것이 좋을까요?

A. 교회 안의 사적인 모임은 교회생활에서 자생적으로 형성될 수 있습니다. 여차하면 교회의 영적이고 도덕적인 건강에 위해를 가할 수 있는 것이 사실이지만, 이 모임을 완전히 없애는 것은 불가능할 뿐만 아니라 바람직한 일도 아니라는 점에 담임목사의 고민이 있습니다.

원래 집사나 권사라는 직분은 기능적인 성격을 가진 직분입니다. 집사의 성경적 기원은 이미 잘 알려진 것처럼 사도들이 말씀과 기도에 전념할 수 있도록 구제 활동을 위한 재정 관리를 담당하도록 교회가 공적으로 임명한 기능적 직분입니다^{행 6:1-7}. 권사는 성경에 등장하지 않지만, 사람을 감성적으로 돌보는 여성의 특성을 살려서 성도를 위로하고 돌보며 교회 안의 살림을 맡아 섬기도록 공적으로 임명한 직분입니다. 교회가 공적으로 임명한 기능적 직분이기 때문에 집사나 권사의 모임이나 활동은 공적이라야 하며, 기능수행을 위한 것이라야 합니다.

그러나 집사나 권사로서 교회를 섬기는 데 필요한 다양한 일을 하다 보면 인간적인 친밀함도 느끼게 됩니다. 교회 일을 하면서 생활과 관련된 다양한 주제에 대해 의견과 정보를 교환하며, 자연스럽게 친한 사람들끼리 이런저런 모양으로 모임을 갖게 됩니다. 교회 일이라는 목적을 위해서만 모이고 일체의 사적인 교제를 배제하는 것은 바람직하지 않습니다. 왜냐하면 이와 같은 사사로운 모임을 통해 서로 친근감을 느끼는 것이 교회의 공적 기능을 수행하는 데 도움이 되기 때문입니다.

비인격적인 기능을 수행하는 관공서나 기업에서 근무하는 자들도 따뜻한 인간적인 소통이 잘 이루어져야 기능적인 업무를 효율적으로 수행할 수 있습니다. 근무시간 이외에도 비공식적인 회식이나 단합 대회 등을 가지는 이유가 여기에 있습니다. 더욱이 교회에서 부여되는 기능들은 모두 영적이고, 도덕적이고, 인격적인 돌봄과 관련된 것이기 때문에 한층 더 따뜻하고 인격적인 교제가 필요합니다. 따라서 교회의 사적 모임이 성도 간의 따뜻한 영적이고 인격적인 교제를 증진하여 기능적 직분 수행을 돕고 교회 전체의 교제의 질을 높이는 선순환의 방향으로 이루어진다면 구태여 이 모임을 부정적으로 생각할 필요는 없습니다. 공적으로 모여서 기능을 수행하면서, 보조적으로 필요할 때는 인간적인 친밀감을 돈독히 하는 개인적인 교제를 가지는 것이 건강한 모임입니다. 교회에서 이처럼 직분 수행을 보조하는 비공식적이고 산발적인 사사로운 모임을 할 때 이 사실을 일일이 담임목사에 공지하기는 어렵습니다.

사적 모임의 중대한 기로

교회 안에서 이루어지는 사사로운 교제는 긍정적인 요소와 부정적인 요소를 동시에 가지고 있습니다. 개인적으로 교제하면서 함께 신앙 간증도 하고 서로 위로하고 격려하면서 하나님의 뜻대로 사는 길을 함께 모색한다면 사사로운 모임은 긍정적이라고 할 수 있습니다. 그런데 개인적으로 만나 교제하면서 대화를 나누다 보면 자연스럽게 담임 목회자나 성도에 관한 담화로 넘어갈 수 있습니다. 담임목사와 성도에 대한 뒷담화는 매우 흥미 있는 대화 주제가 될 수 있습니다. 바로 이 지점에서 사적인 모임은 중대한 기로에 서게 됩니다.

교회의 사적인 모임은 교회 전체의 교제를 영적으로 증진하는 선순환의 시작점이 될 수도 있고, 병들게 하는 변곡점이 될 수도 있습니다. 사적인 모임에서 성도들이 나누는 대화와 관심의 내용이 중요합니다. 담임목사의 설교와 삶의 아름다운 모습, 그리고 성도들의 모범적인 신앙생활의 모습을 나눈다면 사적인 모임이 주는 선순환의 효과는 엄청납니다. 바로 이 사적인 모임 때문에 교회는 크게 부흥하고 활성화될 것입니다. 그러나 대화의 내용이 담임목사의 설교에 대한 실망을 나누고 담임목사나 장로와 같은 지도자들의 바르지 못한 신앙생활의 모습을 서로 토로하고 나누는 자리가 된다면 이 모임은 교회에 치명적인 피해를 안겨줄 것입니다. 이런 모임은 교회 지도부에 대항하는 정치적 성격의 모임으로 변할 가능성이 있으며 교회를 분열에 이르게 할 수도 있습니다.

관건은 담임목사와 교회 전체의 영적이고 도덕적인 건강성 여부입니다. 담임목사와 교회 전체가 영적이고 도덕적인 건강성을 유지하면 사적인 모임은 선순환의 방향으로 나아갈 것이며, 담임목사와 교회 전체가 영적으로 건강하지 못하면 사적인 모임의 방향은 교회를 병들게 하는 악한 누룩과 같은 모임으로 변질될 것입니다. 이상에서 논의한 내용을 조금 더 구체화하면 교회의 사적 모임은 세 가지 정도의 유형으로 나타납니다. 각각의 유형마다 담임목사가 대처하는 방식이 달라야 합니다.

긍정적인 선순환을 이루는 사적 모임

첫째로, 교회의 사적 모임이 긍정적인 선순환을 이루는 경우에 대해 생각해 보겠습니다. 교회의 사적 모임이 긍정적인 선순환을 이루는 데 필요한 것이 무엇인지 생각해 보고, 긍정적인 선순환을 이루는 데에도 조심해야 할 점은 무엇인가를 살펴보겠습니다.

먼저 교회의 사적 모임이 긍정적인 선순환을 이루도록 하는 데는 담임목사의 영성과 도덕성이 결정적인 영향을 끼친다는 사실을 유념해야 합니다. 이 점에서 공공기관의 기관장이나 기업의 수장이 차지하는 위치와 교회의 대표자인 담임목사의 위치는 성격이 다릅니다. 공공기관은 비인격적인 행정을 수행하는 것을 주 업무로 하므로 기관장의 인격에 어느 정도 결함이 있어도 기관의 업무수행에는 큰 지장이 없습니다. 기업은 상품생산과 이윤추구라는 비인격적인 일을 수행하는 집단이기 때문에 수장에게 인격적인 흠이 있어도 큰 문제가 되지 않습니다. 그러나 교회는 구성원들의 마음을 인격적으로 변화시키는 일을 주 업무로 합니다. 그러므로 교회의 대표인 담임목사의 영성과 도덕성에 결정적인 영향을 받습니다. 교회의 모든 프로그램은 인격의 변화에 초점이 맞추어져 있습니다. 특히 설교가 프로그램에서 차지하는 비중은 절대적인데, 설교가 담임목사의 탁월한 영성과 도덕성의 뒷받침을 받지 못한다면 힘을 발휘할 수 없습니다. 따라서 담임목사는 성도 모두가 흠모할 수 있을 정도의 탁월한 영성과 도덕성을 갖추기 위해 노력해야 합니다. 담임목사는 깊은 기도와 성경 연구 그리고 성도들을 따뜻하게 돌보는 사랑의 실천에 힘써야 합니다. 교회의 모든 현안을 투명하게 교회회의에 내놓고 공정하게 처리하는 정의의 실천에 힘씀으로 교회 전체의 영적이고 도덕적인 체질을 강화해야 합니다. 더불어 담임목사는 솔선수범하여 교회가 풍부한 영성과 도덕성의 용광로를 갖추도록 하며, 어떤 사적 모임이라도 이 용광로 안에 받아들여서 녹여낼 수 있도록 해야 합니다.

그런데 이처럼 사적인 모임이 선순환의 기능을 하는 경우라도 그 한계를 지적하고 극복하기 위한 지도를 꾸준히 해야만 합니다. 앞에서 예시한 안수 집사 모임이나 권사 모임은 비슷한 연령과 직분을 가진 성도들만의 닫힌 교제의 성격이 강합니다. 담임목사는 성도들이 비슷한 연령과 직분을 매개로 하여 모이는 닫힌 모임을 연령과 직분을 넘어서서 모든 연령층과 직분자들이 어울리는 전인적인 교제로 나아가도록 끊임없이 지도해야 합니다. 모든 연령과 계층의 사람이 서로 관계를 맺고 어울리는 가운데 신앙생활은 건강하고 균형 있게 전인적으로 형성될 수 있기 때문입니다. 일정한 계층과만 어울리는 신앙생활은 절름발이가 될 수 있습니다. 따라서 현대의 전문화된 교육의 흐름에 따라 교회에서 연령층을 지나치게 세분화하여 예배드리고 교육하는 방법은 재고될 필요가 있습니다.

신앙교육은 정보를 전달하는 교육이 아니라 믿음 안에서 인간관계를 맺어가는 법을 가르치는 인격교육입니다. 정보교육이라면 연령층을 세분화하는 것이 타당하지만 인격교육이 연령 단위로 지나치게 세분되면 전인적인 관계 교육은 불가능해집니다. 네덜란드의 개혁 교회에서는 갓난아이만 다른 장소에서 돌볼 뿐 걸을 수 있는 어린아이부터 노인에 이르기까지는 모두 한자리에 모여서 예배드립니다. 설교 시간에만 유치부와 초등부 아이들이 따로 나가서 시청각자료를 이용하여 설교의 내용을 익힌 다음 다시 들어와 함께 모여 예배드립니다. 그러다 보니 아이들이 어린 시절부터 예배 훈련이 잘되어 있습니다.

주일학교 교육도 초등부, 중등부, 고등부로 나누고 또 각 부서를 학년 단위로 나누는 것은 바람직하지 않습니다. 오히려 초등부 전 학년을 섞어서 1학년부터 6학년까지를 골고루 한 반에 배치해 놓을 필요가 있고, 경우에 따라서는 유치부부터 고등부까지 하나로 통합하여 교육하는 것도 필요합니다. 초등학교 어린이가 고등학교 형, 누나들과 믿음 안에서 관계하는 법도 배워야 하고, 고등학교 형, 누나가 어린 동생들을 돌보는 법도 배워야 하기 때문입니다. 같은 연령층과 관계 맺는 법이 인격교육의 10% 정도라면 다른 연령층과 관계를 맺는 법은 인격교육의 90%입니다. 같은 연령층만 어울린다면 90%를 잃는 것과 마찬가지입니다.

제가 독일에서 목회할 때 주일학교 담당 교역자는 유치부에서 고등부까지 한 공간에 앉아 예배드리고 설교했습니다. 40분이나 설교를 하는데도 참여한 모든 사람이 두 눈을 동그랗게 뜨고 경청하며 재미있어했습니다. 예배가 끝나면 형과 누나들, 오빠와 언니들의 자연스러운 지도로 함께 힘을 합하여 뒷정리했습니다. 큰 아이들이 어린 아이들을 자연스럽게 돌보는 것을 보고 앞으로 주일학교 예배와 교육이 이런 방향으로 가야겠다는 생각을 했습니다. 전도회도 제1, 제2, 제3…등으로 세분하기보다는 청년부터 노인까지 한 전도회로 만들어 통합적으로 교제하고 젊은이들의 힘과 노인들의 지혜가 잘 어우러진 상태에서 교회를 섬길 수 있도록 지도할 필요가 있습니다.

사적 모임과 정당한 비판

둘째로, 사적 모임이 담임목사를 포함하는 교회 지도부에 대한 비판으로 나아가지만, 그 원인이 담임목사의 영적이고 도덕적인 탈선 때문에 초래된 경우를 생각해 보겠습니다. 이때 담임목사가 자신의 탈선을 철저하게 회개하고 일정한 책임을 지며, 자신의 잘못된 관행을 버리고 새롭게 거듭나려는 노력을 하지 않을 수도 있습니다. 또한 치리회인 당회가 담임목사의 잘못된 관행에 대하여 비판하고, 바로잡는 행동을 취하지 않는다면, 안수집사, 권사, 청년 등으로 구성된 사적 모임이 자생적으로 형성되어 담임목사의 탈선을 지적하고 시정할 것을 요청하게 됩니다. 이 경우에 담임목사가 사적 모임의 지적을 겸허하게 받아들이지 않고, 사적 모임을 일방적으로 비판하고 나선다면, 교회를 더 크고 심각한 혼란과 위기에 몰아넣는 경솔한 행동이 될 것입니다.

예컨대 담임목사가 상습적이고 사사롭게 교회 재정을 전횡하거나, 권위를 임의로 이용하여 여성도와 성적인 일탈을 하거나 표절 설교를 상습적으로 하는 등과 같은 행동을 한다면, 이 같은 일탈에 대해 공식적인 치리회인 당회 등에서 아무런 조치를 하지 않을 경우, 이의 시정을 요구하는 다양한 사적인 모임이 자생적으로 형성되어 담임목사의 회개와 시정을 요구하게 됩니다. 이런 경우에는 반드시 담임목사가 자신의 잘못을 공적으로 시인하고 회개하며, 탈선행위를 즉각 중지할 뿐만 아니라 일정한 절차에 따라서 자숙기간을 가지되, 필요한 경우에는 사임요구도 받아들여야 합니다.

유감스럽게도 한국교회에서 교회를 영적으로 황폐하게 하는 탈선을 범한 목회자들이 하나님 앞에서 그리고 도덕적인 차원에서 회개와 자숙의 기간을 가지지 않고, 책임 있는 해명도 하지 않으면서 오히려 사법기관에 의지하여 위기를 모면하려는 경우가 있었습니다. 이미 영적이고 도덕적인 권위가 무너진 상태에서 담임목사의 자리에 계속하여 연연하는 것은 바른 목회자의 태도가 아닙니다.

파벌을 형성하는 사적 모임

셋째로, 교회의 사적 모임이 교인들의 영적이고 도덕적인 교만으로 교회 내에 분파를 형성하는 경우입니다. 이 경우는 성도들 가운데 일부가 신앙적인 열심이 지나쳐서 어떤 특별한 은사방언의 은사나 축사의 은사를 받은 자들만이 참된 교회의 구성원이라고 주장하거나, 담임목사가 아닌 교회 내의 어떤 특정한 지도자에게 매료되거나 결탁하여 그 지도자의 가르침을 따르는 자만이 참된 교회 회원이라고 주장하면서 의도적인 분파 운동을 일으키는 경우입니다. 특히 고린도 교회에 이런 분파 운동이 등장했습니다. 바울이 떠난 후에 고린도 교회 안에 아볼로파, 베드로파, 그리스도파, 바울파가 등장하여 각각 자기들의 집단만이 진정한 교회 회원이라고 주장했습니다고전 1:12. 또한 방언의 은사를 받은 자들이 중심이 된 신령파가 등장하여 특별한 은사를 받은 자들만이 진정한 교회 회원이라고 주장하기도 했습니다고전 12장과 14장 참조.

담임목사는 이와 같은 분파 운동을 일으키는 사적 모임에 대해서 단호한 태도로 대응해야 합니다. 담임목사는 교회 안에 또 하나의 분리된 교회를 이루려는 시도에 대응하여 교회의 회원이 되는 조건은 예수님을 주님으로 고백하는 하나의 신앙고백과 예수님을 구주로 고백할 때 주어지는 한 성령 이외에 어떤 추가적인 조건도 덧붙여서는 안 된다는 사실을 분명히 가르쳐야 합니다. "그러므로 내가 너희에게 알리노니 하나님의 영으로 말하는 자는 누구든지 예수를 저주할 자라 하지 아니하고 또 성령으로 아니하고는 누구든지 예수를 주시라 할 수 없느니라"고전 12:3. "우리가 유대인이나 헬라인이나 종이나 자유인이나 다 한 성령으로 세례를 받아 한 몸이 되었고 또 다 한 성령을 마시게 하셨느니라"고전 12:13. 이 기본적인 조건에 다른 조건을 추가하는 것은 바울이 말한바 저주받을 다른 복음을 전하는 것임을 분명히 가르쳐야 합니다. "그러나 우리나 혹은 하늘로부터 온 천사라도 우리가 너희에게 전한 복음 외에 다른 복음을 전하면 저주를 받을지어다 우리가 전에 말하였거니와 내가 지금 다시 말하노니 만일 누구든지 너희가 받은 것 외에 다른 복음을 전하면 저주를 받을지어다"갈 1:8-9. 예수를 그리스도로 고백하는 순간 속사람이 거듭나고, 하나님으로부터 의롭다 함을 받으며, 하나님 자녀의 신분을 부여받는 등, 하나님의 자녀가 되고 교회의 회원이 되는데 필요한 조건들을 부족함이 없이 갖춘다는 사실을 분명히 가르쳐야 합니다.

특별한 은사를 받았는가와 특정한 지도자를 따르는가를 근거로 교회 안에 또 하나의 영적인 엘리트 집단을 구성하려는 시도는 그리스도를 머리로 모신 한 몸을 찢는 심각한 죄악이 된다는 사실도고전 12:14-27 아울러 분명히 가르쳐야 합니다.

담임목사는 탁월한 영성과 도덕성을 갖추고 교회 전체가 선한 영향력 안에 잠기도록 힘써야 합니다. 어떤 사적 모임이라도 끌어안고 선순환의 계기로 작용할 수 있도록 해야 합니다. 그러나 담임목사는 성도들이 가능한 한 모든 연령층의 성도들과 통합적으로 교제를 갖도록 지속적으로 유도해야 합니다.

사적 모임이 교회를 비판하는 집단으로 변해가는 것은 교회에 위기가 찾아왔다는 신호입니다. 사적 모임이 담임목사의 영적이고 도덕적인 탈선에서 비롯된 것이라면 일방적으로 사적 모임을 비판해서는 안 되며, 스스로 탈선을 회개하고 시정함으로써 사적 모임이 자연스럽게 해체되도록 해야 합니다. 그러나 사적 모임이 일부 성도들의 영적인 교만 때문에 시작된 분파 운동이라면 교회 회원의 자격은 구주 예수를 믿고 한 성령을 받은 것 이외에는 어떤 다른 조건도 덧붙여서는 안 된다는 점과 교회 안에 또 하나의 교회를 만드는 행위는 주님의 몸 된 교회를 찢어 놓는 심각한 죄임을 분명히 경고하여 분파 운동을 중단시켜야 합니다.

19

여성도 간의 갈등

Q. 이상하게도 여성도들이 서로 친해졌다 싶으면 다툼이 일어나서 교회를 떠납니다. 목회자가 성도들의 친목 활동에 간섭할 수도 없고, 성도들 사이의 갈등을 나서서 풀어주려고 해도 어느 한 편을 들어준다는 오해를 받을까 염려됩니다. 모른 척해야 할지, 아니면 어디까지 다가가야 할지 접근 방법이 고민입니다.

A. 그리스도와 성령 안에서의 하나 됨과 자기를 희생하고 타인을 배려하는 아가페 사랑의 원리에 따라서 이루어져야 하는 교회의 교제에서 '관계의 갈등'이 발생하는 것은 분명히 문제가 됩니다. 그러나 관계의 갈등을 도덕적인 문제로 보기에 앞서 갈등의 상황에 긍정적인 측면이 있음을 아는 것이 필요합니다. 호사다마好事多魔라는 사자성어나 '가지 많은 나무에 바람 잘 날 없다'라는 속담이 있습니다. 교회 안에서 일어나는 관계의 갈등은 성장하는 과정에서 불가피하게 겪게 되는 진통입니다. 성도의 숫자가 늘어나고, 성경에 대한 이해가 넓어지

고, 목회자와 성도 간의 관계도 친밀해지고, 교회의 조직이 체계적으로 갖추어져 가는 등 교회의 외연이 확대되면 새로운 상황과 구조에 적응하는 과정에서 어느 정도의 갈등은 불가피합니다.

그렇다고 해서 갈등을 방치하는 것은 바람직하지 않습니다. 관계의 갈등이 교회의 교제에 심각한 상흔을 남길 수 있기 때문입니다. 특히 교회의 교제에 있어서 여성도의 역할은 매우 비중이 큽니다. 남성도는 평일 낮 시간의 대부분을 일터에서 보내야 하는 관계로 평일의 교회 교제와 봉사에 참여하기가 쉽지 않은 반면, 여성도는 전업주부인 경우 평일에 시간을 내는 것이 비교적 쉽습니다. 그러다 보니 교회의 교제와 봉사는 대부분 여성도를 중심으로 이루어집니다. 여성도 사이에 관계의 갈등이 일어나면 교회 전체에 끼치는 후유증이 상당히 큽니다. 따라서 관계의 갈등은 어떤 방식으로든 해소해야 합니다. 다만, 해소를 위한 노력을 할 때 '어떻게 일반 사회의 교제에서도 보기 드문 이런 나쁜 모습을 교회의 교제가 보여 줄 수 있단 말인가?'라는 무겁고 비관적인 마음으로 임해서는 안 됩니다. 진통을 극복했을 때 찾아오는 한 단계 성숙한 아름다운 교회 상을 머릿속에 그리면서 갈등을 다루어야 합니다.

접근 방법

교회 내 여성도 간의 갈등 문제를 통상적으로 진행되는 교인들에 대한 개별상담 방식으로 해결하려 해서는 안 됩니다. 개별상담은 제삼자에게 노출되지 않게 비밀을 유지하면서 진행합니다. 개별상담의 주제가 교인이 내면적으로 혼자 겪는 신앙생활상의 고민이나 개인의 가정·

직장 생활에서 일어나는 갈등과 같은 사적인 일이기 때문입니다. 상담 받는 교인은 갈등을 교회 안의 다른 구성원과 공유하지 않습니다.

그러나 문제가 되는 교회 안의 여성도 간의 갈등은 공개적인 모임 안에서, 그리고 두 사람 이상의 공개된 관계 안에서, 그리고 복수의 성도가 갈등을 공유한다는 점에서 순전하게 사적인 일이라고 보기 어렵습니다. 공개적으로 드러난 복수의 구성원이 공유하는 갈등의 문제는 은밀하고 사적인 상담으로 해결하려고 해서는 안 됩니다. 이 문제는 여성도 간의 어떤 특수한 성격을 고려하기에 앞서서 교회 내의 미시적인 교회 정치적 성격을 가진 문제로서 공정성의 원리를 바탕에 깔고 공개적인 방법으로 접근해야 합니다.

복수의 구성원이 공유하는 갈등의 문제는 교회의 구성원이 공정하게 대우받지 못하고 있다는 인식을 가질 때 발생합니다. 구약성경에서는 공동체 내의 구성원들 간의 갈등을 조정해 원활한 교제 관계를 회복시켜 주는 조치를 '샤파트'סָפַט라고 합니다. '샤파트'는 교회 안에서의 미시적인 교회 정치적인 갈등을 해소하고자 할 때 기본적인 규범적 원리로서 유효합니다.

교회 안의 여성도 간의 갈등 문제를 다룰 때는 샤파트의 원리를 전제한 상태에서 두 가지 측면이 추가로 고려되어야 합니다. 하나는 여성도가 지닌 여성으로서의 특성이고, 다른 하나는 갈등을 일으킨 다양한 이유입니다. 갈등의 이유가 서로 판이하기 때문에 접근하는 방법에 세심한 편차를 둘 필요가 있습니다.

이러한 점을 고려하면서 여성도 사이에서 일어나는 갈등의 유형을 네 가지 정도로 나누어서 살펴볼 수 있습니다.

목회자의 마음가짐 점검

첫 번째 유형은 목회자와의 관계가 원인이 되어 여성도가 서로 갈등을 일으키는 경우입니다. 좀 더 구체적으로 말하면 목회자가 여성도의 교회 교제와 봉사를 지도할 때 의식적으로나 무의식적으로 특정한 성도 혹은 일부 성도에게 편향된 관심을 보이는 것으로 인식될 수 있습니다. 이로 인해 동등한 관심을 받지 못한 특정한 성도나 일부 성도가 서운한 감정을 갖게 되고, 이것이 여성도 간의 갈등으로 발전할 수 있습니다.

이 경우는 우선 목회자 자신이 여성도를 대하는 마음가짐과 태도를 점검해야 합니다. 목회자가 무의식중에 봉사를 잘하거나 예쁘게 행동하는 여성도를 선호하는 말이나 행동을 했을 수 있습니다. 목회자가 반드시 유념해야 할 점은 여성은 사람의 마음을 읽어내는 직관적인 능력이 남성보다 비교할 수 없이 뛰어나고 정확하다는 사실입니다. 목회자가 특정한 여성도를 선호하는 마음을 갖는 경우, 그 마음은 여성도들에게 금방 읽히게 되어 있습니다.

목회자와 여성도의 관계는 기본적으로 남성과 여성의 관계입니다. 따라서 목회자와 여성도가 서로를 이성으로서 보지 않는다고 하더라도 이성으로서 지닌 성적 매력에 전혀 끌리지 않는다고 볼 수 없습니다. 하나님은 인간을 성적인 독특성과 매력을 가진 남자와 여자로 존재하게 하셨습니다.

모든 남성과 여성의 관계 안에 어느 정도의 성적 매력에 대한 인지認知가 포함되어 있는 것은 관계를 생동감 있게 만들어 주는 것으로서 하나님의 선물입니다. 이와 같은 인지가 무의식적으로 마음 밑바닥에 깔려 있어서 목회자가 특정한 여성도에 대해 선호하는 마음을 가지고 있으면 여성도가 그 마음을 민감하게 알아챌 수 있습니다. 이처럼 목회자와 여성도의 관계는 성적 요소와 무관하지 않습니다. 따라서 이런 점에서 여성도가 공정하게 대우받지 못하고 있다고 느끼게 되면 상처받을 수 있고, 마침내는 교회를 떠나는 사태까지 일어날 수 있습니다.

이와 달리 남성도는 목회자와 성적인 매력에 근거해 관계하는 일이 전혀 없으므로 설령 목회자가 특정한 남성도를 선호하는 것을 알게 되더라도 그다지 크게 문제가 되지 않습니다. 따라서 목회자는 특히 여성도와 관계할 때 남성도와의 관계에서보다 훨씬 더 엄격하면서도 공정해야 합니다. 마음으로 특정한 여성도를 선호하는 마음을 갖지 않도록 기도로써 마음을 다스려야 합니다.

만약 이 문제로 인해 여성도 사이에서 갈등이 공개적으로 드러나게 되었다면, 현명하게 해결해야 합니다. 문제를 해결한다는 이유로 목회자가 여성도 한 사람 한 사람을 만나서 해명한다든가, 공개석상에서 공정하게 대하고 있다는 사실을 밝히는 방법은 지양해야 합니다. 어떤 대상을 특별히 더 사랑하는 것이 아니라는 말은 주었던 사랑을 거두어들인다는 의미로 들릴 수도 있으므로 또 다른 상처나 오해를 초래할 수가 있습니다. 잘못하면 말꼬리에 말꼬리가 계속 연결되어 오해가 증폭될 수 있습니다. 가장 좋은 해결책은 말하지 않고 상당 기간 일정한 거리를 두면서 모든 여성도를 공정하게 대하는 모습을 보여 주는 것입니다.

한 지교회 안에서 동일한 성도와 수십 년 이상 얼굴을 보며 생활해야 하는 상황에서는 직설적으로 지적하는 것보다는 우회적으로 암시하는 방식으로 지도하는 것이 유용할 때가 많습니다. 여기서 우리는 예수님이 사람들에게 설교하고 대화하실 때 사용하신 방법에 주목할 필요가 있습니다. 놀라운 사실은 예수님은 극히 비상하고 예외적인 경우를 제외하고는 거의 대부분 비유를 사용하여 말씀하셨다는 점입니다.

비유는 현실의 이야기가 아니라 현실에서 떠난 상상 속의 이야기입니다. 비유는 듣는 사람의 관심을 현실에서 떠난 상상의 이야기 속으로 옮겨 놓습니다. 그런데 그 비유가 말하고자 하는 내용은 모두 현실 속의 일들을 설명, 풍자, 교훈하는 것이므로 현실을 떠난 상상 속에서 현실을 만나게 됩니다. 이것이 매우 중요한 어법입니다. 예수님은 유다가 자신을 배반하기 전에 가졌던 마지막 만찬 자리에서 유다가 배반자임을 암시하셨지만, 누군지는 알지 못하도록 숨기셨습니다. 왜 그랬을까요? 그 자리에서 직설적으로 배반자임이 지적되면 유다의 입장이 얼마나 난처하겠습니까? 예수님은 끝까지 유다의 입장을 배려하신 것입니다.

사람은 누구나 자신이 잘못한 일이라도 그 자리에서 지적받으면 먼저 감정적으로 반발하게 되어 있습니다. 예수님은 상대방의 잘못을 지적하시되 비유로 처리하심으로써 첫째, 당사자가 공개석상에서 무안을 당하지 않도록 하셨고, 둘째, 당사자가 비유를 해석하면서 스스로 생각할 수 있는 여지를 마련해 주셨습니다.

외부에서 초청받은 강사는 한 번 설교하고 떠나면 그만이니 하고 싶은 말을 직설적으로 다 할 수 있습니다. 그러나 한 지교회 안에서 수십 년 동안 함께 지내야 하는 목회자의 상황은 다릅니다. 직설적인 지적이 반복되면 지적하는 사람과 지적당하는 사람이 함께 공존하기가 어려워집니다. 따라서 잘못을 지적하되 우회하여 암시하는 방법을 사용함으로써 상대방의 입지를 보호해 주고 스스로 반성할 수 있는 여지를 주는 것이 함께 오래 교제할 수 있는 지혜로운 방법입니다.

자발적인 갈등 해결

두 번째 유형은 여성도 상호 간의 관계 안에서 교리적인 중요한 문제나 교회의 정책상의 문제가 아니라 지엽적인 문제들로 인해 갈등이 일어나는 경우입니다. 예컨대 말로 상처를 주었다거나, 관계가 공정하게 이루어지지 않았다거나, 봉사하는 과정에서 방법의 차이 때문에 서로 다툰 일 등으로 여성도 사이에서 갈등이 일어나는 경우입니다. 이때 주의해야 할 것은 섣부르게 개입해서는 안 된다는 것입니다. 집안에서도 아이들끼리 문제가 생겨 서로 싸울 때 부모가 너무 일찍 개입하는 것보다는 가능한 한 아이들끼리 문제를 해결하도록 한걸음 물러나서 기다려주는 것이 좋은 방법입니다. 왜냐하면 부모는 아이들의 사정을 정확하게 파악하지 못하는 경우가 많고, 또 아이들에게 스스로 문제를 해결하는 능력을 길러 주는 것이 유익하기 때문입니다. 비슷한 이유로 여성도 사이에 갈등이 일어났을 시 목회자는 일단 한걸음 물러나 있는 것이 좋습니다.

이때 원만히 문제 해결이 잘 이루어지지 않아도 목회자가 직접 개입하기보다는 여성도 가운데 지도자의 위치에 있는 자들이 중재할 수 있도록 기회를 주는 것이 바람직합니다. 여성과 교감을 나누면서 대화하는 일은 평신도 지도자가 목회자보다 더 능숙합니다. 남자 목회자가 아무리 유능해도 이런 섬세한 교감이 필요한 부분까지 잘할 수는 없습니다.

가정에서 아이들은 아무리 싸워도 부모가 흔들림 없이 바른 모습으로 있어 주면 아이들이 크게 어긋나지 않습니다. 이처럼 여성도가 갈등 속에 있어도 목회자가 견실한 모습으로 있어 주면 결국은 제자리를 찾아갑니다. 바른 목회자의 존재는 존재 자체만으로도 문제를 해결하는 중심축이 됩니다. 물론 이런 갈등은 교회의 교제를 허무는 작은 여우가 될 수 있으므로 방치하면 안 됩니다. 그러나 목회자는 성급하게 직접 개입하기보다는 공적인 설교나 성경공부 시간 등을 활용해 접근해야 합니다. 교회의 갈등 상황을 직접 언급하지 말고, 교회 안 교제의 본질이 어떤 것인가를 성경적인 관점에 근거해 차분하게 설명해 주는 방법으로 대응해야 합니다. 이는 당사자들이 스스로 성찰할 기회를 주는 것입니다. 목회자가 가르침에 있어서나 영성과 인품에 있어서 흔들리지 않고 일관된 모습을 보이면 성도들 사이에서 일어나는 사소한 갈등은 대체로 극복되고 교회의 교제에 큰 문제가 되지 않습니다.

기관의 갈등은 공개적으로 교정

세 번째 유형은 교회나 혹은 교회의 어떤 기관이 추구하는 정책이나 조치에 대한 이견이 제기되고 이 때문에 의견이 갈려서 갈등이 생기는 경우입니다. 교회 안에 여성도가 참여하는 중요한 기관들, 예컨대 여전도회나 권사회 등은 친교 및 봉사를 위한 모임이기도 하지만 임역원을 선출해 그들을 중심으로 운영되는 회의체의 성격도 있습니다. 이와 같은 기관들 안에서 회의체 차원에서 추진하는 어떤 행사 등에 대하여 이견이 있고, 그것이 잘 해소되지 않아서 발생하는 갈등이 있을 수가 있습니다. 이런 갈등의 경우에는 공개적으로 관여해 지도하는 것이 가능하다고 판단됩니다.

먼저 이 회의체가 시행하기로 한 문제의 행사가 성경의 가르침에 부합하는 것인가를 따져 보고, 부합하지 않는 경우 타당한 이유를 잘 설명해 시행을 보류하도록 지도해야 합니다. 예를 들어 어느 교회 여전도회에서는 시골에서 농산물을 직거래로 사다가 반강제로 여전도회원이나 교인에게 팔고 수익금을 남겨서 여전도회의 활동비로 사용합니다. 이러한 행사는 교회 공동체를 장사하여 이윤을 남기는 공동체로 변질시키는 것으로서 교회를 타락시킬 위험이 있습니다. 목회자는 이처럼 교회의 본질에 맞지 않는 행사를 하고자 하는 경우 확실하게 지도해 교정해 주어야 합니다.

다음으로 이 회의체가 시행하기로 한 문제의 행사가 성경의 가르침에 부합하는데, 회원들의 의견 수렴이 제대로 이루어지지 않아서 갈등이 생긴 경우입니다. 이 경우 목회자는 여전도회원에게 회의를 진행하는 절차와 방법을 알려주고, 절차에 따라서 회원의 의견을 모아 최대공약수를 도출해내는 훈련을 해야 합니다. 바른 절차에 의해 모아진 결론이 자신들의 입장과 다를지라도 받아들일 줄 아는 태도를 갖도록 훈련해야 합니다.

영적·교리적 갈등은 단호하게 조치

네 번째 유형은 여성도 가운데 일부가 교회의 가르침과는 다른 이단적인 가르침을 베풀거나 영적으로 교만하여 평범한 여성도와 갈등을 빚는 경우입니다. 특히 여성도 가운데 기도를 많이 그리고 깊이 하는 분들이 있습니다. 기도를 깊이 하다 보면 영적인 분별력도 갖추게 되고, 그 결과 목회자를 지원하며, 영적인 어머니의 마음으로 어린 성도를 사랑으로 포용해 교회에 큰 위로와 유익을 줍니다. 그러나 사탄은 가장 깊은 영성이 있는 곳에 가장 교활하면서도 강력한 모습으로 역사합니다. 사탄은 성도가 하나님을 깊이 알아가는 과정을 방관하지 않고 하나님께 가까이 가면 갈수록 더 강하고 집요하게 방해 공작을 전개합니다. 사탄은 성도의 삶의 모든 영역에서 성도가 하나님께 가까이 가는 것을 방해합니다. 그중에서도 특히 두 영역에서 교활하면서도 집요하게 활동을 전개합니다.

하나는 신학의 영역이고, 다른 하나는 기도의 영역입니다. 하나님에 관한 지식을 배우는 신학은 하나님과 가장 가까운 영역 가운데 하나인데, 그만큼 사탄의 방해 공작도 집요하게 이루어집니다. 학문적으로 정교하게 발달한 자유주의 신학은 성경이 오류가 없는 하나님의 말씀이라는 사실을 부인합니다. 성경에 기록된 초자연적 사건의 진정성을 부인합니다. 예수 그리스도의 구속 사역의 대속성을 부인합니다. 내세의 실재를 부인하는 논리를 전개합니다. 이런 시도들은 교회를 무너뜨리는 독신적瀆神的인 행태입니다.

이와 마찬가지로 하나님께 주관적으로 가까이 갈 수 있는 길인 기도에도 사탄이 교묘하게 작용합니다. 기도를 통하여 성령을 받으면 말씀을 통하지 않고도 하나님과 직접 교통하고 계시를 받으며, 깊은 기도를 통해 영적으로 높은 경지에 오를 수 있다는 교만한 마음을 갖도록 유도합니다. 극히 일부 여성도에게 이런 양상이 나타나는 경우가 있습니다. 이들은 영적으로 교만해 동료 여성도를 자신의 이단적인 가르침을 통해 장악하려고 할 뿐만 아니라, 담임 목회자가 영적인 수준이 뒤떨어진다고 주장해 교회에 갈등을 일으킵니다.

영적으로 교만한 이와 같은 여성도는 교회 전체를 교리상으로나 영적으로 타락시킬 수 있기 때문에 어느 정도의 항거가 예상되더라도 공개적으로 단호한 조치를 해야 합니다. 이때 목회자의 조치는 두 방면에서 이루어져야 합니다. 개인적으로 만나서 잘못된 가르침을 베푸는 것을 중단할 것을 권고하고, 그래도 듣지 않으면 장로를 비롯한 두세 명의 평신도 지도자와 함께 찾아가서 권면하고, 그래도 듣지 않으면 당회 등의 기관을 통해 치리 절차를 밟아야 합니다. 다른 한편으로는 이들의 가르침이 이미 교회 전체에 영향을 미치고 있을 수 있기에 목회자는 설교, 성경공부, 제자훈련 등, 회중에게 공적인 가르침을 베풀 수 있는 모든 자리에서 공개적으로 단호하게 잘못을 지적함으로써 성도들이 잘못된 가르침에 넘어가지 않도록 해야 합니다.

목회자의 편애로 인하여 갈등이 일어난 여성도가 있는 경우에는 목회자 스스로가 행동뿐만 아니라 마음으로도 모든 여성도를 공정하게 대하는 태도를 보이도록 노력해야 합니다. 여성도 간의 사적인 대화나 행동 때문에 갈등이 일어나는 경우에는 가능한 한 스스로 갈등을 해결하도록 유도하고, 중재가 필요한 경우 지도자급에 있는 여성도가 중재할 수 있도록 돕는 것이 바람직합니다. 기관의 행사에 대한 이견 때문에 갈등이 있는 경우에는 회의를 통하여 다양한 의견을 조정하고 다른 의견도 수납하는 성숙한 태도를 보이도록 지도해야 합니다. 영적으로 잘못된 가르침으로 성도를 힘들게 하는 여성도가 있는 경우에는 교회 전체의 순결을 유지하고 성도를 교리적으로나 영적으로 보호하기 위해 합법적인 치리 절차와 공적인 가르침을 통해 적극적으로 바로잡아야 합니다.

20

트러블메이커 성도

Q. 여러 교회를 돌아다니면서 문제를 일으킨 전력이 있는 성도가 우리 교회에 새로 등록했는데, 여전히 담임목사와 성도들을 비난하고 이간질하여 고민입니다. 또 다른 교회에서 문제를 일으켰던 부교역자가 있는데, 동료 부교역자들이 힘들다고 하소연합니다. 세상에 흠이 없는 사람은 없다지만 공동체의 질서를 위해 내보내야 할까요? 어려움을 감수하고 품어야 할까요?

A. 제가 실제로 경험했던 내용을 소개하겠습니다. 1990년대 중반, 제가 네덜란드 캄펀Kampen에서 유학 생활을 하고 있을 때였습니다. 차로 약 20분 떨어진 즈볼러Zwolle라는 도시의 음악학교에 한국 기독교인 유학생이 7-8명 있었습니다. 마땅히 예배할 교회를 찾지 못했던 이들의 요청으로 제가 성경공부 겸 예배 인도를 시작했습니다. 그런데 그학생들 가운데 이단적인 성향이 있는 교단에 출석하던 형제와 자매가 있었습니다. 저는 이 형제와 자매를 어떻게 대해야 할지 고민을 거듭한

끝에 이들의 신앙적 배경에 대해 말하지 않기로 결정했습니다. 다만 성경에 충실한 복음을 전하는 일에만 집중했고, 다른 형제와 자매와 조금도 다름없는 사랑으로 대했습니다. 이 형제와 자매는 예배에 꾸준히 참석하면서 은혜를 받았습니다. 예배에 참석한 지 2년쯤 지났을 때 이들은 자연스럽게 자신이 속해 있었던 교단과의 관계를 스스로 정리했습니다. 이것이 말씀의 능력이 아닌가 생각합니다. 물론 저의 개인적인 사례이기에 성급하게 일반화시킬 수는 없으나 제기된 질문을 해결하는 데 참고할 수 있다고 봅니다.

교회에 들어와서 문제를 일으키는 성도가 있을 때, 이 성도가 어떤 이유로 교회에 들어오게 되었는지 유형을 분류한 다음 대응 방법을 달리할 필요가 있습니다. 아마도 다음과 같은 유형이 있으리라고 판단됩니다. 이단 신봉자가 의도적으로 접근하는 경우, 의도적이지는 않지만 이단적 교리의 영향을 받은 경우, 성격적인 결함이 있는 경우, 이전 교회에 적응하지 못하고 옮겨 온 경우, 사역자의 자격이 부족한 부교역자의 경우입니다.

공개적이고 단호하게 대응할 이단 문제

이단 교리를 신봉하는 자가 의도적으로 교회 안에 잠입해 교회를 혼란에 빠뜨리는 경우가 있습니다. 오늘날 교회 현장에서 심각한 문제로 대두되고 있는 신천지가 대표적인 예입니다. 이 사람들은 기성교회를 파괴하고, 자신들의 교리를 따르는 새로운 회중을 만들어서 교회를 장악하려는 숨은 전략을 지니고 있습니다. 기독교의 핵심적인 구원의 교리를 악의적으로 무너뜨리고 나아가서는 그리스도의 몸 된 교회를 깨뜨리려는 의도를 가진 자들입니다. 구원의 교리는 한 인간의 영원한 미래를 결정하는 극히 중대한 교리입니다. 한 사람을 영원히 천국으로 인도할 수도 있고, 영원히 지옥으로 떨어뜨릴 수도 있으므로 성경이 가르치는 구원의 원리에서 조금이라도 벗어난 것을 가르쳐서는 안 됩니다. 그러므로 담임 목회자는 이들의 실체를 온 교회 성도들에게 공개적으로 알리고, 교제를 끊도록 공개적으로 권고하며, 문제를 일으키는 당사자를 만나서 교회를 떠나라는 통보를 확실하게 해야 합니다. 사도 바울은 교회에 몰래 잠입해 다른 복음을 말하는 자들에 대하여 정죄에 가까운 단호한 태도로 비판하면서 교제하지 말 것을 명령했습니다갈 1:6-9. 그리스도의 십자가 사건에 근거한 구원의 교리를 변질시키고 훼방하는 일은 '성령훼방죄'마 12:22-32; 막 3:28-30; 히 6:4-6; 10:26-29에 해당하므로 교회가 포용할 수 있는 문제가 아닙니다.

사랑으로 포용해야 하는 성도들

의도적이지는 않지만 이단적 교리의 영향을 받은 성도, 성격적인 결함이 있는 성도, 이전 교회에 적응하지 못하고 옮겨 온 성도의 경우는 담임 목회자에게 매우 힘든 수고를 안겨 주는, 목회 과정에 가시와 같은 존재이기는 하지만 인내하는 가운데 포용하는 태도가 필요합니다. 왜냐하면 이 사람들은 영적인 관점에서 보았을 때 돌봄이 필요한 환자들이기 때문입니다. 우연히 이단 교회에 출석해 그 교회가 제시하는 가르침이 이단인지도 모르고 배우는 평신도가 있을 수 있습니다. 그러다가 이사 등의 이유로 우연히 바른 교회에 출석하게 된 것입니다. 이 성도가 의도적은 아니라도 교제 시간이나 성경공부 시간에 무심코 이단적인 교리를 표현하여 다른 성도들과 갈등을 일으킬 수 있습니다.

이런 성도의 경우 처음에는 새로운 가르침에 당황하며 의문을 제기하기도 하지만, 따뜻한 마음으로 포용하면서 인내심을 가지고 꾸준히 바른 교리와 삶의 원리를 가르치면 자연스럽게 이단을 정리하고 돌아옵니다. 교회를 핍박하는 일에 앞장섰던 바울이 개종한 후에 주의 일에 열심인 신자가 된 것처럼, 이런 성도도 바른 교리를 깨닫고 돌아오면 매우 헌신적인 신자가 될 수 있습니다.

또 성도 중에는 교리적으로는 문제가 없는데, 성격상 결정적인 결함이 있어서 교회생활에 원활하게 적응하지 못하고 교회를 옮기는 경우가 있습니다. 성품이 왜곡되어서 공동체 생활에 적응하기 힘들어하는 경우인데 천성적으로 주어진 성품일 수도 있고, 불우한 가정환경에서 자라나는 과정에서 뒤틀린 성품일 수도 있습니다. 어떤 다양한 원인과 상황 속에서 성품이 왜곡되었든 간에 이 성도는 정신적으로 아픈 환자입니다. 이런 경우는 정말로 다루기가 힘들고 교인들이나 목회자에게 부담이 될 수 있습니다. 그러나 정신적인 아픔에도 불구하고 믿음을 붙들려고 안간힘을 쓰는 모습을 대견하게 여기는 아가페 사랑의 시각이 담임 목회자에게 필요합니다.

물론 정신이 아픈 성도를 대하다 보면 따뜻한 사랑과 관심을 주었는데도 결과적으로는 배반을 당하는 일도 생깁니다. 담임 목회자는 이런 모든 것을 감수하고 인내와 사랑으로 이 성도들을 품어야 합니다. 힘들고 시간이 걸리더라도 꾸준히 기도하고 바른 교리와 생활 원리를 가르쳐서 조금씩 나아지도록 해야 합니다. 물론 이런 성도가 인간관계에서 성도의 관계를 분열시키는 일을 계속하면 합법적인 치리 절차를 밟아야 할 때도 있습니다. 처음에는 개인적으로 찾아가서 권고하고, 그래도 듣지 않으면 두서너 사람의 증인들교회의 장로나 권사와 같은 평신도 지도자들과 함께 가서 권고하고, 그래도 듣지 않으면 교회 전체에 공개적으로 알려서 교회 차원에서 권고하고, 그래도 듣지 않으면 출교할 수 있습니다마 18:15-17. 출교하는 목적은 교회에서 아주 내보내는 것이 아니라, 잠시 교회와 물리적으로 떨어져 있도록 함으로써 궁극적으로는 회개하고 다시 돌아오도록 하는 것입니다.

그밖에 출석하던 교회 자체에 심각한 도덕적인 문제가 있고, 이 문제를 극복할 만큼 믿음이 강하지 못해서 시험에 들거나 적응하지 못해 더 좋은 교회를 찾아서 옮기는 경우입니다. 이 성도는 영적이고 정신적인 상처를 입은 경우입니다. 그런데 이 성도가 교회를 옮겨 새 교회에 들어간 후에도 같은 패턴이 나타날 수 있습니다. 믿음은 어려운 고비를 성공적으로 잘 넘을 때 비로소 자라날 수가 있는데, 고비를 넘지 못하고 피하면 믿음이 자라나지 않거나 약화되기 마련입니다. 이 성도는 새 교회에서도 적응하지 못할 우려가 있습니다. 이상적인 공동체를 꿈꾸면서 새로운 교회에 들어오지만, 현실의 교회는 결코 이상적인 공동체가 아니기 때문입니다. 이 성도도 사랑으로 포용하는 것이 바람직합니다. 이 성도는 담임 목회자가 인내심을 가지고 꾸준하게 바른 교리와 생활의 원리들을 가르치고, 건전하면서도 따뜻한 교회생활을 경험하도록 도와주면 큰 어려움이 없이 새로운 교회에 잘 적응하고 훌륭한 성도로 다듬어질 수 있습니다.

옮겨 온 부교역자

부교역자가 문제를 일으키는 일도 있습니다. 부교역자로 채용했는데, 전에 있던 교회에서 잘 적응하지 못해 옮겨 왔거나, 부교역자로서 제대로 된 훈련을 받지 못해 주어진 업무를 제대로 처리하지 못하거나, 인격에 어떤 결함이 있어서 관계에 어려움을 겪는 경우가 있습니다. 문제를 일으키는 부교역자의 경우는 일반 성도들과는 입장이 다릅니다. 왜냐하면 이들은 성도로 부름을 받은 자들이 아니라, 성도를 섬기는 전문 사역자로 일하도록 교회의 위임을 받고 온 자이기 때문입니다. 따라서 부교역자는 일방적으로 포용할 수만은 없는 자들입니다.

담임 목회자는 부교역자로 들어온 자를 일단 따뜻하게 포용해야 합니다. 이들은 현장 사역을 수행하고 있지만, 일정한 기간 동안 담임 목회자로부터 현장 목회사역에 대한 지도와 훈련을 받아야 할 과정에 있는 자입니다. 그러나 부교역자는 어디까지나 이미 전문적인 현장 사역자입니다. 따라서 부교역자가 맡겨진 사역을 바르고 성실하게 수행하기에 적합한 인품을 갖추지 못했거나, 주어진 직분 수행에 바르고 성실하게 임하지 않아 성도들과 교회에 명백하게 해를 끼칠 경우, 담임 목회자는 개인적으로 만나 문제점을 지적하고 시정과 분발을 요구하는 지도를 해야 합니다. 일정 기간 이와 같은 지도를 하고, 인내하는 가운데 기다려 보아도 문제가 개선되지 않으면 불가피하게 사임시키는 절차를 밟아야 할 때가 있습니다.

교회의 기초체력 강화

평소에 제때 식사하고, 규칙적으로 운동하고, 항상 마음을 선하게 가지는 생활을 하면 큰 질병도 수월하게 이겨낼 수 있습니다. 이처럼 교회도 평소에 규칙적이고 강도 높은 훈련을 철저히 해 놓으면 어떤 위기 상황도 당황하지 않고 거뜬히 이겨낼 수 있습니다. 교회도 영적이고 신학적인 기초체력을 단단하게 해 놓는 것이 우선 필요합니다. 다음과 같은 세 가지 조치를 성도에게 적용하는 것이 교회의 영적이고 신학적인 기초체력을 강화하는 데 도움이 될 것입니다.

첫째, 성도에게 사도신경을 중심으로 하여 기독교인이 꼭 알아야 할 하나님에 관한 지식을 철저하게 교육하는 것입니다. 담임 목회자가 먼저 주님에 대하여 교리적으로 알아가는 것이 흥미진진하고 재미있고 감동이 뒤따르는 일이라는 인식을 갖는 것이 필요합니다. 웨스트민스터 신앙고백서나 하이델베르크 신앙고백서 같은 문서들이 교리교육을 위한 중요한 표준문서들이긴 하지만, 한 가지 결점은 이 신앙고백서들이 너무 길고, 용어들도 현대 교인에게는 생소한 옛날 스타일인데다가 너무 어렵다는 것입니다. 따라서 이 문서들은 목회자 자신이 충분히 잘 알되, 기본교재는 교인들에게 모두 익숙한 사도신경을 선택하는 것이 좋은 방법입니다. 목회자가 사도신경에 관련된 중요한 몇 권의 참고서를 참고하고 위의 신앙고백서도 참고해 교인의 수준에 맞추어 쉬운 용어로 잘 엮어서 모든 교인에게 설교로 전달하고, 그 자료를 책자로 만들어서 전 교인을 교육하는 것이 바람직합니다.

둘째로, 교회 성도를 대상으로 조직신학을 서론부터 종말론까지 강의하는 시간을 마련하는 것입니다. 목회자의 시간이 여의치 않으면 조직신학 전공자를 초빙해도 됩니다. 최근 많은 교회가 제자훈련을 포함한 여러 가지 다양한 형태의 평신도 훈련프로그램을 운영하여 큰 효과를 거두고 있습니다. 이런 훈련의 장점은 성도가 구원과 신앙생활에서 꼭 알아야 할 중요한 포인트를 잘 정리해 가르친다는 것입니다. 그런데 성도는 이런 훈련프로그램에서 얻은 지식만 가지고는 기독교가 무엇인가에 대해 통전적이고 체계적인 안목을 갖거나, 현실에서 일어나는 복잡하고 어려운 교리적이고 윤리적인 문제에 대해 대응하기가 버겁습니다. 성도는 기독교에 관해 체계적인 공부를 하고 싶어 하는 열망이 있습니다. 이들이 원하는 것을 충족시켜 줄 수 있는 것이 바로 조직신학입니다. 신학교에서 가르치는 과정을 그대로, 평신도를 염두에 두고 가르쳐 주는 것입니다. 조건은 성경에 충실한 조직신학이라야 한다는 것입니다. 조직신학 안에 어지간한 신앙상의 난제에 대한 해답은 다 나와 있습니다.

셋째는, 성경 본문을 깊이 있게 공부하고 토론할 수 있는 정기적인 성경공부 시간을 일주일에 한 번 이상 마련하는 것입니다. 이를 위해 목회자 자신이 사활을 걸고 준비해야 합니다. 원문분석을 바탕에 깔고 표준적인 주석을 통하여 정통적이고 바른 해석의 방향을 잡은 다음, 성경 강의안을 마련하여 90분간 충실하게 강의하고, 토론 시간도 갖고, 이어서 강의내용과 생활에서 나온 기도제목을 두고 합심해 기도하는 시간을 가집니다. 성도들이 이런 성경공부의 맛을 느끼고 사모할 수 있도록 해야 합니다.

오래 참는 사랑

　문제가 있어도 이단이 아닌 경우라면 일단 포용해야 합니다. 담임 목회자가 이렇게 해야 하는 이유는 담임 목회자가 모든 성도를 포용함으로써 아가페 사랑의 원리를 실천에 옮기고 있음을 보여 주어야 할 위치에 있기 때문이기도 하지만 특별히 교회론적인 이유가 있습니다. 통상적으로 개신교에서는 교회를 무형교회와 유형교회로 구분합니다. 무형교회는 진정한 신앙을 고백하는 신자들의 무리를 뜻하고, 유형교회는 무형교회가 제도적 형태를 갖추고 나타난 것을 뜻합니다. 여기서 중요한 것은 무형교회와 유형교회가 두 개의 독립된 실체가 아니라는 점입니다. 무형교회와 유형교회는 하나님의 교회라는 하나의 실체가 지닌 두 단면 혹은 하나의 실체를 바라보는 두 관점입니다. 그런데 왜 개신교 신학은 하나의 용어로만 교회를 표현하지 않고 두 관점에서 교회를 묘사하는 것일까요? 여기에는 매우 중요한 구원론적인 의미가 있습니다.

　유형교회를 바라보는 사람의 눈에는 진실하게 신앙을 고백하고 성결한 삶을 살기 위하여 최선을 다하는 회원도 있고, 신앙을 고백하긴 하는데 성결한 삶을 살려는 노력이 현저하게 부족해 보이는 회원도 있고, 신앙이 없는 회원도 있습니다. 예를 들어서 예수님에 대한 신앙을 고백하면서 성적으로 방탕한 생활을 한다든지, 누가 봐도 성도답지 않은 생활을 하는 성도가 있습니다. 또 믿는 부인의 강요에 못 이겨 교회에 나오긴 하는데, 신앙은 전혀 없는 남편이 있을 수 있습니다. 이런 성도들을 어떻게 해야 할까요? 그냥 교회에서 내보내야 할까요?

　그렇지 않습니다. 현재 신앙을 고백하면서도 생활이 엉망인 성도도 미래에 어떤 계기가 오면 은혜를 받고 철저하게 회개하며 변화될 수 있습니다. 하나님이 선택한 자라면 인간이 알 수 없는 어느 때 변화할 수 있습니다. 현재 신앙이 없는 성도도 마찬가지로 미래 어느 때 은혜를 받고 신앙을 가지게 될지 아무도 알 수 없습니다. 하나님이 선택한 자라면 믿음을 갖게 될 때가 올 것입니다. 교회가 이처럼 미래의 어느 때 철저하게 회개하고 또 신앙을 갖게 될 회원을 현재 모습만을 보고 외면해 버리거나, 내보내 버린다면 치명적인 실수를 범하는 것입니다. 그러므로 담임 목회자는 현재 아무리 문제가 많은 성도라도 하나님이 정하신 때가 되면 진정한 회개의 시간이 찾아올 것이며, 신앙을 고백하게 될 것이라는 소망을 잃지 않고, 이런 소망 가운데 문제의 성도들을 바라보면서 힘들고 어려워도 인내로써 참아내는 태도를 잃지 않는 것이 중요합니다. 그것이 바로 담임 목회자가 성도들에게 줄 수 있는 사랑입니다. 현재는 유형교회에 속할 자격이 없는 것처럼 보이는 회원일지라도 하나님이 무형교회의 회원으로 예정해 놓으신 회원이 있을 수 있기 때문에 문제가 있는 성도라도 경솔하게 교회 밖으로 내보내서는 안 되는 것입니다.

담임 목회자는 평소에 깊은 기도와 평신도 훈련과 교육 그리고 친밀한 공동체 훈련 등을 꾸준히 그리고 강도 높게 시행해야 합니다. 교회의 영적이고 신학적인 체질을 강화하는 일에 힘씀으로써 어떤 인물이 교회의 문을 두드리고 들어와도 흔들리지 않고 대응하며 이들을 참된 신자로 주조鑄造해 낼 수 있는 용광로와 같은 교회를 만들어 가야 합니다. 이를 위해 평신도의 수준에 맞춘 사도신경 교육과 조직신학 강의, 깊이 있는 성경공부와 기도의 시간 등을 충실하고도 꾸준하게 운영하는 것이 바람직합니다. 이런 토대 위에 서서 구원의 교리를 깨뜨리기 위하여 들어 온 이단성이 있는 회원들과는 공개적으로 단호하게 관계를 단절해야 합니다. 그리고 우연히 잘 모르고 이단 교회에서 신앙생활을 시작했다가 들어온 성도들이나, 성격상 교회생활에 적응하지 못하고 교회에 온 성도들이나, 전에 다니던 교회의 잘못으로 상처를 받고 그 교회를 떠나 들어 온 성도들을 따뜻한 사랑으로 포용해야 합니다. 또한 문제를 일으키는 부교역자들의 경우에는 아직은 목회 훈련을 받는 과정이라는 점을 고려해 실수가 있어도 교정해 주면서 지도해야 합니다. 다만 교회의 성도들에게 끼치는 나쁜 행동이 오랜 기다림에도 교정되지 않는다면 부득이 사임시키는 방안도 고려할 수 있습니다.

21

원치 않는 아이

Q. 20대 후반의 여성입니다. 3년째 교제하던 남성과 혼전 성관계를 가졌고 얼마 전 임신을 했어요. 임신 소식을 알렸지만 그는 결혼도 하기 어려운 형편에 무슨 아이냐며 낙태를 권합니다. 결혼 계획은 없으니까 아이를 낳을 거면 혼자 키우라고 하네요. 원치 않는 아이를 낳는다면 저도 그렇지만 태어날 아이도 힘들고 불행한 삶을 살 것 같아요. 목사님, 어떻게 하면 좋을까요?

A. 남자와 여자가 만나 사랑을 하고 사랑의 결실이 결혼, 출산으로 이어지는 것은 가장 바람직한 삶의 경로입니다. 이런 삶의 경로에서는 아기의 생명 존엄성과 부모의 행복이 조화를 이루며 상호 상승 작용을 합니다. 그러나 타락한 세상에서 이 조화는 빈번하게 깨지곤 합니다. 조화가 깨지는 데는 타인의 입장보다 자기 입장을 중시하는 이기주의, 왜곡된 도덕적 판단력, 이윤과 효율성이라는 이념의 지배를 받는 사회, 약자를 위한 제도적 장치의 미비 등 이유가 복합적입니다.

'낙태가 정당한지'의 문제는 태아의 인간 생명으로서의 가치와 부모의 행복이라는 가치가 충돌을 일으킬 때 제기되지요. 배 안에 있는 아이가 아무리 소중해도 임산부의 행복 추구에 '장애'로 등장할 때는 어떻게 해야 하나, 갈등이 일어나는 것입니다. 임산부가 아기를 장애로 여기는 경우는 다섯 가지 정도로 정리해볼 수 있습니다.

첫째, 부부가 아기를 키울 만한 건강과 경제력과 시간적 여유가 있음에도 육아를 부담스럽게 느끼는 경우. 둘째, 건강에 이상은 없으나 경제적·시간적 여건이 여의치 않은 경우. 셋째, 언젠가는 결혼하려는 미혼 커플이 혼전 성관계를 즐기다가 아기를 갖게 됐지만 아직은 육아에 재정과 시간을 할애할 수 없는 경우. 넷째, 결혼 계획이 없는 연애 상대와 성관계를 갖다가 원치 않는 아기를 갖게 된 경우. 다섯째, 성추행을 당해 임신을 하게 된 경우.

자매님의 경우는 네 번째에 해당하겠군요. 이외에도 더 세분화된 경우가 있겠지만 이 다섯 가지가 원치 않는 임신의 표준적인 사례라 할 수 있습니다. 이중 아기의 인간 생명 가치와 임산부의 행복이라는 가치가 가장 강력하게 충돌하는 경우는 넷째와 다섯째 경우로, 이런 상황에서 출산하면 임산부는 미혼모로, 아이는 사생아로 남은 생애를 살게 됩니다.

행복추구권보다 생명 보존이 우선

아기의 생명권과 임산부의 행복추구권이 충돌할 때 문제의 핵심은 '어느 편에 손을 들어줘야 하는가'입니다. 성경을 보면 답은 분명하지요. 아기의 생명권입니다. 마태복음 16장 26절을 봅시다. "사람이 만일 온 천하를 얻고도 제 목숨을 잃으면 무엇이 유익하리요 사람이 무엇을 주고 제 목숨과 바꾸겠느냐." 여기에는 두 가치가 등장합니다. 하나는 인간의 목숨이고 또 하나는 천하입니다. 여기서 말하는 목숨은 신체적 생명을 가리키고 천하는 인간이 이 세상에서 얻을 수 있는 모든 가치 또는 행복의 총체를 가리킵니다. 예수님은 천칭 한쪽에 '인간의 신체적 생명'을, 다른 한쪽에 '이 세상에서 얻을 수 있는 행복의 총체'를 올려놓으면 절대적으로 '인간의 생명' 쪽으로 무게가 기운다고 말씀하십니다.

인간이 세상에서 얻을 수 있는 모든 가치의 합보다 한 인간의 생명 존엄성이 더 무겁다는 것은 기독교 생명윤리의 대원칙입니다. 하나님은 인간의 생명을 죄에서 해방하고 죽음에서 살려내기 위해 천하를 합한 것보다 더 소중한 성자 하나님의 생명을 십자가 위에서 희생시키셨습니다. 한 아기의 생명은 임산부가 누릴 수 있는 어떤 행복의 총합보다 무거운 가치이며 따라서 어떤 경우에도 태아의 생명을 임산부의 행복을 위해 희생시키는 것은 기독교 윤리적으로 정당화될 수 없습니다. 뱃속 아이의 생명권을 희생할 수 있는 유일한 경우는 임산부의 생명권과 충돌이 일어나는 경우뿐입니다.

예컨대 임산부가 자궁암과 같은 치명적인 병에 걸렸다고 생각해 봅시다. 이때 임산부를 치료하면 아기의 생명이 위태로워지고 아기의 생명을 살리려다 보면 임산부의 생명이 위태로워질 수 있겠지요. 이런 상황에서라면 임산부의 생명을 살리기 위해 뱃속 아기의 생명을 희생시키는 선택을 하게 됩니다. 자궁외임신이나 무뇌아의 경우에는 아기가 어차피 죽을 수밖에 없는 상황이고 게다가 이 상태를 내버려 두면 임산부가 죽게 되므로 불가피하게 임신 중절 수술을 해야 할 것입니다.

낙태를 염두에 두는 사람이라면 '뱃속 아이가 영혼을 가진 살아 있는 인간인가?'라는 질문을 할지 모르겠습니다. 뱃속 아기가 임산부의 장기 가운데 하나라면 낙태가 큰 문제 되겠느냐고 생각할 수 있을 겁니다. 저는 여기서 기독교 생명윤리의 사도신경적인 전제를 제시하고자 합니다. 이 전제에 따르면 수정이 이뤄지는 순간부터 그 수정체는 영혼을 가진 살아 있는 인간입니다. 즉 수정 직후 이뤄지는 잉태의 순간부터 영혼을 가진 인간의 생애가 시작되며 모든 유형의 낙태는 초기든 중기든 후기든 모두 살인 행위가 되는 것입니다.

수정이 곧 생명의 시작

'수정이 이뤄지는 순간을 인간 생명의 시작점으로 봐야 하는 근거가 무엇이냐'고 물어보실 수 있습니다. 시작이라는 시점은 반드시 '불연속성'을 특징으로 합니다. 다시 말해서 생명의 시작점 이전에는 영혼을 가진 살아 있는 인간의 특징이 전혀 나타나지 않다가 이 시점 이후에는 영혼을 가진 살아 있는 인간의 특징이 나타난다는 것이지요. 수정 시점이 철저히 불연속적이라는 사실을 유전학적·생물학적·성경적·교회사적으로 설명해드리겠습니다.

우선 유전학적으로 보자면 한 인간의 유전자 구성이 최초로 확립되는 순간은 바로 수정이 이뤄지는 순간입니다. 유전자는 수정 전 혼돈 속에 있다가 수정 순간 그 구성이 확립되는데 이때 확립된 유전자 구성은 죽는 날까지 유지됩니다.

둘째, 생물학적으로 봤을 때 생명체의 특징은 자기 복제와 단백질

생성인데 이 두 작용은 수정이 이뤄지는 순간부터 시작됩니다. 정자와 난자가 각기 독립적으로 있을 때는 이런 작용이 일어나지 않습니다.

셋째, 성경에서도 잉태의 순간부터 뱃속의 생명체를, 영혼을 가진 살아 있는 인격적 주체로 다룹니다. 가령 다윗은 태아 상태에 있던 자기 자신을 가리킬 때 '나'나 '너'처럼 영혼을 가진 인격적 주체를 가리키는 인칭대명사를 사용했고시 51:5 엘리사벳 배 속에 있던 세례 요한은 예수님을 잉태한 마리아가 오는 것을 보자 뛰놀았습니다눅 1:41.

넷째, 교회사적으로도 살펴볼 수 있습니다. 아리스토텔레스는 남아의 경우 잉태 40일째 되는 날에 영혼이 몸 안에 들어오고 여아의 경우는 90일째 되는 날 들어온다는 주장을 폈는데 이는 생물학적인 근거에 따랐다기보다 단순히 명상 가운데 얻은 사변적 통찰이었습니다. 이 주장은 중간기 시대에 유대교에 들어왔고 유대교 경전인 탈무드의 입장으로 굳어졌습니다. 그 결과 신약성경 시대에 40일설, 90일설이 대세로 굳어져 있었습니다. 그러나 초대교회 교부들은 성경에서 이런 판단의 근거를 도무지 발견할 수 없었습니다. 오히려 성경은 잉태의 순간부터 태아를, 영혼을 가진 살아 있는 인간으로 보고 있음을 명확히 발견하게 됩니다. 그래서 그들은 40일설, 90일설 대신 잉태설을 주장하기 시작했습니다. 중세시대에는 토마스 아퀴나스가 아리스토텔레스의 철학을 받아들여 신학을 구축했기 때문에 40일설과 90일설이 지배적이었습니다.

그러나 성경에 충실했던 루터와 칼빈은 잉태설이야말로 올바른 성경적 관점임을 재발견하고 40일설과 90일설 대신 잉태설을 채택했습니다. 현미경이 발명되고 정자와 난자의 존재가 확인되면서 수정이 이뤄지는 시점부터 살아 있는 인간이 존재하게 된다는 관점이 생물학적으로 확립됐습니다. 로마가톨릭교회는 모든 신학적·윤리적 문제들에 대해 토마스 아퀴나스의 입장을 철저하게 추종했습니다. 그러나 다행스럽게도 인간 생명의 시작점 문제에 있어서만은 낡은 사변적 생물학에 근거한 이론이라는 이유로 40일설과 90일설을 거부하고 임신설을 채택하고 있습니다.

낙태하지 말아야 할 그 밖의 근거들

뱃속의 아기가 영혼을 가진 살아 있는 인간이요, 따라서 낙태가 살인 행위라는 이유 외에도 임신 중절을 하지 말아야 할 근거가 몇 가지 더 있습니다.

우선 원치 않은 아이를 임신한 가장 극단적인 상황, 즉 강제로 성추행을 당해 임신한 경우를 생각해봅시다. 성추행을 당했다는 사실이 낙태를 정당화하는 근거가 될 수 있을까요? 아닙니다. 뱃속의 아기가 성추행 장본인은 아니기 때문입니다. 뱃속 아기도 잉태되기를 스스로 원했던 건 아닙니다. 임산부와 마찬가지로 피해자 입장에 있습니다. 보복한다면 성추행을 한 장본인에게 해야지 아기에게 하는 것은 보복의 표적을 잘못 설정한 것입니다.

다음으로 대부분 사람들은 사생아를 낳아 키우는 삶을 불행할 것이라고 예단하는 경향이 있습니다. 물론 사생아를 낳아 평생 키우는 것은 여러모로 어려울 수 있습니다. 그러나 이는 쉽게 단정할 문제가 아닙니다. 오히려 미혼모는 인간 생명을 포기하지 않고 살려내 키운다는 도덕적 자부심으로 삶의 의욕을 가질 수 있고 남들보다 더 친밀하고 애틋한 모자 관계를 형성하며 기쁘고 즐거운 순간을 자녀와 함께 경험할 수 있습니다.

원치 않는 아기를 가졌더라도 그 아기를 외면하지 않고 열 달간의 수고와 주변의 따가운 시선을 감내하며 끝끝내 한 생명을 성인으로 키워내는 삶은 극히 숭고하고 의미 있는 삶이요, 강도 만난 이웃을 외면하지 않고 치유한 선한 사마리아인 같은 사랑의 실천입니다. 살아 계신 하나님을 믿음으로 바라본다면 아이 키우는 데 아무리 큰 어려움이 찾아온다고 할지라도 기도를 통해 하나님의 도움을 얻을 수 있을 것입니다. 한 생명을 소중히 여기는 그 마음으로 아이를 키운다면 하나님께서 모든 필요를 헤아리고 그분만의 풍부한 지혜와 경륜으로 인도하시지 않겠습니까. 원치 않는 아이를 키우는 부담에서 벗어나고 싶은 마음은 충분히 이해합니다. 특히 어린 청소년기에 성추행을 당했다거나 성적 욕구와 호기심을 이기지 못해 충동적으로 성관계를 가진 후 임신을 하게 된 경우라면 더더욱 아이 키우는 일이 부담으로 다가올 것이며 더 쉽게 낙태를 고려하게 되겠지요. 그러나 낙태가 생명을 죽이는 심각한 죄라는 사실을 기억하시기 바랍니다.

직접 키우는 것이 어렵다면 이런 아이들을 돌보는 기관에 의뢰하는 방법도 생각해 볼 수 있습니다. 이런 기관들은 출산 직후 아기를 바로 데려감으로써 어린 임산부의 육아 부담을 덜어주는 제도적 장치를 잘 마련해놓고 있습니다. 또 아이들을 책임감 있게 키우거나 적극적으로 입양을 추진해 아이들이 더 좋은 환경에서 성장할 수 있도록 돕는 기관들이 있습니다. 비록 사생아로 태어나더라도 한 인간으로서 살아갈 기회는 반드시 줘야 할 것입니다.

아마도 자매님이 임신 중절을 생각하는 중요한 이유 중 하나는 미혼모나 사생아를 위한 제도적 장치가 충분치 않다는 현실 때문일 것입니다. 미혼모는 결혼하기가 상대적으로 쉽지 않고 취업 기회도 일반 여성보다 현저히 적을 수 있습니다. 사생아는 따돌림과 상처 속에서 힘겹게 살아가는 처지가 되기 쉽고요. 이런 어두운 사회 현실이 자매님에게 큰 두려움과 불안으로 다가와 낙태를 생각하게 할 것입니다.

핀란드 같은 나라만큼은 아니더라도 이제 국내에서도 정부와 시민단체, 교회가 미혼모 육아에 대해 연대 책임을 짊어지는 방향으로 나아가고 있습니다. 미혼모도 다른 엄마들과 마찬가지로 직장 생활을 하고, 사생아도 다른 아이들과 똑같은 대우를 받으며 성장할 수 있는 제도적 장치들이 미미하게나마 마련되고 있습니다. 생계와 육아 부담을 덜어주는 기관들의 도움을 받을 수 있고 무엇보다 교회와 하나님으로부터 위로와 지지를 얻을 수 있을 겁니다. 천하보다 귀한 한 생명의 가치를 기억하고 주님 앞에서 부끄럽지 않은 선택을 하시기 바랍니다.

수정이 이뤄진 순간부터 영혼을 가진 살아 있는 인간 생명이므로 일단 아기가 들어선 이후의 낙태는 살아 있는 인간을 살해하는 죄입니다. 인간의 생명은 이 세상에서 얻을 수 있는 모든 가치의 총체보다도 무거운 것입니다. 따라서 임산부의 생명과 아이의 생명이 충돌을 일으키지 않는 한, 아이의 생명을 낙태시켜서는 안 됩니다. 비록 사생아로 태어난다 하더라도 인간으로 살아갈 기회를 박탈해서는 안 되며, 사생아를 끝까지 키워내는 일은 고귀한 사랑의 실천임을 잊어서는 안 됩니다.

22

교회생활 거부하는 자녀

Q. 자녀가 어릴 때는 교회에 다녔는데 이제는 컸다고 안 가겠다고 합니다. 교계 지도자나 교회의 실망스러운 부분들을 봐서인지 이젠 집에서 혼자 예배를 드리거나 나름대로 신앙생활을 해보겠다고 하네요. 교회 출석, 주일성수에 대해 어떻게 말해주면 좋을까요?

A. 질문하신 자녀 문제는 교회 지도자와 교회의 잘못된 모습에 실망한 데서부터 시작됐으므로 '교회와 교인의 바르지 못한 삶의 모습을 어떻게 받아들여야 하는가'의 문제부터 생각해 보겠습니다. 신앙 동료나 선배의 바르지 못한 생활에 실망하는 것은 자연스러운 일입니다. 그러나 그들에게 실망하기만 하는 것은 교회와 인간을 피상적으로 보는 데서 오는 미숙한 태도입니다.

교회는 죄인들이 모인 학교

어떤 사람은 교회를 완전히 성화된 성도들의 모임이라고 생각합니다. 그러나 교회는 성인을 모아 놓은 박물관이 아니라 죄인을 끊임없이 훈련하는 학교입니다. 성도는 예수님을 믿음으로써 속사람무의식 또는 잠재 의식의 차원에서 거듭나 거룩한 사람이 된 자들입니다. 그러나 겉 사람의식 가능한 마음과 생활 전체의 차원에서는 여전히 죄의 잔재가 있고 죄의 영향을 받아 왜곡된 모습을 드러냅니다. 겉 사람 안에 여전히 있는 죄의 잔재와 왜곡된 모습을 붙들고 씨름하면서 조금씩 제거해 나가는 과정이 바로 신앙생활이고 교회생활입니다. 이 생활은 죽는 날까지 계속됩니다. 겉 사람 속에 남아 있는 죄의 잔재를 붙들고 싸워나가는, 평생에 걸쳐서 진행되는 과정을 보지 않고, 죄와 왜곡된 생활 모습에만 집중해 어떤 성도의 상태를 단정하는 것은 성급하고 미숙한 태도입니다.

죄의 잔재와 왜곡된 생활 모습만으로 어떤 성도의 상태를 판단할 때 실수를 범하게 되는 경우를 예로 들어 설명해 보겠습니다. A는 교회 성도들에게 80점 수준의 바른 생활을 기대합니다. 그런데 교회의 B 장로가 50점 수준의 바른 생활을 보여 줍니다. 30점이나 기대에 미치지 못하자 A는 '어떻게 장로가 저렇게 살 수 있을까?'라고 생각하면서 실망합니다. 그런데 바로 이런 생각이 치명적인 오판일 수 있다는 것입니다. 왜 그럴까요? B 장로는 예수님을 믿기 전에는 30점 수준의 바른 생활을 하던 사람입니다. 그런데 예수님을 믿은 뒤에는 50점 수준의 바른 생활을 하고 있습니다. B 장로의 바른 생활 수준은 20점이나 향상되었습니다. 이 20점이 바로 복음의 힘입니다. 예수님을 믿었기 때문에 이 정도로 변화된 것입니다. 30점 수준이었던 B 장로의 과거의 모습을 모르는 상태에서 자신이 임의로 설정한 80점이라는 기준만을 갖고 B 장로를 판단한다면 B 장로가 형편없는 사람이 되지만 그가 과거에 30점이었다가 현재 50점의 생활을 하고 있다는 것을 안다면 B 장로가 이전

보다 훨씬 더 성화된 성도라는 걸 인정하게 됩니다. 따라서 이 관찰은 실망할 이유가 아니라 희망을 품을 수 있는 이유입니다.

또 다른 경우를 생각해봅시다. C 장로가 평소에는 80점 수준의 바른 생활을 했습니다. 그런데 나이가 들어 노인이 된 후에 60점 수준으로 떨어졌습니다. 그러면 C 장로는 퇴보한 것일까요? 반드시 그런 것만은 아닙니다. 사람은 나이가 들면 직장도 잃고, 친구들과 하나둘씩 헤어지고, 경제력을 잃어 가고, 몸은 여기저기 고장 나 아프기 시작하는 등 삶의 환경이 급속히 악화됩니다. 이렇게 몸과 환경이 악화되면 실망과 좌절과 고독에 더 쉽게 노출되고 자기 몸 하나 건사하기 힘들어집니다. 만일 C 장로가 신앙이 없었다면 생활수준이 30점으로 떨어졌을 것입니다. 하지만 믿음의 힘이 있었기에 현재 60점 수준을 유지하고 있는 것입니다. 따라서 C 장로의 60점짜리 바른 생활 모습은 희망의 이유가 될 수 있습니다. 신앙이 성숙해진다는 것은 단지 성경 지식이 늘어나거나 기도하는 시간이 늘어나는 것만을 의미하지 않습니다. 교회와 사람을 보는 시야도 더 따뜻해지고 깊어진다는 뜻입니다. 특히 교회와 인간의 연약성을 더 깊이 이해하고 바라본다는 뜻도 담겨 있습니다.

교회는 성도의 삶을 가르쳐주는 학교

다음으로 문제가 되는 것은 성도의 아이가 바르지 못한 생활을 하는 성도와는 한 공동체 안에서 함께 생활하고 싶어 하지 않는다는 점입니다. 물론 의도적으로 하나님의 뜻을 거스르는 생활을 하고 이로 인해 교회의 순결을 더럽히며 다른 동료 성도들에게 영적인 해를 끼치는 성도라면 바울의 권고고전 5:13에 따라서 교제를 끊어야 할 때도 있습니다. 그러나 교회가 죄인들로 구성된 공동체라는 점을 고려할 때 우리는 의인이면서도 여전히 죄인인 성도들과의 교제를 피해갈 수 없습니다. 그러면 여러 연약성과 죄성으로 번번이 실망을 안겨주는 죄인들과 교제를 계속해야 하는 이유는 무엇일까요?

첫째로, 성도의 삶을 배울 수 있기 때문입니다. 성도의 삶이 무엇인가를 배우고 또 그 삶을 실천하기 위해서는 반드시 우리를 실망시키는 동료 가운데서 살아야 합니다. 성도의 삶이 무엇일까요? 성도의 삶은 다양한 방법으로 정의할 수 있습니다만 가장 중요한 핵심은 하나님의 계명을 지키고 실천하는 삶이라고 할 수 있습니다. 그러면 하나님 계명의 핵심은 무엇일까요? 사랑의 대강령마 22:37-40과 황금률마 7:12입니다.

사랑의 대강령은 두 가지 의미를 지니고 있습니다. 하나는 호감을 받을 만한 조건이 없는 대상을 호감을 받을 만한 조건을 가진 사람으로 대우해 주는 태도입니다. 다른 하나는 자기를 철저하게 희생하고 다른 사람의 유익을 구하는 태도입니다. 황금률은 다른 사람의 입장에 서서 생각하고 행동하는 것입니다. 이 세 가지 원리를 생활 속에서 실천하는 것이 바로 성도가 살아내야 할 삶입니다. 이 세 가지 원리는 두 가지 특징이 있습니다. 하나는 반드시 다른 사람들과의 관계 안에서 고려할 수 있는 원리라는 것입니다. 홀로 골방에 머물러서는 이 원리들을 이해할 수도, 실천할 수도 없습니다. 다른 하나는 함께 어울려야 할 다른 사람이 무언가 내 마음에 들지 않는 약점이나 결함을 안고 있다는 점입니다. 호감을 받을 만한 조건을 갖추지 못한 사람, 나의 희생적인 헌신을 필요로 할 만큼 결함이 있는 사람, 자신의 입장에서 생각해 줄 것을 요청해야 할 만큼 어려운 입장에 있는 사람 등이 이 원리 실천의 대상들입니다. 약점도 없고 결함도 없고 완전히 성화된 사람이라면 구태여 이런 원리가 필요하지 않습니다.

우리는 하나님이 주신 이 소중한 원리를 이해하고 실천하기 위해서 반드시 공동체 안, 특히 내 마음에 실망을 안겨주는 사람들 사이에 들어가야 합니다. 그들을 상대로 사랑의 대강령과 황금률을 실천하는 훈련을 해야 합니다. 이런 훈련을 해나가는 가운데 우리는 성도의 삶이란 무엇인가를 터득하게 되고, 하나님의 나라가 세상의 나라와 어떻게 다른지를 알게 되고, 천국 백성다운 성품을 형성할 수 있는 것입니다.

교회 공동체에서의 훈련과 연습은 더 큰 목적을 지니고 있습니다. 교회 공동체보다 훨씬 힘들고 어려운 사회 공동체에서 성도로서의 바른 삶을 살아내기 위한 힘을 기르는 것이요, 장차 들어가서 살게 될 천국에서의 생활에 적응하는 훈련을 하는 것입니다.

모든 성도는 천상교회의 백성

둘째로, 모든 성도는 천상교회의 백성이기 때문입니다. 성도들이 반드시 교회 공동체 안에서 다른 지체와 신앙생활을 해야 하는 또 다른 이유는 교회 본질과 관련이 있습니다. 누구든 예수 그리스도를 구주로 고백하면 바로 그 순간 구원받습니다. 구원받기 위해 교회생활이 필수 조건은 아닙니다. 예수님이 십자가 달리실 때 옆에 같이 달렸던 강도는 한 번도 교회생활을 하지 않았지만 예수님께 드린 아주 미약한 신앙고백 한마디에 근거해 바로 구원을 받았습니다. 또 외진 곳에 사는 사람의 경우 교회생활을 하지 않아도 예수님을 믿으면 구원을 받습니다.

그러나 이런 특별한 경우에도 성도가 교회에서 벗어나는 것은 결코 아닙니다. 우리는 교회를 두 가지 유형으로 구분하여 이해합니다. 하나는 현세 안에서 살아가고 있는 신자들로 구성된 유형교회 또는 지상교회입니다. 다른 하나는 현세 안에서 사는 신자들뿐 아니라 과거에 죽은 신자들과 미래에 등장할 신자들까지 현재와 과거와 미래의 모든 신자를 포함하는 무형교회 또는 천상교회입니다. 여러 불가피한 사정으로 지상교회는 출석 하지 않을 수도 있습니다. 그러나 어떤 경우에도 천상교회를 피해갈 수 없습니다. 예수 그리스도를 구주로 고백하는 순간 이미 천상교회의 백성이 되는 것입니다. 우리에게 실망을 안겨 준 성도도 천상교회의 회원입니다. 따라서 우리는 우리에게 실망을 안겨준 성도와도 영원히 함께 공동생활을 해야 합니다. 지상교회에 나가지 않는다고 해서 실망을 안겨준 성도와의 만남을 피할 수 있는 것이 아닙니다.

우리는 동료 성도와의 관계가 상상 이상으로 긴밀한 것임을 잊어서는 안 됩니다. 고린도전서 12장 27절은 "너희는 그리스도의 몸이요 지체의 각 부분이라"고 말씀합니다. 이 구절은 예수님을 믿는 모든 성도가 한 몸의 지체들이라고 정의하고 있습니다. 몸 안에 있는 각 기관이 혈관, 림프관, 신경망, 경락망 등에 의해 아주 긴밀하게 연결되어 있어서 어느 한 기관이라도 몸을 떠나면 바로 죽어 버립니다. 이처럼 성도들도 그리스도의 몸인 교회의 지체이기 때문에 몸인 교회를 떠나면 바로 죽어 버리고, 한 지체인 성도가 망가지면 온 교회가 고통을 느끼고, 교회의 한 지체가 기쁜 일을 만나면 온 교회가 기쁨을 누리게 됩니다. 이것이 바로 고린도전서 12장의 몸의 비유가 말하는 것입니다. 하나님은 우리가 일단 예수님을 믿으면 이 정도로 강력한 연합관계 안에 들어가게 된다는 것을 알고 교회생활과 신앙생활을 할 것을 요구하고 계십니다. 이와 같은 하나님의 요구를 생각한다면 우리는 자신에게 실망을 조금 안겨 줬다는 이유 정도로 교회 공동생활을 외면하거나 소홀히 해서는 안 됩니다.

주일에 교회 가기는 죄로부터의 해방과 휴식

셋째로, 주일에 교회 가기는 죄로부터의 해방과 휴식이기 때문입니다. 모든 사람은 신체적인 생명을 유지하기 위해 일을 해야 합니다. 그런데 아무리 좋은 일이라도 쉬지 않고 계속한다면 몸이 견디지 못하고 병들어서 마침내는 일을 못 하고 죽음에 이르게 됩니다. 따라서 정기적으로 일을 중단하고 쉬는 것이 필요합니다. 출애굽기의 십계명은 안식일에 일을 중단하고 쉴 것을 명령하고 있습니다출 20:8-11. 그러나 진정한 쉼은 육체적인 쉼만으로는 부족합니다. 영혼도 쉬어야 합니다. 죄악으로 가득 차 있는 세상에 몸담고 살다 보면 죄를 범하게 되고 그 죄는 영혼을 병들게 합니다. 따라서 정기적으로 영혼에 묻은 죄악의 때를 닦아내고 신선한 공기를 불어 넣어 줘야 합니다. 죄로부터의 해방을 경험한다는 것은 출애굽 사건 혹은 출애굽 사건이 상징하는 예수 그리스도의 구속사건과 다시 만나는 것을 뜻합니다. 한마디로 예배를 드리는 것이 필요합니다. 따라서 신명기의 십계명은 안식일에 출애굽 사건을 기념할 것, 곧 예배를 드릴 것을 요구합니다신 5:12-15. 이 두 가지 일을 정기적으로 해야 성도는 육체와 영혼의 건강을 유지할 수 있습니다. 영혼과 육체의 전인적 안식은 예수님의 부활로 성취되었기 때문에 예수님이 부활하신 이후에는 부활을 기념하는 주일을 안식일로 지키기 시작했습니다. 하나님은 안식일 계명을 시대와 장소를 초월해 적용해야 할 보편법인 십계명 안에 두심으로써 모든 시대와 모든 장소의 성도들이 지키도록 명령하셨습니다.

또한 안식일을 지키는 것은 우리가 하나님의 백성임을 보여 주는 '영원한 표징'입니다. 다시 말해서 세상 끝날까지 세상 사람들은 우리가 주일에 노동을 쉬면서 교회에 나가 예배를 드리느냐 드리지 않느냐를 보고 우리가 하나님의 백성인지 아닌지를 판단할 것입니다. 주일날 교회생활을 하지 않고는 이 세상에 하나님 나라를 전하는 증언자가 될 수 없습니다. 따라서 성도들은 주일이 되면 반드시 노동을 중단하고 교회에 출석해 예배를 드려야 합니다. 이는 성도 개인이 하고 싶으면 하고, 하고 싶지 않으면 하지 않아도 되는 선택 사항이 아니라 모든 성도가 무조건 수행해야 하는 의무입니다.

교회는 완전한 성인들의 모임이 아니라 죄인들이 모인 훈련 학교입니다. 교회 안에서 죄인들과 함께 생활하면서 이웃 사랑하는 법, 원수 사랑하는 법, 다른 사람의 입장에 서보는 법을 체험적으로 배우고 실천할 수 있습니다. 모든 성도는 한 몸의 지체로서 긴밀한 유기적 관계 안에 있기 때문에 이 몸으로부터 떨어져 나가고자 해서는 안 됩니다. 게다가 하나님은 적어도 주일에는 일을 중단하고 교회에 모여 함께 예배하고 교제함으로써 영육간에 안식을 취하라고 명령하셨습니다. 따라서 교회에 죄인들이 있다는 것은 교회 모임을 피해야 할 이유가 될 수 없습니다.

23

건강염려증

Q. 주위에 병을 앓고 있는 분들이 많다 보니 건강에 신경이 쓰여 건강 보조 식품을 복용하고, 보신 음식을 먹으며 운동도 꾸준히 하고 있습니다. 그런데 요즘은 제가 너무 건강을 염려한 나머지 건강 보조 식품과 운동에 중독된 것이 아닌가 하는 생각이 듭니다. 매스컴에서 도 건강 염려증으로 인한 지나친 운동을 자제하라고 지적하는 것을 봤습니다. 건강에 대해 성경적으로 어떻게 생각하고 생활해야 할까요?

A. 이 문제를 다루기 위해서는 건강의 의미, 건강에 대한 적절한 관심의 정도와 건강 집착적인 관심의 차이가 무엇인가를 명확히 할 필요가 있습니다.

건강에 대한 사전적인 정의는 '몸과 마음이 아무 탈이 없이 튼튼함' 이라고 되어 있습니다. 이 사전적인 정의에서 우리가 주목해야 할 사실은 건강이 몸과 마음이 함께 고려된 전인적인 관점에서 이해되고 있다는 점입니다. 물론 인간의 영혼은 몸으로부터 기원한 것이 아니라 하나님이 창조하신 후 몸 안에 불어 넣어 주신 것으로서창 2:7, 몸과는 구별돼야 하고 육체적 죽음의 순간에도 몸으로부터 분리돼 계속해서 존재하고 활동합니다. 그러나 일단 영혼이 몸 안에서 거하는 동안에는 몸과 긴밀한 연관성 속에 있습니다.

인간이 건강의 문제에 깊은 관심을 기울이게 된 것정당한 관심이든 아니면 지나친 관심이든은 인간의 타락과 깊은 관련이 있습니다. 만일 인간이 타락하지 않고 하나님이 세상과 인간을 창조하시고 "심히 좋았더라"창 1:31라고 선언하셨던 당시의 상태 그대로 유지해 왔다면, 건강에 관한 관심이 오늘날처럼 중요한 문제로 등장하지 않았을 것입니다. 그러나 인간은 타락했고 그 이후의 상황은 이전과는 매우 달라졌습니다.

타락 이후에 인간은 하나님과의 관계가 깨지면서 엄청난 스트레스를 받게 됐고 동료 인간들과의 관계가 원활하지 않게 됨에 따라서 또 다른 스트레스를 받게 됐으며 자연과의 관계도 깨어져 생존 자체가 위협받게 되자 또 다른 스트레스 군이 추가됐습니다. 심각하게 뒤틀린 관계 안에서 영혼 곧 마음은 병들게 됐고 영혼이 병들자 영혼과 긴밀히 연관된 몸도 타격을 받아 망가지기 시작했습니다.

더욱이 타락한 이후 인간은 완전한 환경인 에덴동산에서 쫓겨나 척박한 환경에서 살게 됐습니다. 이 환경은 노아의 홍수가 지나가고 난 이후에는 급격하게 악화됐습니다. 노아의 홍수로 말미암아 일어난 변화들 가운데 가장 주목할 만한 것은 홍수 전에 지구를 감싸고 있던 수증기층이 모두 비로 쏟아져 내린 후 지구의 하늘이 뻥 뚫리게 된 것입니다. 하늘이 뚫리자 이전에는 수증기층에 의하여 차단됐던 방사선을 비롯한 우주선宇宙線들이 대기를 뚫고 지표면에까지 닿게 됐고, 이 해로운 우주선들은 지구환경을 더욱 급속하게 악화시켰다고 추정됩니다.

어느 지역은 사막이 되고 또 어느 지역은 빙하지대가 됐는데, 이런 지역들에서는 사람의 생존 자체가 어려웠습니다. 그 결과 노아 홍수 이전에는 1000년 가까이 유지되던 인간의 수명이 홍수 이후에는 100년 단위로 급격하게 줄어들었습니다. 수명의 급격한 감소는 몸에 질병이 찾아오고 노화가 앞당겨지는 등의 신체 이상이 나타나기 시작했음을 뜻합니다.

바른 건강 유지법

타락한 이후에 인간에게 찾아온 이와 같은 마음과 몸의 병을 그대로 두고는 정상적인 생활을 유지하기가 어렵습니다. 이 상황을 아시는 하나님이 병을 치유할 수 있는 대책을 마련하셨습니다. 하나님의 대책은 두 방향으로 나타났습니다. 하나는 이른바 특별은총이고 다른 하나는 일반은총입니다.

특별은총은 하나님과 인간, 인간과 인간, 인간과 자연 간의 관계를 깨뜨림으로써 마음에 큰 스트레스를 주고 그 결과 몸까지도 병들게 한 주범인 죄의 문제를 해결하는 것입니다. 죄 문제의 해결은 구속사건으로 나타났습니다. 하나님은 하나님의 독생자를 이 세상에 보내시고 모든 인류의 죄를 대신 지고 십자가에서 죽게 하셨다가 죄와 사망의 권세를 이기게 하시고 부활시키셨으며 그를 믿는 자들을 죄와 사망의 세력으로부터 해방시키셨습니다.

구속사건은 모든 질병의 가장 깊은 뿌리를 찾아 제거하는 근원적인 치료이며 건강한 삶의 궁극적인 토대를 세우는 것입니다. 그러므로 전인적인 건강은 구속사건을 받아들이고 경험하고 묵상하고 구속사건이 제시하는 방향대로 살기 위해 온 힘을 다하는 것으로부터 시작돼야 합니다.

"육체의 연단은 약간의 유익이 있으나 경건은 범사에 유익하니"딤전 4:8라는 말씀은 구속사건을 중심에 둔 영적 훈련이 마음뿐만 아니라 몸의 건강까지를 포함하는 전인적 건강의 토대가 된다는 것을 뜻합니다.

일반은총은 마음에 찾아온 스트레스와 몸에 찾아온 질병을 치료하기 위해 하나님이 마련하신 장치를 가리킵니다. 이 장치들 가운데 핵심은 의술입니다. 하나님은 인간에게 의술을 발전시킬 수 있는 재능을 주셔서 인간의 몸과 물질의 속성에 관하여 연구하게 하셨습니다. 이 연구를 활용해 신체적인 건강을 유지하도록 노력하는 것은 하나님의 구원사역에 참여하는 것을 뜻합니다.

인간이 건강하게 생활하기 위해서는 무엇보다도 먼저 경건이 범사에 유익하다는 분명한 인식을 가져야 합니다. 신실한 영적 훈련을 통해 죄문제를 해결해 하나님과의 관계를 비롯한 모든 관계를 회복하고 마음의 스트레스를 제거하는 특별은총 차원의 노력을 지속하는 게 필요합니다. 그 터전 위에서 육체적으로 약간의 유익을 주는 몸의 건강을 유지하기 위한 일반은총적인 노력을 성실하게 하는 것이 바른 건강 유지법입니다.

하나님이 허락하신 건강의 한계

하나님은 현세 안에서 인간이 누릴 수 있는 건강한 삶에 일정한 한계를 설정하셨고 인간이 이 한계를 넘는 것을 허락하지 않으셨습니다. 하나님께서는 마음과 몸의 완전한 전인적인 구원을 재림의 날까지 미루어두신 것입니다. 하나님이 정하신 이 한계는 하나님이 정하신 구속의 질서로서 인간은 이 질서를 넘어서거나 거스르려고 해서는 안 됩니다. 이 한계는 다음과 같은 두 가지 모습으로 구체화되었습니다.

첫째로, 하나님은 인간이 예수 그리스도를 구주로 영접했을 때 속사람은 죄의 세력으로부터 해방시키셨으나 겉 사람의 영역에는 죄의 잔재를 남겨두심으로써 이를 극복하기 위한 영적인 싸움을 재림의 날까지 계속하도록 하셨습니다. 계속되는 죄와의 싸움이 하나님의 백성들을 힘들게 하지만 이 과정이 성화의 과정에 유익하다고 하나님은 판단하신 것입니다. 인간은 죄의 잔재를 완전하게 극복할 때까지 투쟁해야 하지만 현세에서 자기 자신의 노력으로 완전한 성화의 단계에 도달할 수 있다고 생각하는 완전주의에 빠져서는 안 됩니다. 기독교인은 지나간 일은 잊고 하나님이 보여 주신 푯대를 향하여 부단히 나아가야 합니다.

둘째로, 하나님은 몸이 질병으로부터 완전히 해방되는 것을 재림의 때까지 미루셨습니다. 따라서 인간이 의술을 비롯한 일반은총의 모든 장치를 동원해 노력하더라도 재림의 날까지 인간에게는 여전히 극복되지 않는 질병이 남아 있을 것이며 인간의 몸은 점차 노화되어 갈 것이고 결국 육체적 죽음을 맞이할 것입니다.

인간이 노화되어 죽음에 이르는 것이 거역할 수 없는 질서라는 사실은 한 가지 유전학 정보를 알아 두면 쉽게 이해할 수 있습니다. DNA를 펼쳐 놓으면 DNA의 양쪽 맨 끄트머리에 텔로미어telomere라고 불리는 작은 영역이 있습니다. 텔로미어는 세포가 분열할 때마다 조금씩 떨어져 나가는데 텔로미어가 다 떨어져 나가면 인간의 수명이 끝납니다.

그런데 초기의 배아수정이 이루어진 후 8주째까지의 배 속의 아기를 가리키는 학명에는 떨어져 나간 텔로미어를 복원시켜 주는 유전자가 켜져 있습니다. 따라서 초기의 배아는 생물학적으로 영생할 수 있습니다. 그런데 이 유전자가 며칠 지나면 꺼지고 다시는 켜지지 않습니다. 따라서 인간은 노화되어 죽게 됩니다. 여기서 인간은 이런 유혹을 강하게 받을 수 있습니다. '이 유전자를 켤 방법을 발견하면 영원히 살 수 있지 않을까?' 그런데 유감스럽게도 이 유전자는 성인의 몸에서 정상 세포가 암세포로 전환되면 켜집니다. 그러므로 이 유전자가 꺼져 있으면 노화되어 죽고, 켜져 있으면 암에 걸려서 죽습니다.

간단히 말해서 재림의 날까지 집착적인 태도로 모든 질병으로부터의 완전한 해방을 도모하거나 노화를 막으려고 하거나 육체적 죽음을 피해가려고 하는 시도는 성공할 수 없을 뿐만 아니라 하나님의 질서를 거스르는 죄가 됩니다.

하나님이 원하시는 건강

그러면 하나님이 허락하신 건강에 관한 관심과 건강에 대한 집착을 구별시켜 주는 경계선은 무엇일까요? 그 경계선은 다음과 같은 세 가지 원리로 정리할 수 있습니다.

첫째, 먹거리의 경우에 평범한 사람들이 일상의 식사용으로 섭취하고 있는 음식의 수준에서 크게 이탈한 '특별한' 음식에 집착하는 것은 건강에 대한 정당한 관심이 아니라 건강에 대한 집착으로 볼 수 있습니다. 어느 사회든지 평범한 사람들이 평범하게 섭취하는 음식은 오랜 세월에 걸친 선인들의 경험적 지혜가 녹아 있는 것들로서 가장 무리가 없고 몸에 좋은 최상의 음식입니다.

기독교인들은 이런 수준의 식사로 자족하는 태도를 가질 필요가 있습니다. 산해진미가 아닌 일용할 양식을 구하라고 하신 예수님의 권고는 사실상 몸에 가장 좋은 음식이 곧 일용할 양식이라는 의미도 함축하고 있습니다. 이른바 미식가들이 추구하는 고급 음식을 특별한 날에 예외적으로 섭취하지 않고 주식으로 날마다 섭취하는 것은 오히려 건강에 독이 될 수 있습니다. 이런 음식은 대체로 고단백식품이거나 기름기가 많은 육류일 때가 많은데, 바로 이런 음식이 다양한 성인병의 원인이 됩니다. 건강보조식품은 검증되지 않은 것일 경우가 많은 데다가 검증됐다 하더라도 영양 과잉 섭취의 원인이 되어 오히려 몸을 더 망가뜨릴 수도 있습니다.

둘째, 몸을 보신해 주는 먹거리나 과도하게 운동에 집착하는 이유 가운데 하나는 노화되어 가는 현실을 받아들이기를 두려워하고 젊음을 계속해 유지하고자 하는 갈망 때문입니다. 갈망의 이유 가운데는 나이가 든 후에도 젊은이들처럼 성관계를 오랫동안 누려 보려고 하거나 자유 분망한 성생활을 유지하고 싶어 하는 욕구가 있습니다. 특별한 먹거리에 집착하는 것이 오히려 몸을 망칠 수 있는 것처럼 과도한 운동도 몸을 망가뜨릴 위험이 있습니다.

운동을 지나치게 하면 항산화 물질이 다량으로 분비돼 오히려 노화를 촉진할 수 있으며, 근육이 피로를 느껴 염증이 생기는 등 문제가 발생할 수 있으며 관절이 치명적인 손상을 입을 수도 있습니다.

인간이 나이가 들어서 노화의 과정이 진행되는 것은 하나님이 정해 주신 거스를 수 없는 질서라는 분명한 인식하에 마음을 열고 그 과정을 받아들이는 태도가 필요합니다. 그리고 그 과정에서 알맞게 식사량이나 운동량을 조절하는 것이 좋습니다.

또한, 나이가 들어감에 따라서 성적인 욕망이 줄어 들어가는 현실도 있는 그대로 받아들이고 나이에 맞는 방식으로 사랑을 표현하는 법을 배우는 것이 필요합니다. 60대에 들어서서도 20대와 똑같은 방식으로 사랑을 표현하는 것은 바람직하지 않습니다. 우선 몸이 감당하지 못합니다. 60대가 되면 신체적인 성관계보다는 서로 함께하는 건실한 취미 생활이나 정겨운 대화 등을 통해서 얼마든지 사랑을 표현할 수 있습니다. 나이가 들어가면서 포기할 것은 과감하게 포기하고 그 나이에 맞는 삶의 아름다움과 기쁨과 의무를 새롭게 발견해 나가는 태도가 필요합니다.

셋째, 의료적인 상식을 넘어서는 질병 치료 방식을 경계해야 합니다. 나이가 들어감에 따라서 몸의 장기도 하나씩 망가지고 장기의 기능이 서서히 저하되는 현실도 받아들이고 이에 대해 두려워하지 않는 태도가 필요합니다. 물론 적절한 음식섭취와 운동을 통해 가능한 한 노화의 속도를 늦추는 것도 필요하지만 자기 몸의 작은 부분이라도 망가질 조짐이 보이면 참지 못하고 이 병원 저 병원 전전하면서 무리하게 진료를 받고자 하는 것은 바람직하지 않습니다.

최근에 새로운 질병 치료 방식으로 줄기세포 치료가 등장하고 있는데 아직 임상효과가 검증되지 않은 것들이 대부분이어서 큰 기대를 하지 않는 것이 좋습니다. 예를 들어서 몇 년 전에 어느 대학병원에서 교통사고를 당해 척추에 부상을 입고 일어나지 못하는 환자에게 줄기세포를 주입하여 잠시 일어나서 걸을 수 있도록 한 일이 있었습니다. 그러나 이 환자는 일주일쯤 뒤에 상태가 이전보다 악화되어 그 후로는 앉지조차 못하게 됐습니다. 건강에 대해 지나치게 초조해하고 염려하면 이것이 스트레스가 되어서 새로운 질병이 생길 수 있습니다.

기독교인들은 몸의 건강에 대한 지나친 관심이 몸의 건강을 최상의 가치로 간주하는 유물론적인 태도이자 우상숭배로 변질될 수 있다는 것과 몸과 마음에 오히려 심각한 피해를 줄 수 있다는 점을 유념해야 합니다. 건강에 대한 기독교인들의 관심에도 적절한 절제가 있어야 합니다. 영적인 훈련을 통해 마음의 스트레스를 다스리고, 평범한 음식섭취와 적절한 운동을 꾸준히 하는 것이 필요합니다. 이와 동시에 몸의 기능이 저하되어 가는 현실을 받아들이며, 나이에 맞는 삶의 즐거움과 의미를 찾고, 정기적인 건강검진을 받되 무리한 치료를 절제하는 것도 필요합니다.

24

직업 선택

Q. 교구 부목사로 사역하며 성도들의 직업 상담을 자주 합니다. 많은 분이 직업으로 인해 갈등합니다. 가령 선정적 공연의 연기자로 캐스팅됐는데 연기를 하는 게 좋을지, 술집이나 복권 판매소, 대부업과 같은 직업에 종사하는 것이 성경적인지 등에 대한 고민입니다. 기독교 세계관과 충돌할 수 있는 직업 활동에 대해 어떤 성경적 지침을 제시하면 좋을까요?

A. 직업에 대한 기독교의 해석은 종교개혁을 분기점으로 달라졌습니다. 종교개혁 이전의 중세시대에는 철학적으로는 영육 이원론, 사회구조적으로는 성속 이원론이 직업에 대한 해석을 지배했습니다. 영육 이원론은 고대 희랍철학에서 기원한 것으로 영혼은 선하고 육체는 악하다는 관점입니다. 영육 이원론은 중세시대에 들어와 사회구조에 원용돼 성속 이원론을 형성했습니다.

중세시대는 사회구조를 교회 안의 영역과 교회 밖의 세속 영역으로 구분했습니다. 육체의 일을 도모하는 세속 영역은 그 자체가 악한 영역이고, 영혼의 일을 도모하는 교회 안의 영역_{주로 사제단과 수도원을 가리킴}은 그 자체가 선한 영역이라고 파악했습니다. 성속 이원론의 관점에서 보면 모든 세속적인 직업은 그 자체가 악한 것이고 성직은 그 자체가 선한 것입니다. 따라서 죄를 멀리하고 하나님께 영광을 돌리는 삶을 살기 위해서는 세속적인 직업을 버리고 성직에서 일해야 했습니다.

그러나 루터의 만인제사장론 등장을 계기로 이런 관점은 획기적인 변화를 맞이했습니다. 종교개혁자들은 교회 안의 영역뿐만 아니라 세상의 모든 영역이 하나님이 창조하시고 섭리하시는 영역이며 각각의 영역에는 하나님으로부터 받은 고유한 소명이 있다고 가르쳤습니다.

따라서 종교개혁의 전통은 신자들은 자신이 처해 있는 자리에서 하나님으로부터 받은 소명을 신실하게 수행해야 하며 이렇게 함으로써 하나님의 뜻을 실현하고 하나님께 영광을 돌려야 한다고 가르쳤습니다.

그러면 모든 세속적인 직업은 예외 없이 하나님이 주신 고유한 소명을 지니고 있을까요? 만일 아담과 하와가 타락하지 않았다면 이 질문에 쉽게 답할 수 있었을 것입니다. 그러나 타락 이후에는 상황이 달라졌습니다. 타락의 후유증이 모든 직업에 유기적이고 역동적인 모습으로 복잡하게 얽혀 있습니다. 이 실타래를 풀어내 기독교인이 선택할 수 있는 바른 직업을 분별해내는 작업은 상당한 정도의 정밀한 분석과 판단이 요구됩니다.

이에 대해 성경이 무엇을 말하는가를 살펴보는 것이 바람직합니다. 일과 관련된 성경의 두 단어는 히브리어로 하나는 '멜라카'מלאכה이고 다른 하나는 '에체브'ﬡﬤﬠ입니다.

멜라카는 창세기에서창 1:28: 2:15 사용된 단어로, 밝고 긍정적인 의미를 지니며, 칼빈이 말한 것처럼 즐겁고 기쁨이 충만하고 모든 고통과 지루함에서 전적으로 벗어난 일을 뜻합니다. 멜라카는 타락으로 인한 부패의 영향을 전혀 받지 않는 이상적이고 규범적인 일의 상태를 묘사하는 반면에 에체브는 타락 후에창 3:17-19 등장한 용어로 어둡고 부정적인 의미를 담고 있는 단어입니다. 수고, 고통, 슬픔, 괴로움 등의 의미가 내포되어 있습니다. 에체브는 일하는 것이 힘들다는 것과 일에는 타락으로 인한 부패의 영향이 반영되어 있음을 뜻합니다.

직업 선택의 지침들

편의상 '일의 스펙트럼'을 그려 보는 것이 도움이 될 것 같습니다. 이 스펙트럼의 왼쪽 끝에는 순수한 이상적 상태의 멜라카가 자리 잡고 있고, 오른쪽 끝에는 죄에 완전하게 지배당한 에체브가 자리 잡고 있습니다. 모든 일은 이 스펙트럼의 어딘가에 배치되어 있습니다.

첫째로, 가장 극단적인 경우부터 생각해보겠습니다. 타락한 세상 안에는 100% 완전한 멜라카는 존재하지 않습니다. 그러나 일체의 보상을 바라지 않고 오직 하나님과 타인만을 위하여 순수하게 하는 봉사의 일바울의 자비량하는 선교사역이나 무료진료나 구제 및 자선활동 등은 왼쪽 끝에 위치한 이상적인 상태의 멜라카에 가장 근접한 일로 간주될 수 있습니다. 반면에 마약밀매라든가, 사창私娼과 도박 등은 오른쪽 끝에 위치한, 완전히 타락한 에체브에 근접한 일들로 기독교인들이라면 절대로 손대서는 안 되는 일입니다.

둘째로, 첫 번째 경우에 제시된 극단적인 경우를 제외하면 많은 일에는 멜라카와 에체브의 요소들이 다양한 양상으로 혼재합니다. 직업들 가운데는, 하나님께 받은 소명이 있어 기쁘고 즐거운 마음으로 수행할 수 있다는 점에서 멜라카임이 분명하고 동시에 열심히 일해야만 적절한 보수가 주어진다는 점에서 긍정적인 의미로 에체브의 특성을 갖추고 있는 일들이 있습니다. 이 경우는 일하는 사람이 일 그 자체를 좋아하고 적성에 맞아 힘들어도 즐거운 마음으로 할 수 있습니다. 이는 직업 선택의 가장 바람직한 경우입니다.

사회의 전 영역에 이런 바람직한 일자리들이 있습니다. 화이트칼라의 일자리들_{법조인, 의료인, 기업 경영인, 교수나 교사들, 고위 공무원들, 기타 전문적인 직종}뿐만 아니라 블루칼라의 일자리들_{자동차 정비업, 택시나 버스 기사, 환경미화원, 소규모 자영업 등}에도 이런 일자리가 넓게 열려 있습니다. 일 그 자체가 사회의 공익을 증진시키는데 도움이 되며 일하는 자의 적성과 기호와 능력에 맞고 생계유지에 필요한 적절한 보수가 주어진다면, 비록 조금 힘들어도 즐거운 마음으로 보람을 느끼면서 일할 수 있습니다. 기독교인들은 할 수만 있으면 이런 일자리를 찾아야 합니다.

셋째로, 일 자체는 하나님을 기쁘시게 해드리는 일이지만 적성이나 기호에 맞지 않아 일할 때 별로 흥이 나지 않고 자신과 가족의 생계유지를 위해 어쩔 수 없이 일해야 하는 경우가 있습니다. 이 경우는 멜라카가 부분적으로 반영되고 긍정적인 의미의 에체브도 반영된 경우입니다. 물론 기독교인은 할 수만 있으면 적성과 기호에 맞는 일자리를 찾아야 하지만 사회적 현실이 허용하지 않는 경우가 있습니다.

예컨대 법관이 되고 싶지만 당장 가족의 긴급한 필요에 부응해야 하는 경우가 있습니다. 이 사람은 부득이하게 마음의 꿈을 접고 자신이 원하지 않는 일자리에서도 일해야 합니다. 이때는 자신의 적성과 기호에 맞춘다는 가치판단과 자신과 가족들의 생계를 유지한다는 가치판단이 충돌을 일으키는 경우입니다. 윤리적으로 보았을 때 이 두 가치 중에서 생계유지의 가치 곧 생명보존의 가치가 더 우선하므로 적성에 안 맞더라도 가족의 생계유지를 위하여 일하는 것은 정당화될 수 있습니다. 이들은 '먹고 살려니까 이 일이라도 하지 않을 수 없다'라는 생각으로 일합니다. 택시 기사들이 이 경우에 해당될 수 있습니다. 그러나 가족들의 생계유지를 위해 흥이 나지 않고 힘에 겨운 일도 묵묵히 해 가는 모습은 매우 숭고한 태도입니다.

가족의 생계유지는 하나님께서 일에 두신 중요한 목적 가운데 하나입니다. 이런 상황에서 하는 일이 결코 무의미하기만 한 것은 아니며 일 그 자체에 하나님이 주신 고유한 소명을 확인시켜 줌으로써 일의 의미와 보람을 찾도록 할 필요가 있습니다.

예컨대, 환경미화원들이 하는 일은 전형적인 3D 업종입니다. 그러나 생활 쓰레기 처리 업무는 쾌적한 환경을 위해 반드시 필요한 일입니다. 이 일이 낮은 자리에서 이웃을 섬기는 숭고한 업무라는 사실을 확고하게 인식한다면 일에 대한 자부심과 의미와 보람을 찾을 수 있습니다.

넷째로, 일 중에는 하나님으로부터 받은 개인적인 소명에 부합하고 적성에도 맞아 즐거운 마음으로 행할 수는 있지만 하나님이 세우신 질서에 어긋나는 요소를 내포하고 있는 일들이 있습니다. 예를 들어서 하나님은 안식일에는 일하지 말라는 명령을 주셨는데 일의 성격상 이 명령을 거스를 수밖에 없는 일들이 있습니다.

원자력발전소나 철강 생산공장의 일은 일주일 내내 기계 가동을 합니다. 기계작동을 중단하는 것이 위험하고 다시 작동시키는데 어마어마한 경비가 들어가고 또 효율도 크게 떨어집니다. 항공기 운항이나 열차 및 대중교통 운행은 안식일에도 계속해야 합니다. 또한 국방 의무 수행으로 경비 근무를 할 때는 주일을 지키기 어려운 때도 있습니다.

물론 기독교인은 가능하면 주일을 지킬 수 있는 직장을 모색하는 것이 바람직합니다. 그러나 한 국가나 사회를 형성하는 중요한 직종들로부터 기독교인들이 모두 철수하는 것은 너무나 소극적인 생각과 태도입니다. 힘들고 고민이 되더라도 현장에서 기독교인으로서 살아남는 방법을 적극적으로 모색해야 합니다. 주일에 일해야 한다면 같은 회사에 근무하는 기독교인들과 함께 예배를 드리는 것으로 신앙을 지켜내는 것도 한 방법입니다.

직업에서 죄의 영향을 분별하는 지혜

다섯째로, 하나님이 주신 소명과 에체브의 부정적 특성, 곧 죄의 영향이 잘 구분이 되지 않을 만큼 혼재해서 기독교인이 해도 될 것 같기도 하고 해서는 안 될 것 같은 혼란스러운 일자리가 있습니다. 이런 경우는 일자리마다 개별적으로 그 성격과 특징들을 분별해 신중하게 판단해야 할 것입니다. 노래방은 시민들이 자신들의 삶의 고달픔과 애환을 정서적으로 해소할 수 있는 장이 될 수 있으며, 노래방 운영자는 이를 통해 생계를 꾸려갈 수 있습니다. 시민에게 노래를 통해 정서적인 카타르시스를 준다는 것은 일반은총적인 의미가 있습니다. 다만 폐쇄적 공간인 노래방이 부당한 성적인 접촉의 장이 된다거나 술을 마시는 장소로 둔갑한다면 문제가 됩니다. 이 경우에는 노래방 운영지침을 손님들에게 사전에 공지하는 것이 필요합니다.

또한 기독교인이 드라마 시나리오를 집필할 때 지나치게 선정적인 장면이나 불륜, 동성애 장면 등을 삽입할 때 문제가 될 수 있습니다. 이 경우에는 드라마 전체의 맥락을 고려할 필요가 있습니다. 그 의도가 동성애를 미화시키고 장려하는 데 있는 것이라면 이런 장면을 넣어서는 안 되며 외부에서 이런 장면을 넣도록 압력을 가할 때는 항거해야 합니다. 그러나 이런 장면이 다만 사람이 살아가는 삶의 모습을 묘사하는 정도에 그치고 드라마의 목적도 이런 장면을 장려하는 것이 아니라면 허용될 수 있을 것입니다.

마지막 여섯째로, 사회적으로 묵인되나 멜라카는 아닌 것이 분명하고 부정적인 에체브의 성격이 뚜렷한 일자리들이 있습니다. 기독교인들은 이런 일자리들을 선택해서는 안 됩니다. 땀을 흘려 열심히 일하지 않고 불로소득을 벌어들이고자 하는 일자리들이 이 범주에 해당하는 전형적인 것들입니다. 부동산투기, 왜곡된 주식투자, 다단계 판매 등을 예로 들 수 있습니다.

부동산투기는 본인이나 가족들이 살지 않을 집을 사 놓았다가 가격이 오르면 팔아서 차익을 챙기는 방법으로 부를 획득하려는 시도로서 사회에 해악을 끼치는 왜곡된 경제행위입니다. 부동산투기로 서민들의 내 집 마련이 더 힘들어지고, 젊은이들의 경제적 독립이 어려워지면서 젊은이들의 결혼연령이 점점 늦어지고 있습니다. 주식투자에 대해서는, 기독교인이 산업계의 발전을 돕고 산업 활동의 결과로서 생긴 이윤을 정당하게 나누어 받는다는 생각을 한다면 허용될 수 있습니다.

그러나 시세차익을 노리고 투자한다면 일종의 도박행위가 되는 것이므로 허용될 수 없습니다. 다단계 판매는 A가 회사의 물건을 B에게 판매를 하면 수입금 중의 일부를 A가 이윤으로 취하는 방법인데 근본적으로 불로소득에 기반을 둔 왜곡된 경제행위입니다.

기독교인은 "누구든지 일하기 싫어하거든 먹지도 말게 하라"살후 3:10는 바울의 권고를 따라서 성실하게 일을 하고 그 일한 대가로 생계를 유지할 수 있어야 합니다. 기독교인은 정당하지 않은 이유로 불로소득을 추구해서는 안 되며, 이웃에게 해를 끼치는 것이 명확한 직업을 선택해서는 안 됩니다. 기독교인은 가능한 한 주일 지키기를 보장해 주는 일자리를 찾되, 일의 성격상 불가피한 경우에는 주일에 일터에서 혼자라도 예배와 기도와 말씀 읽기 등을 유지하는 방법으로 영성을 잃지 않도록 노력해야 합니다.

성도와 목회자의
경제생활,
어떻게 할까요?

25

십일조

Q. 경제적으로 어려운 성도가 있습니다. 교회에서는 십일조를 우선순위로 떼어놓으라고 하지만 도저히 그럴 형편이 안 되는 분입니다. 가끔은 순종하겠다며 빚을 내 십일조를 하기도 합니다. 순종의 마음과 의무감 그리고 현실적인 여건 사이에서 갈등하는 성도에게 어떤 말로 권면하면 좋을까요?

A. 위 상황에서 고민하는 성도의 문제는 세 가지로 요약할 수 있습니다.

첫째, 경제적 형편이 어려워서 일상생활이 힘겨운 상황에도 반드시 십일조에 해당하는 금액을 떼어내어 헌금으로 드려야 하는가?

둘째, 십일조는 돈이 없을 경우에 빚을 내면서까지 준수해야 할 헌금원리인가?

셋째, 십일조의 명령은 의무감을 갖고 시행해야 할 명령인가?

이 질문들은 십일조에 대한 성경의 가르침을 올바르고 충분하게 이해하지 못했기 때문에 나오는 것들입니다. 신약과 구약에 제시된 십일조와 헌금에 대한 가르침을 바르게 이해하면 이런 문제들은 자연스럽게 해소될 수 있습니다.

먼저 성경 전체에 제시된 십일조에 대한 가르침을 문맥과 구속사의 맥락 안에서 소개함으로써 십일조에 대한 성경 가르침의 전체적인 틀이 어떠한지를 제시한 후에 이 틀 안에서 위 문제들에 답하겠습니다.

아브라함과 야곱의 십일조, 자발적인 감사의 표현

인간이 일하는 중요한 수단인 손가락이 열 개라는 점은 고대 인류사회의 문화를 형성하는 데 큰 영향을 끼쳤습니다. 고대 근동문화에서 숫자계산을 할 때 십진법을 사용했다거나 고대 근동의 왕국들이 세금이나 종교적인 헌금을 거둘 때 관행상 10분의 1을 거뒀다는 것이 좋은 예입니다.

최초로 십일조를 헌금으로 드린 사례는 창세기 14장 17-24절에 등장합니다. 이 본문에 따르면 아브람은 롯을 구해내는 전쟁에서 승리한 후 당시 살렘 왕이자 여호와 하나님의 제사장이던 멜기세덱에게 전쟁에서 얻은 전리품 중에서 10분의 1을 드렸습니다. 전리품 중에서 10분의 1을 신전을 관할하는 제사장에게 바치는 것은 당시 이방 왕국에서 통용되던 관습이었습니다. 다른 왕국 사람들이 자기 신에게 10분의 1을 바친 것처럼, 아브람은 여호와 하나님에게 승리에 대한 감사의 표현으로서 십일조를 드렸던 것입니다.

아브람이 바친 십일조는 세 가지 특징을 지니고 있습니다.

첫째, 하나님이 10분의 1을 바치라고 요구하신 것이 아니라 아브람이 자발적으로 10분의 1을 드렸습니다. 하나님은 어떤 헌금의 기준도 제시하지 않으셨습니다. 다만 하나님께 어느 정도 헌금을 하는 것이 좋을까를 고민하던 아브람이 당시 이방 사회에서 10분의 1을 드리는 것을 본받아서 10분의 1을 드린 것입니다.

둘째, 아브람은 미래의 축복을 받아 내려는 목적으로 드린 것이 아니라 이미 받은 축복에 대한 감사의 표현으로 드렸습니다.

셋째, 아브람은 전 재산의 10분의 1을 드린 것이 아니라 전리품의 10분의 1을 드렸습니다. 다시 말하자면 벌어들인 소득의 10분의 1을 드렸다는 뜻입니다.

두 번째 십일조에 대한 기록은 창세기 28장 10-22절에 나옵니다. 이 본문을 보면 야곱이 브엘세바를 떠나 하란으로 향하여 가던 중 꿈을 통해 하나님을 만나고 그곳 이름을 벧엘이라 명명한 뒤 그곳에서 일어나 하나님 앞에 서약하는 장면이 나옵니다. 야곱은 하나님이 하란 생활을 끝내고 무사히 고향 집으로 돌아올 수 있도록 인도해 주시면 감사의 표현으로서 하나님이 주신 모든 것에서 10분의 1을 드리겠다고 서약합니다.

야곱의 십일조 서약은 두 가지 특징을 보여 줍니다.

첫째, 이때도 하나님은 야곱에게 십일조를 바치라는 요구를 하지 않으셨습니다. 십일조를 바치겠다는 서약은 철저하게 야곱이 자발적으로 행한 것이었습니다.

둘째, 그러나 야곱이 십일조를 바치기로 서약한 뒤에는 상황이 달라집니다. 야곱이 서약을 한 이후에는 십일조를 바치는 것은 마땅히 해야 할 의무가 되었습니다. 아마도 이때부터 야곱의 후손들에게는 야곱이 서약한 대로 십일조를 바치는 의무가 전통이 되어 내려온 것 같습니다. 하나님 앞에서 한 서약은 반드시 지켜야 하기 때문입니다.

모세 시대부터 십일조 의무화

세 번째로 십일조에 관한 규정이 등장하는 곳은 레위기 27장 30-33절입니다. 이 본문에서는 십일조에 관한 규정이 서약을 다루는 내용 가운데 포함되어 있습니다. 이는 야곱의 십일조 서약이 모세 시대까지 전통으로 유지되어 왔음을 뜻합니다. 하나님은 이 본문에서 십일조 서약을 공식으로 승인하고 모든 이스라엘 백성들이 지켜야 할 의무로 선언하십니다. 이때부터 이스라엘 백성들은 의무적으로 십일조를 하나님께 드려야 했습니다. 아브라함과 야곱에 의하여 자발적으로 시작된 십일조가 모세에 의하여 의무로 전환되었습니다. 이 본문의 십일조 규정에서 두 가지 특징에 주목할 필요가 있습니다.

첫째, 하나님은 십일조를 "여호와의 성물"이라고 선언하셨는데레 27:30, 이 말은 10분의 1은 하나님의 것이고 나머지는 사람의 것이라는 뜻이 아닙니다. 고대 근동의 제사의식이나 이스라엘의 제사의식에서 10분의 1은 전체를 대표하는 것으로 10분의 1이 하나님의 것이라는 말은 전체가 다 하나님의 것임을 뜻합니다. 10분의 1을 헌물로 바치는 행위는 모든 것이 하나님의 것임을 고백하고 기억한다는 의미입니다. 이것이 바로 헌금의 정신입니다. 헌금을 드릴 때 우리는 우리가 가진 모든 것이 하나님의 것이요, 따라서 하나님의 뜻에 따라서 사용할 책임이 있음을 고백하게 됩니다.

둘째, 본문 32절에 보면 "모든 소나 양의 십일조는 목자의 지팡이 아래로 통과하는 것의 열 번째의 것마다 여호와의 성물이 되리라"고 되어 있습니다. 이 말은 목자의 지팡이 아래로 소나 양을 지나게 하여 열 번째 되는 소나 양을 십일조로 바치라는 말이므로 소나 양의 수가 열이 되지 않는 경우에는 십일조를 드려야 하는 의무로부터 면제된다는 뜻입니다. 즉 소유한 산물이 너무 작은 가난한 자들은 십일조를 드리지 않아도 됐습니다.

네 번째로 십일조에 관한 규정이 등장하는 곳은 민수기 18장 20-32절입니다. 이 본문은 다시 두 부분으로 구성됩니다. 첫 번째 부분인 20-24절에는 백성들이 드리는 십일조를 레위인의 생활비로 주게 되어 있습니다. 이스라엘 백성들이 가나안 땅에 들어갈 때 다른 지파에게는 땅을 주었으나 레위인에게는 땅을 주지 않았습니다. 레위인의 생계는 다른 지파가 낸 십일조로 해결해야 했습니다. 둘째로 25절에서 32절을 보면 레위인들은 십일조를 받은 다음 받은 돈에서 다시 십일조를 떼어 성막에서 일하는 제사장들에게 주도록 했습니다. 이처럼 십일조는 제사에 관련된 일에 전념할 수 있도록 땅을 받지 못한 레위인에게 생계를 지원하고 성막이나 성전에 관련된 비용을 충당하는 목적으로 사용되었습니다. 이 말을 현대적으로 해석하면 십일조는 교역자들과 교회의 운영에 필요한 경비를 충당하는 데 써야 한다는 것을 의미합니다.

다섯 번째로 십일조에 관한 규정이 등장하는 곳은 신명기 12장

1-19절과 14장 22-29절, 26장 12-15절입니다. 신명기 12장 1-19절에
서는 이스라엘 백성들이 제사 드리기 위하여 모일 때 음식을 만들어
먹는 일에도 십일조를 사용하도록 했습니다. 특히 신명기 14장 22-29
절에서는 3년 차에 드리는 십일조는 전액을 공동체 안에 있는 가난한
사람을 위하여 사용하도록 특별히 규정했습니다. 14장 29절과 26장
15절에서는 십일조를 드리는 자들에게 하나님이 범사에 축복해 주신
다는 사실을 분명히 했습니다.

구속 사역 완성 후 십일조의 제도보다 '정신' 강조돼

하나님께서는 십일조 제도가 이방 관습으로부터 기인한 것임에도
불구하고 이스라엘 백성에게 공적으로 허용하셨습니다. 그 이유는 이
제도의 시행이 하나님을 예배하는 일을 재정적으로 도울 뿐 아니라 분
깃 없는 레위인과 가난한 사람을 경제적으로 도와줌으로써 하나님을
바르게 섬기는 평등하고 정의로운 공동체로 만드는 일에 기여하기 때
문입니다. 따라서 십일조는 하나님을 향한 사랑과 이웃을 향한 긍휼,
그리고 평등을 추구하는 정의의 마음을 제도적으로 표현한 것이며 인
간의 모든 소유가 하나님의 것임을 고백하는 것입니다.

그러면 십일조는 신약시대에도 그대로 유지되는 것일까요? 마태복
음 23장 23절에서 예수님은 십일조 그 자체를 반대하지 않으시고 다
만 바리새인들이 구약성경이 규정한 것보다 더 철저하게 십일조 생활
을 하면서도 십일조의 근본정신인 사랑과 정의의 마음을 잃어버린 것
을 책망하셨습니다. 예수님이 십자가 위에서 구속 사역을 성취하시기
전까지를 옛 언약의 시대라고 하는데 옛 언약의 시대에는 십일조 제도

가 그대로 유지되었습니다. 아직 성전제사가 진행되고 있었고 이 제사를 위하여 레위인이 일을 하고 있었기 때문입니다.

그러나 예수님이 십자가 위에서 구속 사역을 완성하신 후에는 십일조 제도가 보다 풍부한 새로운 헌금제도로 발전되어 갑니다. 십일조 제도는 모세의 율법 가운데 의식법에 속해 있는데, 의식법은 예수 그리스도의 구속 사역이 완성된 이후에는 문자 그대로 지킬 필요는 없는 법입니다. 바울은 10분의 1을 바치는 형식에 매이지 않고 십일조 제도에 담긴 정신을 살려내는 데 집중했습니다. 우선 고린도전서 16장 2절을 보면 "매주 첫날에 너희 각 사람이 수입에 따라 모아 두어서"라는 구절이 있습니다. 이 구절은 우선 매 주일 첫날 곧 주일에 '정기적으로' 헌금을 하도록 명령하고 있습니다. 또 "수입에 따라 모아 두"라는 말은 들어오는 수입에 비례하여 일정한 분량을 떼어 놓으라는 뜻입니다.

그러면 일정한 분량은 어느 정도일까요? 물론 본문에는 뚜렷한 언급이 없지만 바울은 십일조를 염두에 두었음이 분명합니다. 그러나 바울은 "10분의 1"을 규정하지 않았습니다. 마지막으로 고린도후서 8장 2절에서 바울은 극심한 가난 속에 있는 성도들도 풍성한 연보를 넘치도록 했다는 점을 강조합니다. 바울은 가난하다고 해서 헌금을 하지 않아도 좋다는 말을 하지 않았습니다. 바울은 극심한 가난 속에 있는 성도들도 넉넉한 마음으로 헌금을 할 것을 강조하고 있습니다. 바울은 힘에 지나칠 정도의 헌금도 자원하는 마음으로 고후 8:3 할 것을 권고하고 있으며 어떤 정해진 규칙에 따라서가 아니라 '마음에 정한 대로' 인색하지 않고 즐겨내는 태도로 헌금을 하라고 권고합니다.

이 같은 바울의 권고를 잘 들어 보면 바울은 십일조를 신약시대 신자들의 헌금의 최대치가 아니라 최소치라는 생각을 마음속에 갖고 있지 않았나 하는 추정을 가능하게 합니다. 바울은 이렇게 힘을 다하여 헌금을 하는 목적은 교회 공동체를 보다 평등하고 정의로운 공동체로 만들기 위한 것임을 밝히고 있습니다고후 8:13-15. 이런 마음가짐으로 헌금을 하는 자들에 대해서는 하나님이 모든 은혜를 넘치게 하시고 풍성함으로 채워 주실 것이며고후 9:8,11, 그의 의가 영원토록 있을 것이라고 약속하셨습니다고후 9:9.

소득에 대해서만 적용해야

이제 성경이 말하는 십일조관의 전체적인 윤곽을 말씀드렸으므로 이 내용에 근거하여 앞에서 제기된 세 가지 질문들에 대해 답변을 하겠습니다. 세 가지 질문에 대하여 구체적인 답변을 하기 전에 신약시대의 헌금의 큰 원리를 분명히 확립해 두는 것이 필요합니다. 신약시대에는 모세 시대처럼 십일조가 강제적인 의무조항은 아닙니다. 그러나 헌금 생활에서 총소득의 어느 정도를 드리는 것이 타당한가 하는 문제에 봉착하게 될 때는 '10분의 1을 떼는 방식'이 가장 적절하다고 생각합니다.

첫 번째 질문은 '경제적 형편이 어려워서 생계를 꾸려가기에 급급한 상황에도 십일조를 떼어서 헌금으로 드려야 하는가'입니다. 이 질문에 대해서 저는 두 가지 관점에서 답변하겠습니다. 첫째, 레위기의 십일조 규정에서 소나 양의 십일조를 드릴 때 9마리까지는 십일조를 하지 않아도 되는 규정을 고려할 때 생계가 위기에 봉착할 만큼 어려운 경우는 십일조를 떼지 않아도 무방하다고 생각됩니다. 둘째, 그러나, 우리는 초대교회 성도들이 '극심한 가난' 가운데서도 사실상 십일조를 능가하는 넉넉한 헌금을 했다는 사실을 상기시키는 바울의 의도가 무엇인지 읽어낼 필요가 있습니다.

가난한 중에도 넉넉하게 헌금을 하면 살아계신 하나님이 어떤 방법으로든 축복하시고 넉넉하게 채워 주신다는 믿음을 갖고 적극적으로 헌금 생활에 임하라는 도전을 가난한 성도들에게 하고 싶습니다. 사렙다의 과부는 자기와 아들이 한 끼 먹을 것밖에 남지 않은 극한 상황 속에서도 그 한 끼 남은 음식을 헌금으로 드리지 않았습니까? 그러자 하나님께서 기적적으로 축복해 주시지 않았습니까?

두 번째 질문은 '돈이 없을 경우에 빚을 내면서까지 십일조를 드려야 하는가'입니다. 이 질문에 대해서는 절대로 그럴 필요가 없다고 답변할 수 있습니다. 십일조는 벌어들인 소득에 대해서만 부과되는 것이지 벌어들이지 못한 부분에까지 부과되는 것은 아니기 때문입니다.

세 번째 질문은 '십일조는 의무감을 가지고 시행해야 하는 명령인가' 하는 것입니다. 이 질문에 대해서는 십일조를 시작한 아브라함이나 야곱이 철저하게 자원하는 마음으로 십일조를 드렸다는 점을 강조하고자 합니다. 또 모세 시대에도 십일조를 포함한 헌금은 자원하는 마음으로 드리게 했으며 신약시대에도 자원하는 마음으로 헌금을 드리게 했습니다. 이 사실들을 고려할 때 십일조 헌금은 자원하는 마음으로 드리는 것이 원칙이라고 말씀드릴 수 있습니다.

십일조 제도는 이방관습에서 유래한 것이지만 하나님의 백성들이 십일조를 헌금 드리는 방식으로 이용하기 시작한 것을 하나님이 기쁘게 허락하신 제도입니다. 벌어들인 소득에 대해서만 드리게 되어 있는 십일조 헌금은 자원하는 마음으로 드리는 것이 원칙입니다. 십일조는 헌금의 표준으로서 가장 적절하다고 볼 수 있으나 이 말은 헌금의 최대치가 아닌 최소치로서 적절하다는 뜻으로 해석해야 합니다. 십일조는 내가 벌어들인 소득 전체가 하나님의 것임을 고백하는 마음으로 드려야 하며, 생활이 어려울 때는 십일조를 드려야 할 의무에 매일 필요는 없으나, 하나님께 넉넉하게 드리는 것은 하나님의 기적적인 넉넉한 은혜를 받는 축복의 길임을 유념할 필요가 있습니다.

26

온라인 헌금

Q. 십일조나 주일 헌금을 깜빡 잊어버릴 때가 있어서 자동이체로 해 놓을까 생각하고 있습니다. 그렇지만 어릴 적부터 어머님이 지폐를 새것으로 바꿔 봉투에 정성껏 담아 헌금하셨던 것을 봐온 터라 이렇게 '편리하게' 헌금해도 괜찮을까 싶습니다. 자동이체, 계좌이체, 홈페이지에서의 온라인 헌금 등을 어떻게 생각하면 좋을까요?

A. 예배는 다양한 방법으로 정의될 수 있겠지만 이 모든 정의의 중심에는 하나님께서 인간을 위하여 행하신 은혜의 사역에 대하여 감사를 표현한다는 의미가 자리 잡고 있습니다. 예배는 이 의미를 살리기 위해 두 가지 틀을 갖춰야 합니다.

우선 하나님께서 인간을 위하여 행하신 은혜의 사역을 소개하는 시간이 있어야 합니다. 이 시간은 설교로 표현됩니다. 설교 시간에는 하나님이 이 세상과 더불어 인간을 창조하시고 이 인간들이 생명을 유지할 수 있도록 은혜를 베푸신다는 사실을 선포해야 하며, 동시에 타락한 인간을 구원하시기 위해 예수 그리스도를 이 땅에 보내고 십자가의 죽음 뒤 부활하게 하신 구속의 은혜를 선포해야 합니다.

다음으로는 하나님이 행하신 은혜에 대한 인간 편에서의 감사의 표현이 있어야 합니다. 감사의 표현은 세 가지 방식으로 이루어집니다.

하나는 회개와 결단의 기도입니다. 하나님의 특별한 은혜는 인간이 범한 죄 때문에 주어지는 것이므로 이 특별한 은혜를 체험하기 위해서는 회개의 시간이 있어야 합니다. 죄에 대한 회개가 예배자의 과거를 향한 것이라면 결단의 기도는 예배자의 미래를 향한 것입니다. 예배자는 결단의 기도를 통해 하나님의 은혜를 받은 자로서 하나님의 뜻에 부합하는 바른 삶을 살아야겠다는 결의를 다집니다.

다음은 찬양입니다. 찬양은 우리의 입을 열어서 하나님의 은혜에 대해 감사를 표현하는 것입니다.

또 다른 하나는 헌금 또는 헌물을 드리는 것입니다. 재물이 있는 곳에 마음이 있으므로 헌금 또는 헌물은 물질로 하나님의 은혜에 대해 감사의 마음을 표현하는 것입니다.

회개와 결단의 기도, 찬양, 헌금 – 이 세 가지 요소들이 하나님께서 인간을 위하여 행하신 은혜의 사역을 소개하는 설교와 통합될 때 예배는 온전한 예배가 됩니다. 헌금은 예배를 구성하는 중요한 요소들 가운데 하나입니다.

시대와 장소에 따라 예배의 형식은 변할 수 있어

앞에서 말씀드린 예배의 구성요소들은 시대와 장소를 초월해 모든 시대의 모든 예배들이 갖추어야 할 본질적인 내용입니다. 그러나 이 본질적인 내용을 담는 예배의 형식은 시대와 장소가 달라지면 바뀔 수가 있습니다. 가장 결정적이고 극적인 예배형식의 변화는 출애굽 사건을 기념했던 구약의 예배형식과 예수님이 십자가 위에서 죽으셨다가 부활하신 신약시대의 예배형식입니다. 하나님의 구속 사역을 기념하고 찬양하고 감사한다는 점은 동일하나 구약의 예배는 출애굽 사건을 기념하고 신약의 예배는 십자가 사건을 기념합니다.

이와 같은 변화는 예배의 구성요소들 가운데 하나인 헌금의 방식도 시대와 장소와 문화적 환경에 따라 바뀔 수 있음을 시사해 줍니다. 예컨대 농경사회에서는 수확으로 거둔 농산물을 헌물로 드릴 수 있고 목축업을 하는 사회에서는 가축을 헌물로 드릴 수 있습니다. 화폐경제가 보편화된 시대에는 헌물이 물품에서 화폐로 대체되었습니다. 한국교회에서는 얼마 전까지만 해도 밥을 할 때마다 십 분의 일을 떼어서 모았다가 성미로 드리는 관행이 있었는데, 근래에는 집에서 밥을 해 먹는 횟수가 크게 줄어들었을 뿐만 아니라 식단도 다양해져서 성미를 모으는 것이 별 의미가 없어졌습니다. 그 결과 성미를 드리는 교회가 점차 자취를 감추고 있습니다.

사회의 경제활동 방식이 변하면서 헌금방식에도 일정한 변화가 찾아오는 것은 불가피합니다. 물물교환경제로부터 화폐경제로 변화한 경제구조는 최근에 이르러서는 컴퓨터와 인터넷이 결합한 신용경제구조로 급격한 변화를 겪고 있습니다. 요즈음은 월급을 현금으로 받는 경우는 거의 없으며, 일상생활의 소규모 거래를 제외하고는 현금을 주고받는 방식의 거래는 현저하게 줄어들었습니다. 이와 같은 경제구조 변화에 부응해 헌금방식에 변화를 준 대표적인 교회로는 네덜란드 교회를 들 수 있습니다.

네덜란드 교회 예배에 처음 참석했을 때 제가 놀란 것은 교인들이 화폐로 헌금하지 않는 것이었습니다. 그들은 화폐 대신 우리나라 500 원짜리 동전 정도 크기의 둥근 플라스틱 표를 예배 전에 미리 구입해 뒀다가 예배 중에 헌금 바구니에 하나씩 넣었습니다. 이 플라스틱 표 는 당시 우리나라 돈으로 500원 정도에 해당하는 1길더 가치의 돈표 입니다. 저는 미리 구입한 돈표로 헌금하는 장면이 낯설었을 뿐만 아니 라 네덜란드 교인들은 일주일에 이 정도밖에 헌금하지 않는가 하는 궁 금증이 들었습니다. 네덜란드 교회는 해외 구제에 많은 헌금을 사용하 는 것으로 정평이 나 있는 교회인데 말입니다. 나중에 알고 보니 네덜 란드 교인들은 연초에 1년 치 헌금 총액을 미리 작정한 후 자동이체로 설정해 놓고, 예배 시간에는 헌금하는 의식을 치르는 정도로 그쳤습니 다.

미래의 경제구조는 화폐경제로부터 컴퓨터와 인터넷에 기반을 둔 신 용경제구조로 점차 전환되어 가다가 언젠가는 완전히 신용경제구조로 전환될 것입니다. 그러나 현재는 화폐 경제구조가 기반을 이룬 상태에 서 신용경제구조를 활용하는 상황이므로 헌금방식도 두 방식을 혼용 하거나 아니면 두 가지 방식 가운데 어느 하나를 자유롭게 선택해도 무방하리라고 봅니다. 헌금을 화폐 형태로 드릴 것인가 아니면 온라인 형태로 드릴 것인가 하는 문제는 성도들이 처한 상황과 형편에 따라서 자유롭게 선택할 수 있는 문제 곧 아디아포라adiaphora 문제입니다. 다 만 온라인형태의 헌금이나 화폐 형태의 헌금은 각각 장단점을 지니고 있으므로 현재로서는 두 가지 헌금방식을 적절하게 혼용하는 것이 바람직합니다.

온라인으로 헌금을 드리는 방식이 화폐로 헌금을 드리는 경우와 가장 선명하게 차별화되는 점은 화폐로 헌금을 할 때는 자기 이름을 밝히지 않고 무명으로 할 수 있는 반면에 온라인으로 헌금할 때는 헌금자의 이름이 정확하게 공개된다는 점입니다. 이 같은 특징의 차이는 교인들이 올바른 헌금 생활을 하고 교회가 헌금을 관리함에 있어서 장단점을 아울러 지니고 있기 때문에 보다 신중한 분별이 요구됩니다.

우선 화폐 방식인 경우에 헌금자가 자신의 이름을 밝히지 않고 헌금할 수 있는데 이 점은 헌금자의 입장에서 영적으로 유익이 될 수 있는 반면 교회의 헌금관리에는 함정이 될 수 있습니다. 헌금을 무명으로 하는 경우 생각해 볼 수 있는 장점으로는 사람을 의식하지 않고 오직 하나님과의 관계만을 생각하게 된다는 것인데 이 점이 영적으로 매우 큰 유익을 줍니다. 헌금하는 것은 사실상 구제에 해당합니다. 물론 헌금은 하나님께 드리는 것이지만 하나님이 헌금을 직접 자기 주머니에 챙기시는 일은 없고 헌금 전액은 모두 사람을 위한 용도로 쓰입니다. 헌금 일부는 예배에 필요한 기물이나 예배당 건축, 관리 등에 들어가지만 헌금 대부분은 별도의 직업을 가지지 않는 교역자나 선교사들의 생활비 혹은 구제 등으로 사용됩니다. 따라서 구제할 때는 사람들에게 알리지 않고 오직 하나님만이 아실 수 있도록 해야 한다는 예수님의 가르침이 헌금에도 적용됩니다. "사람에게 보이려고 그들 앞에서 너희 의를 행하지 않도록 주의하라 그리하지 아니하면 하늘에 계신 너희 아버지께 상을 받지 못하리라 그러므로 구제할 때에 외식하는 자가 사람에게서 영광을 얻으려고 회당과 거리에서 하는 것같이 너희 앞에 나팔을 불지 말라 진실로 너희에게 이르노니 그들은 자기 상을 이미 받았느니라 너는 구제할 때에 오른손이 하는 것을 왼손이 모르게 하여 네 구제함을 은밀하게 하라 은밀한 중에 보시는 너의 아버지께서 갚으시리라"마 6:1-4.

화폐 방식을 통해 무명으로 헌금하는 것은 앞에서 말한 장점을 갖고 있는 반면 교회가 헌금을 관리할 때 유혹에 빠지는 계기가 될 수 있습니다. 돈의 출처가 불분명하면 교회의 헌금관리가 허술해질 수 있습니다. 현실적으로 한국교회의 심각한 문제점 가운데 하나가 헌금의 관리와 사용에 있어서 공공성과 투명성이 확보되지 못하고 있다는 점입니다. 목회자와 재정 관리자에게 확고한 재정관 곧, 교회 재정은 성도들이 피땀을 흘려서 일한 대가로 얻은 돈을 기도하는 가운데 하나님께 정성스럽게 드린 거룩한 헌물이요, 따라서 하나님이 원하시는 바른 목적을 위해 최대한 절약하면서 공적으로 투명하게 사용해야만 한다는 뚜렷한 인식이 없으면, 출처가 밝혀져 있지 않은 헌금은 목회자의 사적인 용도로 전용될 수 있습니다. 목회자와 교회의 온갖 형태의 부패, 타락이 바로 이 지점에서부터 시작됩니다.

온라인 헌금은 교회 재정의 공공성과 투명성 확보에 유익

온라인을 통한 헌금방식은 철저하게 헌금자의 이름이 실명으로 공개되고 그 증거가 교회 장부뿐만 아니라 은행의 기록에도 정확하게 남기 때문에 헌금의 공공성을 확보하는 데 도움이 됩니다. 물론 교회는 은행에 기록이 남든 남지 않든 양심적으로 재정을 관리하고 사용할 수 있어야 합니다. 그러나 교회가 양심의 차원에서 이렇게 할 능력이 없으면 은행이라는 제도를 이용해서라도 공공성과 투명성을 확보하는 것이 더 지혜로운 방법입니다.

온라인으로 헌금을 드릴 때 온전한 예배를 드리는 일에 심각할 정도로 문제가 발생한다고 볼 필요는 없습니다. 예배자는 이 점에서 크게 구애를 받지 않아도 됩니다. 다만 온라인 헌금방식은 예배자의 마음가짐 여하에 따라서 바른 헌금 생활을 증진시킬 수도 있고, 손상시킬 수도 있다는 점을 고려할 필요가 있습니다.

만일 예배자가 예배를 드리기 전에 준비된 마음으로 온라인 헌금을 먼저 드린다면 바른 헌금 생활을 한다고 볼 수 있지만, 예배자가 예배를 드리다가 생각나서 의무감에 온라인으로 송금한다면 마음을 다한 헌금 생활이라 할 수 없을 것입니다.

예배를 드리기 전에 온라인으로 헌금을 드린다는 것은 벌써 마음으로 예배를 준비하고 있다는 뜻입니다. 온라인으로 헌금을 드리는 과정 자체가 예배를 준비하도록 자동적으로 유도합니다. 이런 과정에 기대어서 준비된 예배를 드린다면 그것도 감사한 일입니다. 그런데 여기서 온라인 헌금방식을 좀 더 적극적으로 바른 교회생활을 영위하는데 이용할 수 있습니다. 일 년 동안 헌금할 액수를 미리 정하고 매달 자동이체가 되도록 해 놓으면 상황과 기분에 좌우되는 들쭉날쭉한 헌금 생활을 막을 수 있습니다. 또 일 년의 헌금 총액을 결정할 때 교회의 전체 예산 규모를 생각하면서 그 안에서 자신이 담당해야 하고 또 할 수 있는 몫이 어느 정도인지를 신중하게 고려한 후 그 일을 책임 있게 감당하겠다는 결심을 할 수 있습니다. 이는 하나님이 보시기에도 아름답고 공동체에 대한 책임의 차원에서도 매우 바람직한 태도입니다.

다만 기간은 1년 정도가 적절하며 그 이상으로 길게 설정하는 것은 바람직하지 않습니다. 이직을 할 수도 있고 월급이 오르거나 줄어들 수 있고 특히 자영업의 경우는 수입의 변동 폭이 매우 불안정할 수 있기 때문입니다. 그러나 대체로 일 년 정도는 예측이 가능하고 설혹 중간에 변동이 생겨도 크게 부담되지 않습니다. 온라인 방식을 이런 의도와 마음으로 활용한다면 예배자 자신의 신앙생활을 성실하고 꾸준히 하는 데 유익할 뿐 아니라 교회가 재정을 안정적으로 운영하는 데도 큰 보탬이 될 것입니다.

그러나 온라인 헌금이 예배 후에 이뤄진다면 바르고 온전한 예배가 되기 어렵습니다. 예배 후에 온라인으로 헌금을 한다는 말은 마음의 준비를 제대로 하지 못하고 허겁지겁 예배에 참석하기에 바빴다는 말이 될 수 있습니다. '헌금을 준비하지 못하면 나중에 온라인으로 넣어주면 되지!' 이런 마음가짐을 습관처럼 갖게 되면 온라인의 신속함과 편리함 때문에 도리어 예배 준비에 게을러지게 됩니다. 그렇게 되면 바른 통전적인 예배가 될 수 없습니다.

우리는 나날이 발전해가는 현대의 기술 앞에서 소극적인 태도로 물러나지 말고 보다 적극적이고도 냉철한 태도로 현대 기술이 그리스도인의 예배와 삶에 가져오는 장단점을 분석한 후 단점이 삶과 예배를 손상하지 않도록 조심하는 동시에 장점을 최대한 살려서 삶과 예배의 격을 높이는 지혜와 분별을 갖추어야 할 것입니다.

27

교회 밖 헌금

Q. 200명 교회의 담임목사입니다. 얼마 전 한 성도가 헌금을 교회를 거치지 않고 지인을 돕는 데 쓰겠다고 합니다. 교회 운영에 지장을 주는 정도는 아니겠지만 자칫하면 헌금에 대한 성도들의 인식이 잘못될까 봐 고민입니다. 어떻게 권면해야 할까요?

A. 제가 아는 어느 지인이 자신에게 들어온 월급을 지출하는 방법을 소개하겠습니다. 그는 자신의 월급 가운데 25%가량을 세금으로 냅니다. 세금을 내고 실제로 순 수입으로 들어오는 금액 가운데 13% 정도를 교회에 정기 헌금으로 냅니다. 십일조를 기본적으로 내고 기타 헌금을 더 내는 셈입니다. 여기에다가 개인적인 차원에서 구제와 사회봉사에 해당하는 비용이 8% 정도 됩니다. 그는 46%가량의 돈, 사실상 거의 절반에 가까운 돈을 헌금, 사회봉사 및 구제, 세금으로 사용하는 셈입니다. 그는 개인적인 구제를 교회에 내는 헌금을 전용하여 쓰지 않고 교회에 내는 헌금과는 별도로 책정하여 지출하고 있습니다. 저는

그의 지출 방식이 매우 모범적인 기독교인의 지출 패턴이라고 생각합니다.

목사님이 질문하신 경우는 아마도 교회에 내는 헌금을 통째로 특정한 사람을 돕는 일에 개인적으로 사용하려고 결심한 성도의 경우라고 판단됩니다. 이 성도가 이런 결심을 할 수 있었던 배경에는 교회에 내는 헌금이나 개인적으로 사용하는 구제비가 본질이 같다는 판단이 깔려 있습니다.

교회 밖 구제금에 선행하는 교회 헌금

이 문제는 사랑의 대강령을 구성하는 두 명령 간의 관계와도 직결되어 있습니다. 이 성도의 생각은 한편으로는 옳은 면이 있고 다른 한편으로는 재고할 여지가 있습니다. 우리는 하나님 사랑과 이웃 사랑을 동전의 앞뒤 면과 같은 것이라고 생각해야 합니다. 그러나 하나님 사랑과 이웃 사랑은 그 본질과 우선순위에 있어 다르다는 것 곧, 하나님 사랑은 절대적으로 이웃 사랑에 논리적으로 우선해야 한다는 점을 아울러 유념해야 합니다. 이 말이 무슨 뜻인지 설명을 드리겠습니다.

요한일서 4장 20-21절에는 이런 말씀이 있습니다. "누구든지 하나님을 사랑하노라 하고 그 형제를 미워하면 이는 거짓말하는 자니 보는 바 그 형제를 사랑하지 아니하는 자는 보지 못하는 바 하나님을 사랑할 수 없느니라 우리가 이 계명을 주께 받았나니 하나님을 사랑하는 자는 또한 그 형제를 사랑할지니라."

이 계명은 형제 사랑과 하나님 사랑을 같은 것으로 말합니다. 형제를 사랑하는 것이 곧 하나님을 사랑하는 것이고 하나님을 사랑하는 것이 곧 형제를 사랑하는 것이라는 말이지요. 이 원리는 마태복음 25장 31-46절에 있는 양과 염소의 비유에도 잘 나타나 있습니다. 주린 자에게 먹을 것을 주고 목마른 자에게 마실 것을 주고 나그네 된 자를 영접하고 헐벗은 자에게 옷을 입히고 병든 자를 돌보고 옥에 갇힌 자를 찾아보는 것이 곧 주님을 그렇게 대접한 것이고, 이런 이들을 돌보지 않은 것이 곧 주님을 돌보지 않은 행위라는 것입니다.

이 맥락에서 보면 기독교인이 어려움을 만난 이웃을 돕는 행위는 곧 하나님을 섬기는 행위라고 해석됩니다. 우리가 하나님께 드리는 헌금도 사실은 100% 사람들을 위하여 사용됩니다. 우주 만물이 다 하나님의 것인 데다가 하나님은 영이시기 때문에 하나님이 우리가 드린 헌금으로 음식을 사드시거나, 집을 구입하시거나 필요한 물건을 구입하실 필요가 없습니다. 하나님께 드린 헌금은 교역자들의 생활비로, 교인들을 위한 예배당 건물을 구입하고 유지하는 비용으로, 가난한 자들을 구제하는 비용으로 지불되므로 사실은 다 사람을 위하여 사용하는 셈입니다.

그러나 이웃 사랑이 곧 하나님 사랑이라는 명제는 기독교인의 선행이 지닌 또 다른 특성과의 관계 안에서 보아야 합니다. 여기서 우리는 출애굽기에 등장하는 십계명의 구도에 주목할 필요가 있습니다. 출애굽기 20장 1-2절에는 하나님이 이스라엘 백성을 애굽에서 구원하셨다는 언명서론이 나오고, 이어서 사랑의 대강령의 첫 번째인 하나님을 사랑하라는 명령을 구체화한 1계명부터 4계명까지가 나옵니다. 그리고 사랑의 대강령의 두 번째인 사람을 사랑하라는 명령을 구체화한 5계명부터 10계명이 잇따릅니다. 이 순서는 하나님이 정해주신 것으로서 반드시 지켜져야 합니다. 출애굽기의 십계명 서술에는 이중적으로 우선순위의 원리priority rule가 적용됩니다.

첫째, 출애굽 사건은 반드시 인간의 행동을 규정하는 계명들에 선행해야 합니다. 출애굽 사건은 하나님이 인류를 향하여 베푸신 사랑을 뜻합니다. 이 순서의 의미는 하나님이 인간을 먼저 사랑하셨고, 이 사랑을 받은 자만이 계명을 지킬 수 있다는 뜻입니다요일 4:19.

둘째, 하나님을 향한 사랑의 실천은 반드시 인간을 향한 사랑의 실천에 선행해야 합니다. 이 원리를 기억하는 것이 기독교인이 선행을 할 때 매우 중요합니다. 특히 기독교인이 물질을 통하여 가난한 사람을 도울 때 이 원리를 유념해야 합니다. 왜 그럴까요? 사람이 사람에게 물질로 도움을 주면 도와주는 사람과 도움을 받는 사람 사이에 주종관계主從關係가 성립됩니다. 도움을 주는 사람이 제아무리 선한 의도로 사심 없이 베풀어도 도움을 받는 자는 도움을 주는 자를 동등하게 대우하기가 매우 어려워집니다. 주종관계는 인간관계를 매우 부담이 많은 관계로 변질시킵니다.

그러면 어떻게 해야 하겠습니까? 도움을 주는 자는 도움을 주고자 하는 물질을 하나님께 헌금으로 드리는 것입니다. 하나님께 헌금을 드린 시점부터 헌금은 본질적으로 하나님의 소유가 되고 실질적으로는 교회의 소유가 되므로 헌금을 드린 자는 이 헌금과의 소유 관계가 없어집니다. 그런 다음에 교회라는 공적인 기관이 하나님을 대리하여 하나님의 소유물을 도움을 받는 자에게 전달합니다. 도움을 받는 자는 특정한 사람으로부터 도움을 받는 것이 아니라 교회라는 기관을 통하여 주시는 하나님의 도움을 받는 것입니다. 따라서 도움을 받는 사람은 특정한 사람에게 부담을 가질 필요가 없습니다. 이렇게 도움을 주면서도 도움을 주는 자와 받는 자 사이의 평등한 관계를 깨뜨리지 않고 유지하는 것이 공동체의 삶에서 매우 중요합니다. 따라서 구제 행위도 개인적으로 직접 하는 것보다는 교회를 통하여 간접적으로 하는 것이 바람직합니다. 구제를 직접 해야 하는 긴급한 경우가 물론 있을 수 있습니다. 이때도 '논리적으로' 이 원리를 견지하는 것이 필요합니다. '내가 나의 것을 가지고 가난한 자를 돕는다'라고 생각하지 말고 '하나님을 섬긴다'는 마음으로 구제해야 합니다.

교회 헌금의 특성

우리가 통상적으로 교회에 드리는 헌금은 공적 예배의 일부로 드려지는 행위라는 점에서 예배 밖의 구제금과는 다른 특성을 가집니다. 이스라엘 백성의 삶 전체가 이방 백성들과 차별화된 거룩한 삶이었습니다. 그러나 하나님은 이스라엘 백성에게 시간을 따로 떼어서 하나님께 제사드리도록 명령하셨으며, 날마다 드리는 제사 외에도 특별히 안식일에 따로 모여 제사드리라는 명령을 주셨습니다민 28:9 이하. 그러므로 안식일에 드리는 제사와 이 제사에 속한 절차는 평일에 드리는 제사로 대체되어서는 안 되는 독특한 것입니다.

이 같은 구약의 시스템은 신약 시대의 예배에도 그대로 적용됩니다. 성도의 삶 전체가 하나님께 드리는 산 제사이지만롬 12:1, 주일날에는 특별하게 따로 모여서 예배를 드려야 합니다. 주일날 드리는 예배는 평일에 드리는 예배로 대체될 수 없습니다.

안식일의 제사 그리고 주일의 예배가 다른 날들에 드리는 예배와 구별되고 대체될 수 없는 독특한 제사이자 예배인 이유는 이 제사 혹은 예배가 하나님이 인류를 위하여 행하신 모든 사건 가운데 가장 결정적이고 중심적인 구속 사건을 회상하고 기념하는 것이기 때문입니다. 구약의 제사는 유월절을 기념하는 것이었고, 신약의 예배는 예수님의 고난-죽음-부활을 기념하는 것입니다. 하나님은 인류 역사상 하나님이 행하신 가장 위대하고 중요한 이 사건을 구약 시대에는 안식일에, 그리고 신약 시대에는 주일에 기념하도록 명령하셨습니다. 이 때문에 주일에 드리는 예배는 평일에 드리는 예배로 대체될 수 없고, 주일에 드리는 예배 안에 속해 있는 절차들도 평일에 드리는 절차들로 대체될 수 없습니다. 그러므로 주일에 드리는 예배 순서들 가운데 하나인 헌금은 평일에 드리는 어떤 다른 기부나 구제로 대체될 수 없습니다.

구제는 예배 안에서

성도들이 구제하는 경우는 세 가지 유형으로 나누어서 생각해 볼 수 있습니다.

첫째 유형은 교회 안에서 행하는 구제입니다.

둘째 유형은 교회 밖에서 행하는 구제인데, 성도의 경제생활이 비교적 넉넉한 경우입니다.

셋째 유형은 교회 밖의 구제인데 성도의 경제생활이 넉넉하지 않아서 생계유지가 쉽지 않은 경우입니다.

먼저 첫 번째 유형의 구제에 대하여 살펴보겠습니다. 교회 안의 구제는 구제의 대상을 기준으로 말하는 것이 아니라 구제의 통로를 말하는 것입니다. 교회 안의 구제는 교회 안에 있는 성도들이든, 아니면 교회

밖에 있는 사람들이든, 교회 헌금을 가지고 시행하는 모든 구제를 가리킵니다. 교회 구제에 참여한다는 것은 곧 예배 시에 헌금을 드린다는 것을 의미합니다. 교회 구제에 대하여 우리는 두 가지 논점을 반드시 유념할 필요가 있습니다.

우선 교회 예배 특히 주일예배 시에 드리는 헌금은 성도들이라면 반드시 해야 할 의무 사항입니다. 구약의 제사에 참여하는 자는 반드시 제물을 드리도록 했습니다. 여기서 제물의 양은 중요하지 않았습니다. 하나님은 제물의 종류를 다양하게 분류해 놓으셨는데, 재정이 아주 넉넉한 백성들은 소를 드려야 했고, 중간 정도 넉넉한 백성들은 염소나 양을 드리도록 했고, 재정이 넉넉하지 않은 사람들은 비둘기, 정말로 어려운 사람들은 곡식을 드리도록 했습니다. 하나님은 백성들이 재정 상태에 영향을 받지 않고 제사에 참여할 수 있도록 배려하셨습니다. 신약 시대에도 이 헌금 지침은 그대로 유지됩니다. 예수님은 성전제사에 두 렙돈을 넣는 여인을 칭찬하심으로써막 12:42; 눅 21:2 하나님께 드리는 예배에서 헌금의 양이 중요한 것이 아님을 거듭 천명하셨습니다.

예배는 하나님이 베푸신 구속의 은혜와 이 세상에서 우리의 생명을 유지해 주시는 섭리의 은혜에 감사하는 마음으로 하나님께 자신을 드리는 시간입니다. 이때 우리는 "마음과 목숨과 뜻을 다하여" 자신을 드려야 합니다. 예배 시에 우리는 마음뿐만 아니라 몸도 드려야 합니다. 마음을 드리기 위하여 기도하고 찬양하고 선포되는 구원의 말씀에 마음을 집중합니다. 몸을 드린다는 말은 우리가 가진 물질을 드린다는 것을 의미하는데 헌금을 드리는 것이 몸을 드리는 행위의 중요한 한 부분입니다. 마음만 드리고 몸을 드리는 일을 소홀히 해서는 안 됩니다. 동시에 몸만 드리고 마음을 드리는 일에 소홀히 해서도 안 됩니다. 우리는 예배 시에 전인을 드려야 합니다. 이를 위해서 헌금이 반드시 필요합니다. 일상생활 속에서 많은 물질을 자기를 위하여 사용하면서 하나님께 헌금을 드리는 것을 아깝게 생각하면 온전한 신앙이 아닙니다.

또 한 가지 유념해야 할 다른 원리는 헌금 또는 구제는 반드시 예배와 예배를 중심으로 전개되는 교회생활의 범주 안에서 이루어져야만 건강하고 바른 구제가 된다는 점입니다. 이는 예루살렘 교회로부터 확인할 수 있습니다. 성령의 세례와 충만을 받은 베드로가 오순절을 지키기 위하여 모인 청중을 상대로 하여 설교하자 한 번에 3000명^{행 2:41}, 또 한 번은 남자만 5000명^{행 4:4}이 회개했습니다. 성경에는 두 번만 기록되어 있으나 정황으로 볼 때 더 많은 횟수를 설교했을 것이며 개종자 수도 기록된 것보다 훨씬 더 많았음이 분명합니다. 이들을 중심으로 예루살렘 교회가 형성되었습니다.

그런데 사도행전 2장 42절 "그들이 사도의 가르침을 받아 서로 교제하고 떡을 떼며 오로지 기도하기를 힘쓰니라"라는 말씀은 예루살렘 교회의 특징을 네 가지로 요약합니다. "사도의 가르침, 교제, 떡을 뗌, 기도에 전념함." 이 네 가지는 오순절 성령 강림이 임한 이후의 신약 시대의 교회가 지향해야 할 규범적 특징을 요약한 것입니다.

이 네 가지 특징 가운데 헌금 또는 구제에 해당하는 요소가 "떡을 뗌"입니다. 예루살렘 교회 성도들은 대다수가 갈릴리 지역에 살고 있던 빈민들이었습니다. 이들이 큰 집단으로 모여서 말씀을 듣고 교제할 때 애찬과 성찬이 통합된 식사 시간을 가졌습니다. 예루살렘 교회 성도들은 특히 저녁에 집회를 위하여 모여 함께 식사하는 시간을 가졌고, 빵과 포도주가 주식으로 이용되므로 빵과 포도주를 이용하여 주님이 명령하신 성찬도 함께 거행했습니다. 당시 애찬 시간은 생계유지가 힘들 정도로 가난한 성도들의 생계를 도와주는 매우 중요한 구제였습니다.

베드로의 두 번 설교만으로 벌써 1만 명이 훌쩍 넘는 회원3000명+남자만 5000명이므로 여자와 어린이들까지 합하면 1만 명을 넘을 것=1만 명+a을 확보했다고 볼 수 있고, 실제로는 이 숫자를 훨씬 상회하는 회원 수를 가지고 있었을 것입니다나중에는 개종한 제사장들의 숫자만 수만 명에 달하는 대형교회로 성장했습니다. 이 가운데 80%가량이 가난한 빈민이었다고 계산할 때 식사 인원수만 해도 어마어마한 규모가 될 수밖에 없습니다. 예루살렘 교회는 이 현안을 해결하기 위하여 재력이 있는 성도들이 자기 재산을 교회에 헌납하여 공동 기금을 조성하고 이 기금으로 그 많은 인원을 위한 식사를 마련한 것입니다.

여기서 중요한 점은 떡을 떼는 구제 관행이 사도의 가르침을 받고 교제하고 기도하는 교회 예배행위의 한 일부로서 진행되었다는 점입니다. 자기가 가진 재산의 일부 또는 전부를 헌납하는 행위는 상당한 자기희생을 요구하는 행위로서, 그 근거와 동기가 확실하게 부여되지 않으면 큰 시험에 들 수 있는, 위험하기까지 한 행위입니다.

실제로 예루살렘 교회도 이미 시험에 든 사례가 있었습니다. 아나니아와 삽비라 사건이 바로 그것입니다. 그러나 예루살렘 교회가 일정 기간 이 어려운 구제 행위를 성공적으로 수행할 수 있었던 이유는 말씀, 교제, 기도라는 요소들의 강력한 뒷받침을 받으면서 진행되었기 때문입니다. 헌금이나 구제가 말씀, 그리스도 안에서의 교제, 간절한 기도의 강력한 뒷받침을 받는 가운데서 이루어지지 않고 이와 같은 요소로부터 유리되면 신앙생활에 독이 될 수 있습니다. 도움을 받는 사람의 입장에서도 한 개인의 이름으로 도움을 받는 것보다는 교회라는 공적기구를 통하여 하나님이 주시는 도움을 받는 것이 훨씬 나은 방법입니다. 따라서 목회자는 성도들이 가능한 한 예배 때 헌금을 드림으로 교회를 통해 간접적으로 구제에 참여할 수 있도록 지도해야 합니다.

.교회 헌금 전용轉用 금지

두 번째 유형의 구제는 교회 밖에서 구제를 행해야 하는 불가피한 상황입니다. 교회 밖에서도 구제가 긴급하게 요청되는 경우가 많이 있습니다. 이런 경우가 발생했을 때 기독교인으로서 외면할 수 없습니다. 선한 사마리아인의 비유눅 10:30-36에 등장하는 제사장과 레위인은 여리고로 향하던 도중에 강도를 만난 이웃을 외면하고 지나갔습니다. 제사장과 레위인에게 어려움을 만난 사람을 도와야 한다는 인식이 전혀 없었다고는 볼 수 없습니다. 그러나 이 두 사람에게 있어서 구제는 제사 때 드리는 헌물이 전부였던 것 같습니다. 제사 때 드리는 헌물이 물론 가장 중요하지만 현실 생활 속에서 긴급하게 대두되는 구제의 필요성을 외면하는 것도 잘못입니다.

교회 밖에서 긴급하게 대두되는 구제에 응하고자 할 때 반드시 염두에 두어야 할 원칙은 교회에 드리는 헌금을 전용해서는 안 되고, 자신의 일상생활을 위하여 책정된 재정을 절약하고 아껴서 기금을 마련하여 써야 한다는 것입니다. 이 경우도 다시 두 사례로 나누어 검토해 보겠습니다.

하나는 헌금 이외에 별도의 구제금을 지출해도 생계유지에 문제가 없을 만큼 재정이 넉넉한 경우입니다. 이 경우는 어떤 일이 있어도 교회에 내는 헌금을 교회 밖에서 구제하는 데 사용해서는 안 됩니다. 교회에 내는 헌금을 교회 밖 구제에 사용한다면 이 태도의 배경에는 '인색함'이 숨어 있습니다. 이 사람은 아마도 하나님이 성도에게 베푼 구원의 은혜의 크기와 깊이가 어떤 것인가를 온몸으로 체득하지 못한 사람일 수 있습니다. 이 사람은 실제로는 재물로 인하여 시험에 들기 시작하여 교회에서 드리는 예배에도 손상을 가하고 교회 밖의 구제에도 손상을 가합니다. 헌금을 드릴 수 있는 데도 헌금을 하지 않으면 예배의 온전성에 해를 입힙니다.

다른 하나는 경제적으로 사정이 좋지 않아서 교회에 헌금을 내는 것과 교회 밖에서 들어오는 긴급한 구제 요청을 동시에 응하기가 힘겨운 경우입니다. 이런 경우라 할지라도 헌금을 전용하지 않도록 지도하는 것이 바람직합니다. 그것이 힘들면 헌금 자체를 나누어서 일부는 헌금을 드리고 일부는 교회 밖의 구제에 쓰는 방법으로라도 교회에 헌금을 드리는 관습을 유지하도록 지도해야 합니다. 그러나 이런 조치는 성도의 신앙이 아직 약하다는 것을 전제하고 성도의 신앙이 좀 더 강화될 때까지 인내하며 기다려 준다는 의미에서 취하는 한시적인 경과조치임을 주지시켜야 합니다. 이 성도가 믿음이 강해지면 교회 헌금은 교회 밖의 구제 요청이 없을 때 드리던 수준으로 회복시키고 교회 밖의 구제는 자기 생활비를 아껴서 별도의 재정을 마련하여 사용하도록 해야 합니다.

목회자는 경제적으로 가난한 성도들이라도 과감하고 적극적으로 헌금과 구제를 하도록 권고해야 합니다. 몸과 마음과 뜻을 다하여 헌금하면 살아 계신 하나님이 결코 외면하지 않으시고 하나님만이 아시는 방법으로 기적적으로 이 성도의 재정을 넉넉하게 채우시는 길이 열리기 때문입니다. 목회자가 가난한 성도의 어려운 경제 사정을 인간적인 연민의 정으로 바라본 나머지 하나님이 마련하신 놀라운 축복의 길을 소개하지 않는 잘못을 범해서는 안 됩니다. 사르밧 과부에게 자신과 자식이 한 번 먹을 분량의 음식밖에 없었지만왕상 17:8-16 엘리야는 바로 그것을 가지고 본인을 위한 음식을 만들어 오라는 명령을 내렸습니다. 그것이 인간적으로는 잔인해 보이지만 살아 계신 하나님이 과부와 그 아들을 살리는 길이었기 때문입니다.

교회 헌금은 하나님께 드리는 예배의 일부로 드리는 것이므로 교회 헌금은 교회 밖 구제에 선행하며, 교회 헌금을 희생하면서 교회 밖 구제를 하지 않도록 해야 합니다. 교회 헌금을 교회 밖 구제로 대체하는 것은 비상한 경우에 제한해야 하며, 구제는 가능한 한 교회 예배의 일부로서 간접적으로 하는 것이 바람직합니다.

28

연말정산

Q. 직장에 다니는 성도들이 연말이 되면 '교회 기부금 영수증'을 신청해 발급하고 있습니다. 예전에는 무명으로 헌금하는 경우도 종종 있었는데, 소득공제와 연관되다 보니 성도들이 한 해 동안 헌금 액수를 정산하는 것 같습니다. 하나님께 드린 헌금에 대해, 일정 금액을 환급받는 것에 의문을 갖는 성도들이 있는데 어떻게 상담해야 할까요?

A. 바른 답변을 위해서 먼저 연말정산과 헌금에 대한 바른 이해가 선행되어야 할 것 같습니다.

연말정산의 의의

연말정산은 국가가 정기적으로 월급을 받는 직장인을 대상으로 세금을 원천징수한 후에 이미 받은 세금의 총액을 연말에 정밀하게 점검하여 부당하게 더 거둬들였다고 판단되면 환급해 주고 적게 거둬들였다고 판단되면 추가로 환수하는 제도입니다.

연말정산의 전제는 연말정산 대상자가 1년간 벌어들인 모든 소득과 지출을 적은 금액까지도 정확하고 빠짐없이 파악해야 한다는 것입니다. 이것은 치밀한 인터넷망과 촘촘한 행정조직이 형성됐을 때 가능합니다. 소비자의 지출 대부분이 인터넷망에 의하여 포착되는 신용카드 지출을 통해 이뤄지고 현금으로 지출되는 부분도 현금 영수증을 발급함으로써 소비세가 원천 징수될 수 있을 때 공정한 연말정산이 가능합니다.

타락하고 부패한 이 세상에 존재하는 모든 제도는 명암을 동시에 지닙니다. 연말정산도 예외가 아닙니다. 연말정산에는 역기능과 순기능이 모두 있습니다.

첫째로, 국가는 연말정산을 통해 국민의 사생활의 핵심인 사적인 경제생활의 극히 세밀한 부분들까지 들여다볼 수 있습니다. 국가의 손 안에 장악된 국민의 사생활에 대한 정보는 국가가 독재적인 국가로 변질될 경우 국민에 대한 국가의 감시와 탄압의 도구로 전락할 우려가 있습니다. 조지 오웰George Owell이 〈동물농장〉에서 묘사한 전제적인 통제사회의 어두운 그림자가 드리워질 위험이 있는 것이지요. 그러나 국가가 헌법적 민주주의 정신을 철저하게 견지하고 국가의 기능에 대한 강력한 시민사회의 견제기능이 잘 유지된다면 연말정산제도는 국민이 도덕적으로 투명하고 건강한 경제생활을 하는 것을 독려함으로써 사회 전체를 도덕적으로 건강한 사회로 유지하는 데 도움이 됩니다.

둘째로, 연말정산은 일정한 소득이 있는 사람들만을 대상으로 하기 때문에 사회 전체의 재분배 기능을 실현하는 제도로까지는 볼 수 없으나 국가가 부당하게 많이 거두어들인 세금을 돌려주고 적게 거두어들인 것이 분명한 세금을 환수하는 것은 사회경제적 정의를 실현하는 데 도움이 되는 것은 분명합니다.

연말정산과 은밀한 구제

연말정산과 헌금이 서로 충돌을 일으키는 것이 아닌가 하는 판단은 교회에 내는 헌금을 마태복음 6장 1-4절에 제시된 올바른 구제에 관한 예수님의 가르침의 관점에서 볼 때 등장합니다. 이 본문의 후반부인 3-4절을 먼저 보면 구제를 은밀히 시행하라는 가르침이 있습니다. "너는 구제할 때에 오른손이 하는 것을 왼손이 모르게 하여 네 구제함을 은밀하게 하라 은밀한 중에 보시는 너의 아버지께서 갚으시리라." 교회에 내는 헌금이 연말정산의 공제대상이 되기 위해서는 교회의 담임목사와 재정관계자뿐만 아니라 국가의 공무원에게까지 헌금 내역이 모두 공개되어야 하는데, 이 같은 헌금의 공개가 구제를 은밀하게 하라는 예수님의 가르침과 배치되는 것이 아닌가요?

이 질문과 자연스럽게 관련되는 또 하나의 질문은 1-2절에 있는 가르침과 연관되어 제기됩니다. 이 본문에 보면 사람에게 영광을 받기 위해 구제를 행하지 말라는 가르침이 나옵니다. "사람에게 보이려고 그들 앞에서 너희 의를 행하지 않도록 주의하라 그리하지 아니하면 하늘에 계신 너희 아버지께 상을 받지 못하느니라 그러므로 구제할 때에 외식하는 자가 사람에게서 영광을 받으려고 회당과 거리에서 하는 것 같이 너희 앞에 나팔을 불지 말라 진실로 너희에게 이르노니 그들은 자기 상을 이미 받았느니라." 내역이 공개된 헌금을 세금납부로 인정하여 일부를 환불해 주는 것은 사람으로부터 영광을 받으려는 시도가 아닌가요?

바른 헌금

앞에서 제기된 두 가지 핵심적인 질문에 대한 답변을 헌금과 구제에 관한 성경의 관점을 파악하는 것에서 출발해보겠습니다. 먼저 이스라엘 공동체에서 이스라엘 백성들이 내는 헌금이 어떤 성격이었나를 살펴보겠습니다. 이스라엘 백성들은 십일조라는 방식으로 헌금을 드렸습니다. 아브람이 살렘 왕 멜기세덱에게 자원하는 마음으로 드린 것에서 시작된창 14:17-24 십일조는 야곱에 이르러서 자원적인 서약의 형태로 발전한 다음창 28:10-22에 모세 시대에 이르러서는 모든 이스라엘 백성들이 공적으로 준수해야 할 사회적인 의무가 되었습니다레 27:30-33; 민 18:20-32.

국가기관과 종교기관이 통합되어 있었던 구약 시대에는 헌금이 종교적인 활동레위인에 대한 생활비 지원, 제사경비 지출, 가난한 자 구제 등을 위해 하나님께 직접 드리는 종교적 헌물의 의미도 있었지만 이와 동시에 국가에 납부하는 세금의 의미도 있었습니다. 국가가 수행하는 고유한 업무에는 국민의 생활을 위한 물적인 내부구조material infrastructure를 구축하고 국민의 생명을 악의 세력으로부터 보호하기 위한 경찰력과 군사력을 운용하며 한계계층의 생계를 보장해 주기 위한 기관을 운영하는 것들이 포함되며, 이와 같은 업무수행을 위하여 재정이 필요했습니다. 국민이 이 재정을 납세를 통하여 부담하는 것은 이웃사랑의 실천인 동시에 국민의 의무입니다.

구약의 헌금의 핵심인 십일조는 은밀하게 시행된 헌금이 아니라 공개적으로 시행된 헌금이었습니다. 헌금으로서의 십일조와 예수님이 말씀하신 구제행위는 구별되어야 합니다. 예수님은 모든 이스라엘 백성이 공개적으로 드린 십일조 헌금방식을 비판하신 것이 아닙니다. 헌금으로서의 십일조는 내야 할 금액의 수준도 공개적으로 정해져 있었고 내는 방식도 공개적으로 이루어졌고 낸 헌금의 사용도 공개적으로 이루어졌습니다. 십일조 헌금액 중에서 일부가 구제금으로 사용되었으나 이 구제는 '개인이 개인에게' 하는 구제가 아니라 이스라엘이라는 신정적인 국가기관이 시행하는 사회 행위로서 역시 공개적으로 수행되었습니다.

그러나 한 개인이 다른 개인을 구제할 때는 오직 하나님만이 보시는 가운데 은밀하게 진행되어야 합니다. 개인 간의 구제가 은밀하게 진행돼야 하는 이유 가운데 하나는 개인 간의 구제가 공개적으로 진행되는 경우에 개인과 개인 사이에 종속관계가 형성될 위험이 크기 때문입니다. 개인과 개인 간의 종속관계는 하나님 앞에서 하나님 백성의 평등성을 깨뜨리고 공동체에 갈등과 위화감을 초래할 수 있습니다.

신약시대의 교회 공동체는 국가기관과는 구별되는 순수한 종교적인 공동체 곧 예배 공동체라는 점에서 신정적인 이스라엘 국가와는 구별됩니다. 따라서 교회에 내는 헌금은 국가에 내는 세금과 구별됩니다. 교회에 내는 헌금은 '자원하는' 마음으로고후 8:2-3, 구체적으로 정한 액수에 구애받지 않고 내게 되어 있습니다. 그러나 교회의 지체가 된 성도들이 교회의 필요를 전혀 고려하지 않고 자기가 원하는 방법과 액수를 내는 것으로 만족하는 것은 미성숙한 마음가짐입니다.

신앙이 성숙해질수록 교회의 운영에 대해 담당하는 책임의 정도를 더해가야 합니다. 교역자의 생활비, 교회의 운영경비, 구제비, 선교지원비 등과 같은, 교회의 필요 경비를 신중하게 고려해 교회 필요의 일정 부분을 지속적으로 책임지기로 결단하고 교회에 자신들이 책임질 수 있는 정도를 직간접적으로 알림으로써 안정적인 교회 운영이 이뤄질 수 있도록 돕는 것이 성숙한 성도의 헌금 태도입니다. 어쩌다가 기분이 내키면 한 번씩 선행하는 것이 아니라 감정 기복의 영향을 받지 않고 규칙적이고도 지속적으로 선을 행하고, 나아가 이것이 자신의 습관으로 형성되는 단계에 이르러야 비로소 바른 윤리적 실천이라고 할 수 있습니다. 물론 이와 같은 헌금을 계획할 때 성도 자신은 자신이 내는 헌금을 어떤 도덕적 공로로 인식하지 않도록 주의해야 합니다.

이와 같은 방식으로 헌금하는 경우에는 오히려 헌금하는 모든 과정을 공개적으로 투명하게 진행하는 것이 바람직합니다. 성도들이 기도하는 가운데 드리고자 하는 헌금 액수를 하나님과 교회 앞에 정하는 것은 바른 삶을 살기로 서약하는 것으로서 성경이 권장하고 있는 서약의 유형에 속합니다. "네 하나님 여호와를 경외하며 그를 섬기며 그의 이름으로 맹세할 것이니라"신 6:13. 이런 과정을 통해 교회에 드린 헌금은 교회의 이름으로, 공개적으로, 그리고 투명하게 집행되어야 합니다. 교회의 헌금 사용처 가운데 포함된 구제도 공개된 상태에서 교회의 이름으로 집행되어야 합니다. 한 개인이 다른 개인을 구제하는 것은 예수님의 가르침의 정신을 철저하게 지켜서 은밀하게 개인과 개인 간의 종속관계가 형성되지 않도록 하는 것이 바람직합니다. 그러나 교회라는 기관의 이름으로 공개적으로 시행되는 구제는 한 개인과 개인 사이에 종속관계를 형성시키는 것이 아니므로 공개적으로 진행돼도 무방합니

다. 설령 교회와 성도 사이에 종속관계가 형성된다 하더라도 교회는 성
도들의 어머니로서 성도들이 어머니인 교회의 도움을 받고 거기 의존
하는 것은 영적으로 자연스러운 이치이기에 문제 될 것이 없습니다.

국민 선행의 격려와 보상은 국가 의무

이처럼 공개적으로 이루어진 성도의 헌금에 대하여 국가가 세금에
준하는 사회적 기여로 인정해 적절한 격려와 보상으로 공제 혜택을 주
는 것은 국가 고유의 소명을 이행하는 것으로서 정당합니다.

국가의 의무를 규정하는 로마서 13장 3-4절에 따르면, 악을 행하는
자를 벌하는 것도 국가에게 부과된 의무이지만 선을 행하는 국민을
칭찬하는 것도 국가에 부과된 중요한 의무 가운데 하나입니다. 국가가
은밀하게 진행되는 개인과 개인 사이의 사적인 구제에 간섭하는 것은
국가가 시민사회의 고유한 영역을 부당하게 침범하는 행위임이 분명하
지만, 공개적으로 이루어진 선한 행위에 대하여 공개적으로 칭찬하고
일정한 보상을 주는 것은 일반은총의 차원에서 정당화될 수 있는 국가
의 고유한 업무입니다.

성도들도 국가의 시민으로서 국가를 위하여 행하여야 할 의무가 있
는 동시에 국가가 제공하는 혜택을 받을 권리가 있습니다. 성도들이 교
회에 낸 헌금을 포함한 각종 기부금에 대해 국가가 연말정산으로 환급
해 주는 금액은 액수 자체가 크지 않아서 '국민의 사기를 진작시켜 줄
수 있는 정도'의 수준을 넘지 않습니다.

예수님이 산상수훈에서 말씀하신 은밀한 구제는 개인이 행하는 사

적인 구제행위를 대상으로 하신 말씀입니다. 은밀한 구제를 공공기관인 신정적인 이스라엘 국가에 공적으로 드리는 십일조나 신약시대의 교회라는 공공기관에 공적으로 드리는 헌금에 직접 적용하는 것은 무리가 있습니다. 교회라는 공공기관에 드리는 헌금은 자원하는 마음으로 은밀하게 드릴 수도 있으나 공개적으로 투명하게 규칙적으로 드리는 것이 더 바람직하며 구제를 포함한 헌금집행도 반드시 개인의 이름이 아닌 교회의 이름으로 공개적이고 투명하게 이뤄져야 합니다. 교회의 헌금은 사회 윤리적인 관점에서 보았을 때 사회 전체의 영적이고 도덕적인 건강성을 유지하는데 이바지하는 행위이므로 국가가 독려의 차원에서 공제 혜택이라는 상을 국민에게 주는 것은 바람직한 일입니다.

29

보험

Q. 목사님이 성경공부 시간에 보험에 삶을 의지하는 사람은 신앙인의 모습이 아니라고 하셨습니다. 또 목사님은 보험은 자본주의가 불안을 이용해 돈으로 미래를 보장받게 하려는 세속적 시스템이라고도 하셨습니다. 저는 건강에 대한 부담으로 이미 여러 개의 보험에 가입했습니다. 몇 년 전에는 몸이 아파 수술을 받으면서 보험 혜택을 받았고요. 그래서인지 보험에 대한 필요성을 더욱 느끼고 있습니다. 주위에서 제때 보험에 가입하지 않아 치료비를 감당하지 못하는 사람들을 많이 봤습니다. 보험, 세상과 타협한 불신앙의 행위일까요?

A. 보험에 대한 목사님의 권고는 두 가지 문제점이 있다고 생각됩니다. 한 가지는 인간이 만든 모든 제도가 다 그렇듯이 보험제도도 순기능과 역기능을 동시에 갖고 있는데 보험제도가 지닌 역기능만을 일방적으로 제시하고 순기능을 간과한 점입니다. 또 다른 문제는 보험은 인간이 만든 제도이기 때문에 보험에 의지하는 것은 인간의 능력과 지혜

에 의존하는 것으로 하나님을 의지하는 삶의 태도가 아니라고 본 관점입니다.

이런 생각은 하나님 섭리의 범위를 신자 개인의 주관적인 신뢰라는 차원에서만 파악한 것으로 복잡한 인간의 문화 전체를 하나님과 대립하는 것으로 좁게 해석했다는 문제점을 드러내고 있습니다. 이 해석은 리차드 니버Helmut Richard Niebuhr가 말한 다섯 가지 문화 해석 패러다임 가운데 '문화와 대적하는 그리스도' 모델에 기인한 것으로 이원론적인 관점을 깔고 있습니다. 곧 개인의 신앙생활은 하나님과 관련된 영역인 반면에 사회구조나 제도들은 인간적인 지혜의 산물로서 하나님과는 관련이 없다고 보는 것이지요. 그러나 보험제도가 형성된 배경을 살펴보면 관점이 달라집니다. 목사님은 보험제도가 전형적인 자본주의의 정신을 반영하는 악한 제도라고 여기는데, 실은 정반대로 자본주의의 비인간성을 교정하기 위해 만든 제도가 바로 보험입니다.

상반되는 두 가지 성경의 가르침

먼저 보험제도를 다룰 때 인용할 수 있는 성경의 가르침이 어떤 것이며 어떻게 적용해야 하는지를 생각해보겠습니다. 보험제도에 대해 비판적인 관점으로 인용할 수 있는 본문은 산상수훈 말씀의 일부인 마태복음 6장 25-34절입니다. 이 본문에서 예수님은 공중에 나는 새와 들에 핀 백합화를 비유로 들면서 하나님의 백성들은 그분이 직접 먹여 주시고 입혀 주신다는 사실을 믿고 이에 대해 염려하지 말라고 권고하십니다. 이 말씀은 삶의 목적을 하나님 나라와 의를 구하는 데 두고 살면 하나님이 먹고사는 문제를 해결해 주신다는 것을 강조합니다. 예수님이 말씀하신 새나 꽃은 미래의 생활을 위하여 염려하거나 계획을 세워 준비하지 않습니다. 그러면 하나님은 기적을 베풀어 새나 꽃을 먹이시는 것일까요? 우리는 두 가지 점에서 그렇지 않음을 알 수 있습니다.

첫째, 새나 꽃이 먹을 것을 축적하지는 않지만 그렇다고 해서 새나 꽃이 가만히 있어도 먹을 수 있는 것은 아닙니다. 새나 꽃은 생명 유지를 위해 쉬지 않고 매우 부지런히 활동해야 합니다. 가만히 있는데 하나님이 먹여 주시는 것이 아닙니다.

둘째, 새나 꽃이 부지런한 활동으로 생명을 유지할 수 있는 이유는 하나님이 자연 생태계라는 구조를 마련하시고 그 시스템을 작동시키고 계시기 때문입니다. 더욱이 이 말씀은 자연적인 생태계 구조에 의존해 생활하는 고대 농경 사회나 유목 사회에서 살아가는 사람들에게는 어렵지 않게 이해되고 적용될 수 있지만, 인공경작이나 사육의 방법에 더 많이 의존하는 현대 농경과 축산에는 직접적인 적용에 어려움이 있습니다. 특히 금융 경제라는 거대한 인공적인 경제구조 안에서 인간의 정책과 결정에 의지해 생활해야 하는 현대인들에게는 직접적인 적용이 더 어렵습니다.

그런데 성경은 앞에 인용한 새나 꽃의 생활방식과는 다른 방식으로 살아가는 동물들의 습관도 우리가 본받아야 할 모델로 제시합니다. 잠언 6장 6절과 30장 25절에 보면 잠언 기자는 곤충들로부터 지혜를 배우라고 권고하면서 그 예로 개미가 겨울에 먹을 것을 여름에 준비하는 것을 제시합니다. 이처럼 자연 생태계 안에도 미래를 고려하지 않고 생활하는 생물들이 있고, 미래를 위하여 저축하는 생물들이 있습니다. 따라서 어느 패턴을 일방적으로 따르는 것은 옳지 않습니다. 전자의 패턴을 따라야 할 때가 있고 후자의 패턴을 따라야 할 때가 있습니다.

이 점은 이스라엘 백성들의 경제생활에도 나타납니다. 이스라엘 백성들이 광야를 여행하는 기간에는 그야말로 하나님이 기적적으로 먹여 주셨습니다. 이스라엘 백성들은 내일 입고 먹을 것을 확보하기 위해 전혀 걱정할 필요가 없었습니다.

그러나 이스라엘 백성이 가나안 땅에 들어가는 순간 이 모든 것들은 완전히 중단됐습니다. 무슨 뜻입니까? 이제는 경작을 하고, 수확물을 저장하고 그 수확물을 가지고 생활하라는 뜻입니다. 이처럼 어떤 상황에서는 내일을 위한 준비를 할 필요 없이 하나님이 기적적으로 먹여 주시기도 하고 때로는 자연과 인간의 방법대로 미래를 위해 저장하게도 하시는데 이 두 가지 모두가 하나님이 우리를 먹여 주시는 방법입니다.

보험제도는 성경적 인간관, 경제관, 사회관의 산물

그러면 이제 '보험을 어떻게 볼 것인가' 하는 문제를 다뤄 보겠습니다. 보험제도를 반기독교적인 시스템으로 규정한 목사님의 입장과는 달리 오히려 보험제도는 역사적으로 보면 기독교적인 인간관과 경제관, 사회관의 터전 위에서 깊은 성찰과 고민 끝에 나온 매우 훌륭한 시스템입니다. 보험제도의 기본 틀은 '돈의 여유가 있는 사람이 미래를 위하여 돈을 축적해 돈이 없는 사람을 돕는다'는 것입니다. 여기서 우리는 두 가지 점에 유의해야 합니다.

첫째로, 돈이 없는 사람은 경제적으로 가난한 사람을 뜻하는데, 경제적으로 가난한 사람의 범주에는 다양한 부류의 사람들이 포함될 수 있습니다. 실직자, 어린이, 노인, 병자, 장애우 등 – 사회의 한계계층이 모두 포함됩니다.

둘째는, 의료보험은 건강하고 능력이 있어서 일할 수 있는 사람이 약간 희생하여 늙거나 병들거나 재해를 당하여 어려움에 처한 사람을 돕는 제도입니다. 이때 혜택을 받는 사람은 본인이 될 수도 있고 다른 사람이 될 수도 있습니다. A는 의료 보험료를 꼬박꼬박 냈지만 건강하여 병원비를 한 푼도 쓰지 않고 일생을 살았습니다. A가 낸 의료 보험료는 축적돼 병든 다른 사람을 위해 사용됐습니다. 이 경우는 의료 보험료를 내는 사람과 혜택을 받는 사람이 다른 경우입니다. B는 건강할 때 의료 보험료를 꾸준히 냈습니다. 그러다가 병이 들어 장기간 투병하는 과정에서 치료비를 지원받았습니다. 이 경우는 의료 보험료를 내는 사람과 혜택을 받는 사람이 같은 경우입니다.

중요한 것은 돈을 내는 자와 혜택을 받는 자가 일치하든 그렇지 않든 간에 '건강하고 힘이 있고 돈이 있는 사람'이 여유가 있을 때 미래를 위해 돈을 축적해 '병들고 힘이 없고 돈도 없는 사람'을 돕는다는 것이 보험의 정신입니다. 이 혜택은 본인에게 돌아갈 수도 있고 다른 사람에게 돌아갈 수도 있습니다. 보험이 주는 재정적인 혜택이 다른 사람에게 돌아가는 경우에도 본인이 손해를 보는 것만은 아닙니다. 보험이 피보험자에게 심리적인 안정을 주고 미래에 대한 불안에서 어느 정도 해방되어 마음과 힘을 더 생산적이고 보람 있는 일에 집중할 수 있는 것 자체가 이미 큰 혜택입니다.

보험제도는 자본주의 경제의 부작용을 완화하려는 의도로 19세기 말과 20세기 초 서유럽에서 논의가 시작됐습니다. 당시 서유럽은 영국에서 일어난 산업혁명의 후폭풍으로 농민들이 대거 미숙련 공장근로자들로 영입됐고 이들은 사회의 최빈곤층으로 전락했습니다. 이와 같은 사회경제적 현실을 타파하기 위해 기독교 사회·경제사상가들이 기독교적 인간관과 사회관의 지평 안에서 구상해낸 제도적 장치 가운데 하나가 보험제도였습니다. 사실상 보험제도는 기독교적 인간관과 사회·경제관이 없으면 나올 수 없는 제도입니다.

보험 제도를 뒷받침했던 기독교적 인간관과 사회·경제관의 핵심은 두 가지 논제로 요약할 수 있습니다.

첫째로, 연대성의 원리solidarity입니다. 기독교는 아주 광범위하고 강력한 연대성을 말합니다. 기독교는 모든 인류를 혈통 상으로는 아담을 조상으로 하는 거대한 하나의 가족으로 파악합니다행 17:26. 따라서 인류 가운데 일부가 겪는 곤경을 나의 곤경으로 파악해야 한다는 것이 성경의 관점입니다.

둘째로, 성경이 가르치는 경제 정의의 원리입니다. 성경이 가르치는 경제 정의의 원칙은 사회의 가장 낮은 계층의 안위에 최우선적인 관심을 기울임으로써 이들을 소외시키지 않고 함께 살아가는 것입니다(길 잃은 양의 비유, 마 18:12-14; 밀이나 포도를 수확할 때 일부를 가난한 자의 몫으로 남기라는 명령, 레 19:9-10; 이 외에도 신 10:17-18; 시 146:6-9; 출 22:21, 23:9 등을 참고).

연대성의 원리와 성경이 말하는 경제 정의 원리의 관점에서 볼 때 자기 힘으로 생계유지가 불가능한 사회 최빈곤층의 안위는 건강한 자들이 책임져야 마땅한 사안입니다. 최빈곤층의 기초생계를 형제애의 관점에서 돌보기 위해서는 경제적으로 여유 있는 자들이 소득 일부를 미래의 용도를 위하여 축적하지 않을 수 없습니다. 국민연금, 의료보험,

자동차보험제도 등이 이런 취지에서 논의되기 시작했습니다. 이처럼 보험제도는 금융 경제 체제 안에서 성경이 말하는 연대성의 정신과 경제 정의의 정신에 따라서 사회 최빈곤층의 안위를 공동으로 책임지기 위해 마련된 훌륭한 제도적 장치입니다.

보험제도가 하나님을 의지하는 태도를 약화한다는 판단은 경솔한 판단입니다. 인공적인 경제구조장치들에 거의 완전히 둘러싸여 있는 현실에서 직장을 잃거나 노인이 되어서 더 일할 수 없는 상황에 처한 동료들에게 하나님의 기적적인 도움을 구하라고 요구하기에 앞서서 경제적으로 도움을 주어야 합니다. 중병이나 희귀병에 걸려 신음하는 환자에게 경제적으로라도 걱정하지 않고 진료를 받을 수 있게 하는 것이 필요합니다. 그러나 경제적 문제를 해결해 주는 것은 최소한의 물적 토대를 마련해 주는 정도에 지나지 않습니다. 이런 현실에 처한 사람들은 경제적 문제 외에도 마음의 외로움과 간헐적으로 찾아오는 통증, 그리고 심리적 트라우마 등 극복해야 할 것들이 많습니다. 아무리 급박한 상황이라 해도 기본적인 생계 문제가 해결될 수 있으면 다른 문제들을 극복하는 데 관심을 돌릴 수 있으며 이런 관심전환은 삶의 질을 높이는 데 크게 도움이 됩니다.

경계해야 할 무임승차

그러나 모든 인간의 제도가 완벽하지 않고 악용될 수 있는 것처럼 보험제도도 악용될 수 있는 소지가 있습니다. 부유한 데도 연금을 꼬박꼬박 타거나 경미한 자동차 사고로도 큰 사고를 당한 것처럼 조작하는 등의 부작용이 나타나기도 합니다. 일할 수 있음에도 불구하고 일하지 않고 놀면서 실업급여를 받는 등의 사태도 벌어질 수 있습니다. 이른바 무임승차입니다. 특히 피보험자가 사망한 경우에 유족에게 거액이 돌아갈 수 있도록 하는 생명보험 제도는 보험의 정신에도 맞지 않고 인간의 악한 욕망을 부추길 수 있으므로 재고돼야 합니다. 그러나 이런 일부 부작용을 이유로 보험제도 자체를 거부해서는 안 됩니다.

보험제도는 우리의 생활을 보호하고 증진하기 위해 하나님이 허락하신 좋은 시스템입니다. 그러나 이와 동시에 건전한 노동윤리 정신을 항상 잃지 않고 보험제도를 본래의 정신과는 다르게 악용하지 않도록 주의함과 동시에 보험제도가 없는 상황에서도 하나님이 우리의 길을 보호해 주시리라는 믿음을 잃지 않는 것이 바람직한 기독교인의 태도입니다.

30

복권

Q. 언제부터인가 남편이 퇴근할 때면 복권을 한두 장 사 오곤 합니다. 처음에는 신앙인이 무슨 복권이냐며 타박을 했는데 남편이 팍팍한 살림살이에 그런 소소한 즐거움도 누리면 안 되냐고 하네요. 생각해보면 500-2000원 들여서 작은 행운을 기대해보는 게 신앙적으로 큰 문제가 될까 싶습니다. 복권에 대해 어떻게 생각해야 할까요?

A. 재미있는 비유 하나를 소개하겠습니다. 어떤 여행자가 낙타를 타고 사막을 여행하다가 날이 저물자 천막을 치고 야영을 하게 되었습니다. 낙타는 천막 밖에서 자고 낙타 주인인 여행자는 천막 안에 들어가서 잡니다. 사막은 낮에는 영상 50도까지 치솟고, 밤이 되면 영하로 떨어질 정도로 일교차가 극심합니다. 밖에서 자다가 추위를 느낀 낙타가 주인에게 부탁합니다.

"주인님, 날씨가 너무 추우니 제 코만 천막 안에 넣을 수 있도록 허락해 주세요." 애지중지하는 낙타가 자기의 작은 코를 보호하겠다는 소망을 주인이 거절할 수 있을까요? 당연히 들어주지요. 주인의 허락을 받은 낙타는 코를 천막 안에 들여놓았습니다.

천막 안의 맛을 안 낙타는 낙타 코가 천막 안에 들어오는 풍경에 익숙해진 주인에게 이렇게 부탁합니다. "주인님, 제 머리만 천막 안에 넣을 수 있도록 허락해 주세요." 낙타 코와 함께 하는 데 익숙해진 주인은 부담 없이 허락해 줍니다. 이런 부탁을 몇 차례 거듭한 후에 마침내 낙타는 좁은 천막에서 주인을 몰아내고 천막을 다 차지해 버리는 데 성공했습니다.

이 논증을 이른바 '낙타 코 논증'이라고 합니다. 낙타 코 논증은 나쁜 유혹이 찾아올 때 어떻게 대처해야 하는가를 설명하는 비유로 윤리학에서 자주 사용됩니다. 나쁜 유혹은 처음에는 아무것도 아닌 아주 사소한 일인 것처럼 위장하고 찾아옵니다. 그런데 이 사소한 일에 조금씩 마음을 열기 시작하면 가랑비에 옷이 젖는 것처럼 마침내는 유혹의 덫에 걸려 들어가 빠져나오지 못하는 때가 오게 됩니다. 따라서 나쁜 유혹에 걸려 들어가지 않으려면 아주 사소한 일처럼 찾아오는 것부터 단호하게 끊어야 한다는 교훈을 낙타 코 논증이 말하고 있습니다.

그렇습니다. 가벼운 마음으로, 심심풀이로 복권을 한두 장 사 들고 들어오는 것 자체는 사실 별일 아닐 수 있습니다. 또 이런 행동이 그냥 심심풀이로 끝나 버릴 수도 있습니다. 그러나 복권을 사 모으는 행위 이면에는 무시무시한 괴물과 같은 악의 세력이 날카로운 발톱과 이빨을 숨긴 채 잠복하고 있다는 사실을 잊어서는 안 됩니다. 이 악한 괴물의 발톱에 운 좋게 걸려들지 않을 수도 있습니다. 그러나 이 괴물의 발톱에 걸려들 위험은 항상 존재하며 한 번 걸려들면 파멸에 떨어지기 전에는 빠져나오기 어렵습니다. 그러므로 아예 이런 행위는 사소한 일로 다가올 때 단호하게 끊어야 합니다.

복권을 사는 관행의 배후에는 어떤 무서운 괴물이 잠복해 있을까요? 세 가지가 있습니다.

첫째는 탐심입니다.

둘째는 불로소득에 대한 기대입니다.

셋째는 초자연적인 힘에 대한 잘못된 의지입니다.

탐심

복권을 심심풀이로 한두 장 사 모을 때 그 마음은 탐심으로 가득 찬 마음은 아닐 수 있으나 탐심과 무관하다고 볼 수만은 없습니다. 복권을 사면 많은 돈을 손에 쥐는 상상이 하나의 씨앗처럼 마음 언저리에 떨어집니다. 이 씨앗은 전혀 위험해 보이지 않습니다. 잠시 근심을 잊고 마음을 즐겁게 해주기까지 합니다. 그러나 이 씨앗을 내버려 두거나 만지작거리며 놀면 이 씨앗은 마음 밭에 정착해 뿌리를 내리기 시작합니다. 이 뿌리는 마음속의 깊은 곳, 곧 무의식의 세계까지 뻗어 내리게 되고 마침내는 그곳에 잠복해 있던 탐심을 자극해 의식의 세계로 뚫고 나옵니다. 그리하여 마침내 탐심은 마음을 장악합니다.

"탐내지 말라"는 제10계명의 말씀처럼, 그리고 마음에 음욕이나 미움을 품는 자는 이미 하나님의 계명을 범했다는 예수님의 말씀이 잘 보여 주듯이 일단 탐심에 장악되면 벌써 죄의 세력에 사로잡힌 것입니다. 그러면 이제는 파멸의 길이 기다리고 있습니다.

야고보는 낚시꾼이 고기를 낚는 과정에 빗대어 이 과정을 잘 묘사했습니다. "오직 각 사람이 시험을 받는 것은 자기 욕심에 끌려 미혹됨이니 욕심이 잉태한즉 죄를 낳고 죄가 장성한즉 사망을 낳느니라"약 1:14-15. 낚시꾼이 맛있는 미끼를 바늘에 꿰어 물속에 던져 넣습니다. 물고기들은 전혀 위험해 보이지 않고 오히려 맛있어 보이는 미끼 주위를 떠나지 않고 맴돕니다. 물고기들은 미끼를 건드려 보기도 하고 살짝 뜯어 먹어 보기도 합니다. 그래도 걸려들지 않습니다. 그러나 미끼에 대한 미련을 버리지 못하고 이 일을 반복하다가 미끼를 무는 순간에 그 속에 숨어 있던 바늘에 덜컥 걸리게 되는데, 그러면 아무리 발버둥 쳐도 빠져나올 수 없습니다. 결국은 낚시꾼의 손에 잡혀 비참한 최후를 맞이하고 맙니다.

그러므로 사소해 보이는 희미한 악의 씨앗이 마음 언저리를 맴돌 때 그냥 버려두면 안 됩니다. 경각심을 가지고 그 씨앗을 빨리 청소해 버려야 합니다. 위험해 보이지 않지만 뭔가 미심쩍은 미끼가 있다면 그 주위를 맴돌지 말고 재빨리 그 자리를 떠나야 합니다. 악은 그 모양이라도 버려야 합니다. 이처럼 무섭고 악한 괴물이 복권 뒤 깊은 곳에 숨어 있는데 소소한 즐거움을 누린다는 명분으로 복권에 관심을 갖는 것은 매우 위험한 일입니다. 100번 중에서 99번은 무사하게 넘어간다 하더라도 한 번 크게 사고가 날 가능성이 있는 사안이라면 아예 손을 대서는 안 됩니다. 그 한 번의 사고가 하나뿐인 인생을 파멸로 이끌 수 있기 때문입니다.

게다가 기독교인이라면 얼마든지 소소하게 기쁨을 누릴 수 있는 영적인 일들이 아주 많습니다. 매일 말씀 묵상을 할 때 찾아오는 마음의 즐거움, 어려운 이들에게 사소한 봉사와 도움을 제공하면서 누리는 뿌

듯함 등 얼마든지 건전한 즐거움의 원천들이 널려 있는데 겨우 복권구입에서 삶의 즐거움을 누리겠다는 건가요? 그것은 풍성한 기독교인의 삶을 빈약한 것으로 오해하고 있는 것이 아닐까요?

불로소득에 대한 기대

복권을 사는 관행은 기독교 경제윤리의 관점에서 볼 때 가장 불건전하고 악한 소득 방식인 불로소득에 의지하여 재물을 얻으려고 하는 시도이기 때문에 기독교인이 빠져들어서는 안 됩니다.

하나님은 범죄한 아담과 하와를 에덴동산으로부터 추방하기 전에 이들이 범한 죄에 대해 형벌을 부과하셨습니다. 특히 하나님이 아담에게 부과한 형벌은 얼굴에 땀이 흐를 정도로 평생 수고한 결과로 소산을 먹고 생명을 유지하는 것이었습니다창 3:17, 19. 그런데 하나님이 아담에게 내리신 형벌은 절묘하게도 형벌인 동시에 타락한 인간을 위한 하나님의 은혜의 배려입니다.

타락한 인간은 얼굴에 땀이 흐를 정도로 열심히 일한 결과로서 얻은 열매를 먹고 살아야만 신체적으로나 정신적으로 가장 건강한 삶을 살 수 있게 되어 있습니다. 사람은 몸을 계속 움직여야 근육이 형성되고 형성된 근육의 힘으로 살아갈 수 있습니다. 몸을 움직이지 않으면 죽게 되어 있습니다.

대체로 농촌이나 어촌에 장수하는 노인들이 많은데 이들의 공통점은 많은 나이에도 불구하고 끊임없이 일한다는 점입니다. 이 노인분들이 공통으로 하는 고백은 "지금까지 내가 살아 있는 것은 일하는 것을 중단하지 않았기 때문이다. 일을 중단하고 움직이지 않으면 몸이 굳고 근육이 없어져서 죽는다"라는 것입니다.

사람이 땀을 흘리면 몸속의 노폐물들이 땀으로 섞여 나와서 몸이 정화되는 효과가 있습니다. 또한, 얼굴에 땀이 흐를 정도로 일을 하여 몸의 건강을 유지해야 정신이 통일되어 정신건강도 유지됩니다.

사람의 정신은 헤아릴 수 없이 많은 정보를 외부로부터 받아들입니다. 이 정보들은 서로 의미의 연관성이 없는 독립된 단편들입니다. 그러나 사람의 정신에는 엄청난 양의 정보를 일정한 통일된 체계 안에서 정리할 수 있는 능력이 있어서 아무리 많은 양의 정보가 들어 와도 자아가 흔들리지 않습니다. 그런데 신체 운동이 부족하면 통일시키는 정신의 능력이 약화 되어 파편화된 정보들이 정신 안에서 각각 따로따로 놀게 됩니다. 그러면 조현병이 나타나게 됩니다. 곧 정신이 병드는 것입니다. 일하지 않고 장시간 게으르게 빈둥거리면서 지내면 정신도 분산되어 건강을 잃을 수 있습니다.

열심히 일하여 얻은 소득은 단순한 생계유지를 위해서 사용될 뿐만 아니라 삶의 즐거움을 누리는 물적 토대로도 활용될 수 있습니다. "사람이 하나님께서 그에게 주신 바 그 일평생에 먹고 마시며 해 아래에서 하는 모든 수고 중에서 낙을 보는 것이 선하고 아름다움을 내가 보았나니 그것이 그의 몫이로다"전 5:18라는 말씀이나 "이에 내가 희락을 찬양하노니 이는 사람이 먹고 마시며 즐거워하는 것보다 더 나은 것이 해 아래에는 없음이라 하나님이 사람을 해 아래에서 살게 하신 날 동안 수고하는 일 중에 그러한 일이 그와 함께 있을 것이니라"전 8:15라는 말씀은 열심히 노동한 대가인 재물로 희락의 삶을 향유享有하는 것이 정당한 일로 허용됐음을 보여 줍니다.

그뿐만 아니라 하나님은 열심히 일한 대가로 얻은 소득을 미래를 위해 저축하는 것도 정당하다고 말씀하셨습니다. 잠언은 게으른 자를 비판하는 문맥에서 게으른 자와 대조되는 개미를 소개하면서 개미가 여름철에 열심히 일해 겨울에 먹을 양식을 축적하는 것을 배우라고 권고합니다잠 6:6-11. 이 권고는 열심히 일하여 벌어들인 소득을 미래를 위하여 저축하는 것이 정당한 일임을 하나님이 인정하셨음을 뜻합니다.

기독교인은 열심히 그리고 성실하게 노동을 하여 소득을 얻어야 합니다. 기독교인은 이렇게 정당하게 노동을 하여 벌어들인 소득을 갖고 자신과 가족의 생계를 해결하고 한 걸음 더 나아가 삶에 즐거움을 안겨주는 문화생활이나 취미생활 등을 즐거운 마음으로 영위하며, 미래를 위하여 저축하는 생활을 해야 합니다. 물론 하나님께 헌금하고 이웃을 돕는 일에 소득을 사용해야 한다는 것은 이미 전제된 일입니다.

부모로부터 재산을 상속받는 경우 등을 제외하면 불로소득은 정당한 소득이 될 수 없으며 사람의 몸과 마음을 망가뜨립니다. 복권을 통하여 얻는 소득은 전형적인 불로소득으로서 허용될 수 없습니다. 복권에 당첨돼 수십억대의 재산을 얻은 대부분의 복권 당첨자들이 자신이 얻은 당첨금 때문에 파멸의 길을 걸었다는 사실을 잊어서는 안 됩니다.

초자연적인 힘에 대한 잘못된 의지

복권을 사는 관행은 인간의 힘으로 할 수 없는 어떤 일을 초자연적인 힘에 의지하여 해결해 보고자 하는 심리에 근거해 이뤄집니다. 문제는 '복권을 사는 사람의 마음이 의지하고자 하는 초자연적인 힘이 과연 어떤 힘인가'하는 것입니다. 기독교인들의 삶은 신앙의 내용과 부합해야 합니다. 기독교인들은 자신에게 일어나거나 자신이 하는 모든 일이 하나님의 인도하심 아래에서 이뤄지기를 바라고 또 하나님의 인도하심에 모든 것을 맡기는 사람들입니다. 기독교인은 자신이 행하는 아주 작은 일까지도 하나님의 인도하심에서 벗어나지 않기를 기도하는 사람들입니다.

복권을 사는 행위가 과연 하나님께서 인도해 주시기를 바라는 마음에서 비롯된 것이라고 자신 있게 말할 수 있을까요? 저는 복권을 사는 사람이 마음에 부끄러움이나 숨김이 없이 하나님께 기도하고 하나님께 의존하면서 복권을 산다고는 생각하지 않습니다. 분명한 것은 복권을 사는 기독교인은 하나님 섭리의 손길을 완전히 벗어나기를 바라는 것은 아니지만 하나님을 정면으로 응시하면서 복권을 사지는 않는다는 것입니다. 아마도 그는 하나님의 눈길을 슬며시 피하면서 복권을 살 것이 분명합니다. 왜 그럴까요?

성경에 보면 하나님의 백성이 자신들의 힘으로 해결하거나 알아내기 어려운 어떤 일이 있을 때 하나님의 섭리의 손길에 맡기면서 제비를 뽑은 사건들이 기록되어 있습니다. 잠언 16장 33절에는 "제비는 사람이 뽑으나 모든 일을 작정하기는 여호와께 있느니라"는 말씀이 있는데, 이 말씀은 제비뽑는 관행이 하나님의 인도하심을 기원하는 마음으로 이뤄졌고, 실제로 사람이 제비를 뽑을 때 하나님이 관여하실 수 있음을 보여 줍니다. 그런데 문제는 제비를 뽑을 때 어떤 목적으로 뽑았느냐 하는 것입니다.

이스라엘 자손은 앞날을 결정하는 중요한 사안이 있을 때 우림과 둠밈이라는 장치를 사용하여 제비뽑기를 시행했습니다. 예를 들어서 모세는 여호수아에게 지도권을 위임할 때 우림이라는 장치에 나타나는 현상을 보고 결정을 했습니다 출 28:30; 민 27:21. 또한 이스라엘 백성 가운데 심각한 죄를 범한 사람이 있어서 이스라엘 백성 전체에 위기가 닥치고 누가 범죄했는가를 알기 어려울 때는 기도하면서 제비뽑기를 시행했습니다. 예컨대 전리품을 훔친 아간을 찾아낼 때 제비뽑기를 이용했습니다 수 7장. 이밖에도 토지를 분배할 때 민 26:52 이하, 가룟 유다를 대신할 사도를 뽑을 때 행 1:26 제비뽑기를 사용했습니다. 이런 사례들을 잘 보면 그 목적이 하나님의 뜻에 부합할 뿐만 아니라 공동체를 운영하는데 매우 중요하고 시급한 결정을 해야 하는 경우들이었습니다. 따라서 하나님이 제비뽑기에 함께 하셨습니다.

그러나 복권의 경우는 어떻습니까? 복권은 근본적으로 인간의 탐심에 뿌리를 두고 있는 것이며 하나님이 원하시지 않는 불로소득을 얻고자 하는 것일 뿐만 아니라 초자연적인 힘을 심심풀이나 기분전환용으로 이용하는 경박한 마음에서 나온 것입니다. 이처럼 하나님과는 무관하고 오히려 하나님의 뜻에 거스르는 동기와 목적으로 행하는 행동에 대해서는 결코 하나님이 함께하실 수 없습니다. 복권을 사는 행위는 하나님의 인도하심을 기원하기에는 적합하지 않은 행동이며 자칫하면 악의 세력에 끌려 들어갈 수 있는 관행입니다. 따라서 기독교인들은 복권을 사는 행위를 금하는 것이 마땅합니다.

복권은 인간의 마음속에 있는 탐심을 자극하고 끌어내어 마침내 우리를 돌이킬 수 없는 파멸로 이끄는 작은 계기가 될 수 있고, 땀을 흘려 일하여 생계를 유지하라는 하나님의 명령을 어기고 부당한 불로소

득에 의지하게 만들며, 하나님의 기적적인 힘을 잘못된 이기적인 목적
을 성취하기 위하여 악용하는 관행이므로, 기독교인들은 복권구입을
멀리해야 할 것입니다.

31

성도 간 돈 거래

Q. A 집사는 저와 같은 구역 안에서 신앙생활을 오랫동안 해온 교인입니다. 어느 날 A는 사업자금이 긴급히 필요하다며 1년 후에 갚기로 하고 2000만 원을 빌려 갔습니다. 같은 성도이고 절친한 친구였기 때문에 저는 이자도 생각하지 않고 또 차용증 같은 것도 없이 빌려줬습니다. 그런데 A의 사업이 잘 풀리지 않아 1년이 지나도 돈을 갚을 수 없는 형편이었고 저 역시 경제 사정이 악화돼 돈이 필요하게 됐습니다. 이로 인해 저와 A는 서로 얼굴 보기 민망하고 서먹한 사이가 됐습니다. 친한 성도 간 돈거래는 해서는 안 되는 것일까요? 한다면 어떤 방법으로 해야 합니까?

A. 모세 시대와 같이 비교적 단순한 구조를 갖고 있던 고대 신정 사회에서는 종교와 정치·경제가 통합돼 있었습니다. 그러나 사회가 고도로 분화된 현대 사회에서는 양상이 사뭇 달라졌습니다. 인간의 삶이란 언제나 유기적인 하나의 통합적인 틀 안에서 진행되는 것이므로 분화

된 현대 사회에서도 교회생활과 정치·경제생활은 긴밀하게 연결돼 있습니다. 교회생활이 제대로 운영되려면 교회정치가 필요하고 교회경제가 뒷받침돼야 합니다. 또 원활한 교회생활은 정치·경제생활이 원활하게 이뤄지는 것을 도와줍니다.

그러나 고도로 분화된 현대 사회에서는 교회생활과 정치·경제생활은 유기적으로 연관돼 있으면서도 두 영역이 환원될 수 없는 각자의 독특성을 갖고 있습니다. 가령 교회생활의 일차적인 목적은 하나님께 예배를 드리고, 하나님이 주시는 말씀을 통해 죄 사함과 새 힘과 새 지침을 받으며, 성도의 교제를 통해 서로를 위로하고 격려함으로써 영혼의 영적인 안녕을 도모하는 데 있습니다. 정치·경제생활의 주목적은 일상의 관계적·재정적인 터전을 확립하는 데 있습니다. 만일 정치·경제적 요소가 교회생활의 고유한 목적에 걸림돌이 된다면 유보돼야 하며 마찬가지로 종교적인 요소가 정치·경제생활의 주목적을 추구하는데 걸림돌이 된다면 역시 유보돼야 합니다.

교회 안에서 성도들 사이에서 이뤄지는 돈거래는 특별한 비상한 상황이 아니면 절제하는 것이 바람직합니다. 성도들의 불완전성과 돈거래 그 자체가 지닌 속성 때문에 자칫하면 교회생활의 고유한 목적이 심각하게 방해를 받고 성도의 교제 자체가 깨질 위험이 있기 때문입니다.

돈거래는 비상 상황이 아니면 절제하는 것이 바람직

돈을 빌려 가는 사람은 미래의 어느 일정한 시점에 돈을 갚겠다는 약속을 맹세에 가까운 수준으로 하게 마련입니다. 그러나 미래에 벌어질 일을 예측하기란 매우 어렵습니다. 인간은 한 치 앞의 미래조차도 내다볼 수 없는 존재입니다. 또 돈이라는 것은 언제나 누군가로부터 받아내야 하는 것인데, 사람이나 상황에 워낙 변수가 많기 때문에 계획했던 대로 돈을 받기는 쉬운 일이 아닙니다. 따라서 미래에 어느 시점에 돈을 갚겠다는 약속은 십중팔구 지키지 못하는 경우가 많습니다. 약속을 지키지 못하면 당연히 돈을 빌려준 사람과 빌려 간 사람의 관계는 손상될 수밖에 없습니다.

이처럼 약속이 지켜지지 않는다 해도 돈을 빌려준 성도가 스데반처럼 완전에 가까운 신앙 인품의 소유자라면 돈을 갚지 않는 성도와 관계를 유지할 수 있을 것입니다. 그러나 현실적으로 볼 때 대부분 성도의 신앙 인품은 그렇게 완전하지 못합니다. 돈을 빌려 간 사람이 제때 돈을 갚지 않으면 화가 나고 마음에 상처를 받기 일쑤입니다. 이렇게 되면 성도의 교제에 균열이 생깁니다.

마땅히 돈을 빌릴 수 있는 장치가 없었던 고대사회와는 달리 현대사회는 합법적으로 돈을 빌릴 수 있는 은행이라는 기관을 이용할 수 있습니다. 또 마이너스 통장도 있어서 일정한 금액을 빌려 쓸 수도 있습니다. 그러나 성도들 사이에서 돈을 빌려주고 빌리는 관행을 100% 차단하기는 불가능합니다. 불가피하게 돈거래를 해야만 하는 비상 상황이 있을 수 있습니다. 그렇다면 이때는 어떻게 해야 할까요? 이 문제를 해결하기 위해 돈을 빌려주는 행위에 대해 모세의 율법이 제시한 지침을 검토해보겠습니다. 모세의 율법은 이스라엘 백성들이 돈거래를 할 수 있다는 점을 전제하고 지침을 제시합니다. 모세의 율법은 돈을 빌려주는 경우를 두 가지로 나누어 각각 다른 해결책을 제시합니다.

첫째, 출애굽기 22장 25절, 레위기 25장 36절, 신명기 23장 19절은 동족인 이스라엘 백성에게 돈을 빌려줄 때는 이자를 받지 말라고 명령합니다. 이 가르침과 연동된 것이 희년제도입니다. 희년제도는 50년째가 되면 금액의 고하를 막론하고 무조건 빚을 면제해 줄 것을 명령합니다.

둘째, 신명기 23장 20절을 읽어 보면 타국인에 대해서는 이자를 받고 돈을 빌려주는 것을 허용했습니다. 왜 이런 차이가 있는 것일까요?

동족 이스라엘 사람이 돈을 빌려 가는 경우는 기본적인 생계문제를 해결하기 위한 생계형 대부貸付인 반면 타국인이 돈을 빌려 가는 경우는 이윤이 충분히 예상되는 일종의 투자를 위한 것이었기 때문입니다. 생계형 대부의 경우는 돈을 빌려 간 사람이 빌려 간 돈을 생계문제 해결에 바로 쓰기 때문에 이윤을 남길 수가 없습니다. 따라서 이 경우에는 채권자가 이자를 받지 못하게 했습니다. 그러나 투자형 대부의 경우는 이윤이 남을 것을 경제적으로 확실하게 계산한 후 빌려 가는 것이기 때문에 남긴 이윤 가운데 일부를 이자로 받도록 했습니다. 이 두 지침의 배후에 깔린 원리는 생계형 대부는 은혜를 베푸는 시은施恩의 마음으로 하라는 것이고, 투자형 대부는 공정한 계약의 원리에 따라서 하라는 것입니다.

생계형 대부는 시은의 마음으로

모세의 율법이 제시한 지침을 참고해 우리는 불가피한 상황에서 성도 간에 돈을 빌려주고 빌려 가는 경우를 두 가지로 구분하고 각기 다른 태도로 접근할 수 있습니다. 우선 성도 간에 생계형 대부를 해야 할 때가 있습니다. 다시 말해서 너무 가난해 생계를 유지하는 것이 어렵고, 은행에서 돈을 빌리려고 해도 신용이 뒷받침되지 않아 돈을 빌릴 수가 없고, 불신자에게 도움을 요청하는 것은 훨씬 더 힘든 상황에서 동료 성도에게 도움을 요청해야 하는 절박한 성도가 있을 수 있습니다.

또 경제적으로 넉넉하지 않은 상황에서 가족들 가운데 한 사람이 상당한 치료비가 드는 진료를 받아야 한다거나 학교에 입학을 했는데 등록금을 마련할 길이 막막한 상황이라면 도움을 요청할 수 있습니다. 동료 성도가 삶의 막다른 골목에 이른 상황에서 생계형 대부의 형태로 어렵게 돈을 빌려 달라고 할 때는 돈을 빌려주는 것이 바람직합니다. 단, 이 경우에도 몇 가지 조건을 고려해야 합니다.

첫째, 성도라고 해서 모두 신앙 인품이 완전하지 않다는 점을 고려해야 합니다. 단순히 측은히 여기는 마음으로 본인이 감당하지 못할 수준의 도움을 제공한다면 나중에 오히려 시험에 빠질 우려가 있습니다. 따라서 돈을 빌려주고도 자기 생활에 지장이 없을 정도의 범위 안에서, 빌려준 금액에 대해 버거운 마음이 들지 않는 범위 안에서 빌려주는 것이 좋습니다. 만일 자신의 재정 상태를 볼 때 빌려줄 형편이 안 되고 혹은 빌려준 후 심적으로 감당하기 어렵겠다고 판단되면 상대가 조금 냉정하게 느낄지라도 처음부터 단호하게 거절하는 것이 좋습니다.

둘째, 돈을 빌려주는 성도는 상대방이 돈을 갚아야 한다는 점을 분명히 하되 마음속으로는 돈을 되돌려 받지 못할 가능성까지도 각오하고 있어야 합니다. 돈을 돌려받지 못할지라도 돈을 빌려 간 성도와 교제를 지속해야 합니다. 그리고 돈을 빌려 간 성도의 형편이 계속 호전되지 않는다면 희년의 정신을 생각하면서 적절한 시기에 돈을 갚지 않아도 된다는 뜻을 전달하는 것도 좋은 방법입니다. 왜냐하면 생계형 대부는 시은의 마음으로 해야 하는 것이기 때문입니다.

마지막으로 생계형 대부의 경우에는 절대로 이자를 받으려고 해서는 안 됩니다. 회수한다 해도 원금만 회수하고 마무리해야 합니다.

투자 목적의 대부는 공정한 계약 정신에 따라

성도 간 돈거래에도 투자 목적으로 돈을 빌려주거나 빌려 가는 경우가 있습니다. 이 경우에는 상대방이 동료 성도라는 생각이나 상대방에 대한 시은의 마음을 일단 접고 냉정한 태도로 민법이나 상법상의 제반 규정을 충분히 숙지해 공정한 계약 정신에 따라서 돈을 주고받는 것이 바람직합니다. 물론 이 경우도 개인적으로 돈을 빌리는 것보다는 은행에서 대출을 받거나 주식을 발행하여 투자를 받는 것이 더 좋은 방법입니다. 그러나 부득이하여 개인적으로 돈을 주고받아야 할 때는 법적으로 유효한 차용증을 작성하고 일정한 이자도 지급할 것까지 명시해야 합니다.

투자 목적의 대부는 고도로 발달한 경제 관련 법규와 원칙이 잘 다루고 있기 때문에 이 장치를 최대한 숙지하고 이용하는 것이 안전합니다. 예를 들어서 성도 간이라 할지라도 집을 사고팔거나 전세 계약을 할 때는 철저히 법적 절차에 따라 진행하는 것이 바람직합니다. 교회의 가르침은 생계형 대부의 경우에는 적절하게 활용할 수 있으나 고도의 경제적 수완과 기술을 요하는 기업 활동이나 무역을 위한 투자형 대부를 다루기에는 적절하지 않고 위험부담이 뒤따릅니다. 투자형 대부의 경우 돈을 빌려 간 성도가 사업에 실패해 계약을 제대로 지키지 못하는 상황이 된다면 어떻게 해야 할까요?

불신자들은 이 경우 문제들을 법정으로 갖고 가서 해결하는데, 기독교인들도 그렇게 해야 할까요? 네! 법정으로 갖고 가서 해결하는 것이 바람직합니다. 그 이유를 세 가지로 말할 수 있습니다.

첫째, 투자형 대부는 큰돈이 오고 가는 경우가 많은데 이 규모에서 문제가 발생하면 개인적으로 해결하기가 매우 어렵습니다. 십중팔구 돈을 빌려 간 사람과 빌려준 사람이 돌이킬 수 없는 심각한 상처를 입고 관계 파국을 맞이할 수 있습니다.

둘째, 교회 지도자나 교회법은 일반적인 도덕법적 차원에서 방향 제시는 할 수 있을 것입니다. 그러나 교회 지도자는 투자형 대부문제를 해결하기에는 전문적인 지식과 능력이 부족하고 교회법도 역시 관련 규정이 없고, 있어도 허술합니다.

셋째, 교회만이 하나님이 세우신 기관이 아니라 일반 법정도 시민들 사이의 정치·경제적 갈등을 해소하고 공정하고도 조화로운 인간관계가 유지되도록 하나님이 세우신 일반은총의 기관입니다. 또 재판관들은 이 문제를 해결하기 위해 특별한 훈련과 전문적인 식견을 갖춘 자들로서 하나님으로부터 판단 업무를 위임받은 자들입니다.

물론 고린도전서 6장 1-8절에서 바울은 성도들이 그들 가운데 벌어진 재정사고를 일반법정에 갖고 가서 해결하고자 하는 시도를 비판했습니다. 그러나 이 권고는 당시 소송사건과 고린도의 로마 법정이라는 특수성을 참작해 이해해야 합니다. 당시 소송은 대부분 탐욕스러운 부자들이 돈을 빌려 가 제때에 갚지 못하는 가난한 하층민들을 대상으로 제기했습니다. 그리고 대부분 금액도 소소한 수준이었습니다. 게다가 로마의 민사법정은 부정부패의 온상이었습니다. 부자들은 돈으로 재판관들을 매수해 자신이 원하는 방향으로 판결이 나오게 했습니다.

바울은 이처럼 시은의 차원에서 해결해도 될 사안을 부자들이 법정으로 갖고 가는 것을 못마땅하게 여겼고 나아가 부자들과 재판관이 비열하게 결탁해 가난한 자들을 착취하는 현실을 비판했던 것입니다. 이와 같은 특수한 상황에서 일어난 일을 앞뒤 문맥을 고려하지 않고 일반화하는 것은 삼가야 합니다. 누군가에게 빌려준 돈을 받아 내는 일 자체가 성도 간의 인격적인 교제를 치명적으로 망가뜨릴 수 있습니다. 따라서 이 일은 하나님이 세우신 전문기관에 맡기는 것이 바람직합니다. 그렇게 할 때 성도들의 교제가 치명상을 입는 것을 상당 부분 완화하면서 문제를 해결할 수 있을 것입니다.

성도가 생계가 어려운 경우에는 시은의 마음으로, 빌려주는 자의 생활에 타격을 받지 않는 범위 안에서 빌려주는 것이 타당합니다. 이때에는 이자를 받아서는 안 되며, 빌려 간 성도의 사정이 호전되지 않으면 빌려준 돈의 상환을 면제해 줄 수도 있다는 마음가짐을 가질 필요가 있습니다. 그러나 투자 목적으로 돈을 빌려주는 경우는 법적 장치의 도움을 받으면서 계약의 원리에 따라서 진행하는 것이 바람직합니다.

32

사례비

Q. 성도들의 모임으로서의 교회가 건강하고 행복하기 위해서는 반드시 교회를 섬기는 이들이 필요합니다. 교회를 섬기시는 분 중에는 무임으로 봉사하는 분도 계시고 유급으로 섬기는 분도 계십니다. 대부분 사례비를 받으며 유급으로 일하시는데 이것을 어떻게 이해해야 할까요? 또한 사례비를 지급할 때 고려해야 할 사항에는 어떤 것들이 있을까요?

A. 교역자에게 정기적으로 사례비를 지급하는 관행은 초대교회의 부흥과 발전에서 비롯됐습니다. 교회가 형성되기 시작한 초기에는 정기적으로 사례금을 받는 사역자가 없었습니다. 예컨대 사도 바울은 교회가 간헐적으로 주는 도움을 거절하지 않았지만빌 4:15, 천막을 만드는 일을 하며 자신과 동료의 생활비를 스스로 충당했습니다행 18:3, 20:34,35: 고전 9:6,12: 살후 3:8. 초대교회는 장로를 세워 성도를 지도하도록 했는데, 교회가 부흥해 성도의 숫자가 많아지면서 말씀을 전하고 성도

를 돌보는 업무도 늘어났습니다. 따라서 초대교회는 전임교역자를 세우고 그의 생활비를 교회가 전담하도록 했습니다.

교회가 전임교역자의 생활비를 책임지는 관행은 사도들의 가르침, 예수님의 가르침, 더 거슬러 올라가 구약의 가르침에 의하여 정당화됩니다. 사도 요한은 요한3서 5절에서 "나그네된 자들에게 행하는 일은 신실한 일이니"라고 했는데, 여기서 말하는 나그네는 순회전도자를 뜻합니다. 이 본문은 전도자를 재정적으로 지원할 것을 교회에게 권고합니다.

전임사역자에 대한 재정지원을 본격적으로 강조한 것은 사도 바울입니다. 바울은 예수님의 가르침과 구약시대에 이스라엘 백성들이 레위인을 도운 것을 그 근거로 제시했습니다. 바울은 고린도전서 9장 7절에서 군인으로 징집된 자는 생활에 필요한 모든 것을 국가로부터 공급받는다는 것, 포도를 심은 농부에게는 포도 열매를 수확할 권리가 있다는 것, 양을 기르는 목축업자에게는 양의 젖을 먹을 권리가 있다는 것 등을 예로 들면서 전임사역자에 대한 생활비지원을 정당화했습니다.

바울은 또한 모세의 율법 중에서 근거를 찾아 제시했습니다. 하나는 신명기 25장 4절의 곡식을 밟아 떠는 소에게 망을 씌우지 말라는 조항입니다고전 9:9. 소는 밭을 열심히 갈면 주인이 풀을 줄 것이라는 기대로 힘든 일을 견뎌냅니다. 그런데 마음이 차가운 주인이 소가 풀에 한눈을 팔면 일이 늦어질 것을 우려해 소의 입에 망을 씌워 풀을 먹지 못하게 합니다. 바울은 이 명령을 하나님이 소 자체를 염려해서 주신 명령이 아니라 주의 일을 열심히 하는 레위 지파를 다른 열한 지파가 차가운 마음으로 대하지 말 것을 강조하기 위한 상징으로 해석합니다. 바울은 성전에서 일하는 이들레위 지파이 성전에서 나는 것을 먹으며, 제단에서 섬기는 이들제사장들은 제단과 함께 나누는 것이 당연한 일이라고 말합니다고전 9:13. 제단과 함께 나눈다는 말은 제단에 바친 제물 일부를 가진다는 뜻입니다. 성전의 제물은 열한 지파가 제공합니다. 그러므로 이 말은 열한 지파가 레위인의 생활비를 전담하되, 차가운 마음으로 해서는 안 된다는 것입니다.

이 본문은 교회가 전임교역자의 생활비를 전담하되 차가운 마음으로 하지 말고 따뜻한 사랑의 마음으로 하라는 뜻을 담고 있습니다. 그뿐만 아니라 바울은 '일꾼이 자기의 먹을 것을 받는 것이 마땅하다'는 예수님의 가르침마 10:10; 눅 10:7을 근거로 전임교역자에 대한 재정지원을 정당화합니다.

열한 지파가 레위인의 생활비를 전담하고, 성도가 전임교역자의 생활비를 전담할 때, 열한 지파와 성도는 자기 것을 가지고 레위인과 전임교역자를 돕는 것일까요? 그렇지 않습니다. 열한 지파가 하나님께 드린 제물을 가지고 레위인을 돕는 것이고 성도들이 하나님께 바친 헌금을 가지고 전임교역자를 돕는 것입니다. 제물과 헌금을 하나님께 드리는 순간 이 제물과 헌금의 소유권은 열한 지파와 성도들로부터 하나님께로 넘어갑니다. 이 제물과 헌금은 하나님의 것이므로 전임교역자는 사람으로부터 생활비를 받는 것이 아니라 하나님으로부터 받는 것이 됩니다. 하나님을 섬기는 사역이므로 하나님이 주시는 것입니다. 성도들은 전임교역자의 생활비를 전담할 때 자신들의 것으로 지원한다고 해석하거나 마치 고용주가 피고용인에게 월급을 주는 것과 같은 마음과 태도로 지원해서는 안 됩니다.

사례비 책정의 원리

먼저 '전임교역자의 사례비를 누가 책정하는가?'를 알아봅시다. 개신교 교단들마다 사례비 책정의 주체가 다릅니다.

첫째로, 국가가 사례비 책정의 주체가 되는 경우가 있습니다. 국가와 교회를 동일시했던 2차 대전 이전의 독일이 이 경우에 해당합니다. 국가는 국민이 낸 세금을 재원으로 하여 교역자의 사례비를 지급합니다. 그러나 국가와 교회의 영역이 구분되어 있는 경우가 대부분인 현대 개신교에서 이 방법을 채택하기는 어렵습니다.

둘째로, 교단이 모든 전임교역자에게 생활비를 배분하는 경우가 있습니다. 독일의 복음주의 교회, 영국 성공회, 화란 국교회, 미국 감독교회, 스코틀랜드 장로교회 등이 이 방법을 택하고 있습니다. 이 방법은 목회자가 안정적으로 교회 봉사에 전념할 수가 있다는 장점이 있으나 목회자가 타성에 빠질 우려가 있고 교회의 건전하고 생명력 있는 성장이 저해될 수 있습니다.

셋째로, 개교회가 사례비 책정의 주체가 되는 경우가 있습니다. 미국을 비롯한 대다수의 장로교회와 침례교회, 개혁교회 등이 이 방법을 택합니다. 이 방법은 목회자가 긴장감을 가지고 열심을 다해 교회에 봉사하도록 동기를 부여하는 장점이 있으나 재정상의 불안감으로 소신 있는 사역이 어려울 수도 있습니다.

대부분 한국교회에서 첫 번째나 두 번째 방법을 채택하는 것은 구조적으로 어렵습니다. 세 번째 방법을 채택하면서도 교단이 현재보다 좀 더 적극적으로 개 교회를 돕는 방법을 모색하는 것이 좋은 대안이 될 수 있을 것입니다.

다음으로 '전임교역자의 사례비의 수준을 어느 선에서 결정할 것인가' 하는 문제를 알아보겠습니다. 전임교역자는 성경의 가르침을 따라 하나님이 원하시는 바른 경제생활의 모범이 돼야 합니다. 하나님이 성도들에게 권장하는 경제생활의 수준을 잘 요약한 것은 잠언 30장 8절입니다. "나를 가난하게도 마옵시고 부하게도 마옵시고 오직 필요한 양식으로 나를 먹이시옵소서." 예수님은 주기도문에서 "일용할 양식"을 구할 것을 명령하셨습니다. 특히 예수님은 제자들을 전도자로 파송하시면서 몇 가지를 금하셨습니다. 전대錢帶, 두 벌 옷(한 벌 옷은 생활필수품이지만 또 하나의 옷은 신분과시용 사치품), 양식, 여분의 신(마가복음에서는 신을 신으라고 했는데, 이 신은 현재 신고 있는 필수품으로서의 신인 반면에, 마태복음에서 휴대하지 못하게 한 신은 신고 있는 신이 아닌 여분의 신), 여분의 지팡이(마가복음에서 휴대를 허용한 지팡이는 길 안내용 지팡이이고, 마태복음과 누가복음에서 휴대를 불허한 지팡이는 호신용으로 쓰이는 무기)를 지니고 다니지 말도록 명령하셨습니다마 10:9-10; 막 6:8-9; 눅 9:3.

전도자는 다른 성도들보다 더 검소한 "일용할 양식"으로 자족하는 경제생활을 영위함으로써 모범이 되어야 한다는 것이 명령의 핵심입니다. 성경의 가르침을 따라서 전임교역자 사례비 수준의 하한선과 상한선을 설정할 수 있습니다. 전임교역자의 사례비는 생계유지에 필요한 최저생활비 아래로 떨어지지 않도록 해야 합니다. 최저생활비 수준은 현대 사회에서 통용되는 수준을 참고하면 됩니다. 문제는 교회 재정이 열악해 최저생활비 수준조차도 지급하지 못하는 미자립교회입니다. 미자립교회의 경우에는 교단 혹은 교회 연합체의 도움이 필요합니다. 재정 형편이 넉넉한 교회들을 설득해 연결하거나 교단 혹은 교회 연합체가 미자립교회 전임교역자의 생활비를 지원할 필요가 있습니다.

전임교역자 사례비는 검소한 일용할 양식의 수준을 넘어서지 않아야 합니다. 검소한 일용할 양식의 수준은 교역자가 사는 시대와 사회의 문화와 관련이 있으므로 일률적인 금액으로 정할 수는 없지만 사회적 상식을 고려하여 결정하면 됩니다. 물가 변동과 같은 사회적 상황도 반영할 필요가 있습니다. 통상적으로 공무원 봉급 수준과 인상률을 참고하는 것이 도움이 됩니다.

그러나 교회의 예산 규모가 커지는 것과 비례하여 목회자의 사례비 규모를 상한선 없이 올리는 것은 잘못된 관행입니다. 평신도든 교역자든 많은 돈을 벌게 되더라도 삶의 수준에 일정한 상한선을 그어야 비로소 이웃을 넉넉하게 도울 수 있는 여유가 마련됩니다. 돈을 버는 만큼 생활수준을 끊임없이 끌어올리면 다른 사람들을 돕는 재원이 늘 부족하게 됩니다. 목회자는 성도들의 이와 같은 잘못된 관점에 대해 경종을 울릴 필요가 있습니다. 만일 교회를 부흥시킨 데 대한 보상으로 목회자 사례비 수준을 상한선 없이 높이면 '일용할 양식'에 대한 예수님의 가르침으로부터 멀어지게 되고, 영적으로 둔감해지며, 성도들로부터 마음에서 우러나오는 존경심을 잃게 되고, 목회 지도력도 무너지게 될 것입니다.

또 한 가지는 '교회 전체 예산 중에서 교역자 사례비의 비중을 어느 정도 할당해야 하는가'의 문제입니다. 구약의 대표적인 헌금방식인 십일조를 통하여 들어온 헌물은 주로 분깃이 없는 레위인의 생활비로 사용됐고민 18:20-24, 레위인들은 자신들이 받은 십일조에서 다시 십일조를 떼어서 제사장들에게 주었습니다. 그리고 남은 헌물로 성막이나 성전 운영에 필요한 경비를 충당했습니다. 십일조는 이스라엘 백성이 제사드리기 위하여 모일 때 음식을 만들어 먹는 일에도 사용되었고신 12:1-19, 특히 3년 차에 드리는 십일조는 전액 가난한 사람들의 구제에 사용되었습니다.

요약하면 구약의 헌금은 레위인의 생활비, 성전 운영비용, 구제 등에 사용되었습니다. 신약시대에는 전임교역자의 생활비를 교회가 전담하는 것이 자명한 사실로 전제된 상태에서 예루살렘 교회가 가난한 성도들의 식사 제공을 위한 기금을 만들어 사용한 일이 있습니다행 2:44-45; 4:32-37. 갈라디아에 있는 교회들갈 2:10, 시리아의 안디옥 교회행 11:27-30, 고린도 교회고전 16:1-2 등이 예루살렘 교회의 열악한 재정을 돕기 위해 구제금을 모아서 전달하기도 했고 바울의 선교를 지원하기도 했습니다빌 4:15. 이상과 같은 성경 상의 언명들을 종합해 보면 헌금은 전임교역자의 생활비, 구제, 선교 등을 위하여 사용되었음을 알 수 있습니다.

교회의 헌금은 전임교역자의 생활비를 전담하는 데 최우선순위를 둬야 합니다. 헌금의 규모가 적을 경우에는 헌금 전체에서 전임교역자의 사례금 지급 비중이 당연히 높아집니다. 헌금의 액수가 적어 전임교역자의 사례금 지급이 어려운 실정인데도 인건비, 구제비, 선교비가 균형을 맞추어야 한다는 원리를 획일적으로 적용해 전임교역자의 사례비를 생활이 불가능할 정도로 낮게 지급하는 것은 잘못된 것입니다. 그러나 교회의 헌금 규모가 커지는 경우에도 균형예산의 원리를 일률적으로 적용해 전임교역자의 사례비를 지나치게 많이 책정하는 것도 또한 잘못된 것입니다. 이때는 인건비 비중이 크게 낮아져야 합니다.

전임교역자의 사례비는 사회적 상식의 선에서 하한선과 상한선을 정해 놓고 이 범주 아래로 내려가거나 올라가지 않도록 해야 합니다. 따라서 헌금 규모가 적을 때는 예산의 60-70%까지도 전임교역자의 사례금으로 지급되어야 하는 때가 있고 헌금 규모가 크면 예산의 5% 이내로 인건비의 규모가 줄어들어야 할 때도 있습니다.

사례비의 구체적인 항목들

통상적으로 목회자 사례비는 '본봉', 사택관리·도서구입·자녀교육·차량운영·통신 등과 같은 '목회자 복지후생 지원비', 목회자의 고유한 목회 활동을 지원하는 '목회비'의 세 가지 항목으로 구성됩니다. 본봉은 기초생활비이기 때문에 사용처에 대해서는 전적으로 목회자의 재량에 맡겨야 합니다. 목회자 복지후생 지원비와 목회비의 경우는 오해와 남용의 소지가 있으므로 운영의 지혜를 살리는 것이 필요합니다.

목회자 복지후생 지원비는 모든 사람이 상식적으로 납득할 수 있는 액수의 경비 수준을 계산해 일정액을 정해서 지급하고 반드시 영수증 처리를 해야 합니다. 액수를 정하지 않고 목회자가 자유롭게 쓰도록 하면 낭비할 우려가 있습니다. 전화비, 전기세, 유류비, 도서 구입비 등이 터무니없이 많이 지급된다든가, 자녀의 해외 유학으로 몇만 불이 넘는 학자금이 지급되는 등의 일이 발생하면 교회가 시험에 들 수 있습니다.

목회비는 성도들을 돌보는 활동을 하는 과정에서 긴급하게 재정적으로 도와야 하거나 손님 접대를 해야 하는 경우를 대비해 목회자의 재량으로 쓸 수 있도록 마련한 항목으로서 일종의 판공비에 해당합니다. 긴급한 경우를 대비하여 일정액의 목회비 항목을 마련하는 것은 필요합니다. 그러나 일단 교회에 들어온 모든 헌금은 공금이기 때문에 목회자가 개인의 판단으로 지출하는 것은 신중해야 합니다. 긴급하게 구제하더라도 목회자의 개인 돈인 것처럼 은밀하게 지급하는 것은 바람직하지 않습니다. 공금은 은밀하게 지급될 수가 없습니다. 목회자에게 부탁만 하면 언제나 재정적 도움이 온다는 인식을 심어주는 것은 좋지 않습니다.

목회자는 재정적으로 구제하는 일을 전담하는 직분이 아닙니다. 오히려 목회자는 돈이 없어서 마음은 있어도 개인적으로는 지원해 주지 못한다는 인식을 심어주는 것이 필요합니다. 따라서 일정한 목회비를 설정하되 지급은 재정부에 맡기는 것이 좋습니다. 목회자가 상황을 재정부에 설명하면 특별한 문제가 없는 한 재정부가 교회의 이름으로 지급하고 목회자가 손님 접대를 한 경우는 목회자가 영수증 처리 후 목회자의 계좌로 입금하는 것이 좋습니다. 목적이 정당하고 재정적인 여유가 있으면 설정된 목회비의 액수를 넘어서는 경우에도 지급이 가능할 것입니다. 좋은 의도로 마련된 목회비가 교회를 혼란 속에 빠뜨리지 않도록 유의해야 합니다.

은퇴 교역자에 대한 재정적 준비

목회자는 교회의 지도자로서만이 아니라 한 사회의 시민으로서 책임과 권리를 가집니다. 그렇다면 목회자도 로마서 13장 7절이 규정한 납세의 의무로부터 자유로울 수 없습니다. 성직자의 면세는 콘스탄틴 대제가 기독교를 공인하면서 성직자들에게 베풀었던 특혜였습니다. 그런데 종교개혁자들이 이 특혜를 철폐했음에도 불구하고 유독 한국의 목회자들은 이 특혜를 누리고 있습니다.

은퇴 교역자의 생활 대책은 교역자 사례비 문제에서 해결해야 할 중요한 숙제입니다. 우선 교회는 전임교역자의 은퇴 시점에 대비한 재정적 준비를 미리미리 해야 합니다. 교회는 전임교역자가 교단이나 국가의 연금 혜택을 받을 수 있도록 기금을 부을 필요가 있습니다. 퇴직금을 지급하기 위한 기금도 일정액을 매월 적립해 은퇴 시점이 되면 은퇴 목회자의 연금과 퇴직금의 수준을 살핀 후에 이 두 가지 조치만으로 부족하다고 판단되는 부분을 보완하는 정도의 조처를 하면 됩니다.

그러나 교회가 지원하는 수준은 검소한 생활 수준 지원 정도를 넘어서서는 안 됩니다. 은퇴하는 목회자가 교회에 수억 원의 위로금을 요구하거나 큰 교회를 이루었다는 명목으로 수십억 원 수준의 보상금을 강요하는 관행은 반드시 없어져야 합니다. 많은 목회자가 무리한 위로금과 보상금 요구로 성도들과 다투고, 수고함으로 세워 온 교회를 망가뜨리고 교회를 떠나는 모습은 가슴 아픈 일입니다. 목회자는 은퇴하는 순간부터 자신의 생활을 극히 검소한 수준으로 대폭 낮추는 결단을 해야 합니다. 교회를 떠나는 목회자는 거저 받았으니 거저 준다는 심정을 가져야 합니다. 지중해 전역을 혼자 힘으로 복음화할 만큼 위대한 성과를 이뤘으면서도 어느 한 교회로부터도 대가를 요구하지 않았고, 주를 위해 순교로 생애를 마감했던 사도 바울을 생각하면서 목회의 마지막을 아름답게 마무리할 수 있어야 합니다.

교회는 전임교역자가 자신의 생계수단을 희생하면서까지 교회 사역에 전념하기로 한 결단을 존중하여 사랑의 마음으로 전임교역자의 생활비를 담당해야 합니다. 교회는 교역자가 일용할 양식의 수준에서 생활하는 데 어려움을 겪지 않도록 사례비를 책정해야 합니다. 교회는 재정 형편이 허락하는 범위 안에서 연금납부와 퇴직금 마련 등의 조처를 하여 교역자가 은퇴한 이후에도 일용할 양식 수준의 생활에 어려움이 없도록 배려해야 합니다.

33

사택

Q. 새로 건축이 시작되는데, 장로님들은 교회 안에 사택을 만들자고 합니다. 가족의 사생활 문제를 생각할 때, 사택이 교회 밖에 있으면 좋겠습니다. 어떻게 말해야 할까요? 목회자의 사택 문제와 관련해 부교역자의 사택을 교회 근처에 마련해서 활동 반경을 감시하고 제한하는 경우도 있습니다. 또한 교회 재정 문제 때문이 아니라, 성도들의 생활을 이해해야 한다는 측면에서 사택을 제공하지 않는 경우도 있습니다. 오늘날 목회자들이 경험하는 사택 문제, 어떻게 생각해야 할까요?

A. 목회자 복지의 핵심인 사택 문제는 두 가지 관점에서 다룰 수가 있습니다. 하나는 평신도들 편에 서서 바라보는 관점이고, 다른 하나는 목회자 편에 서서 바라보는 관점입니다. 여당이나 야당과 같은 정치세력이나 상인과 소비자와 같이 이해관계에 얽힌 사람들은 어떤 사안을 두고 협상에 나설 때 자기 이익의 확보를 궁극적인 목표로 삼고 치열한 계산과 전략하에 줄다리기하는 경우가 대부분입니다. 이런 줄다리

기가 사택을 둘러싸고 목회자와 평신도들 사이에서도 나타나야 할까요? 목회자는 최대한 좋은 대우를 받으려고 하고, 평신도들은 가능하면 최소한의 대우를 해 주려고 하는 마음으로 양자 사이에 협상이 이루어져야 할까요?

영역주권론

목회자의 사택 문제를 다룰 때 아브라함 카이퍼의 영역주권론sphere sovereignty의 사회관을 참고하면 판단에 도움이 됩니다. 영역주권론에 따르면, 사회 안에 있는 각각의 삶의 영역들은 공통된 요소들도 지니고 있지만, 각 영역만의 독특성도 있고, 각 영역마다 각기 다른 규범적 행동원리의 지배를 받습니다. 또한, 교회 영역의 문제인 목회자의 사택 문제는 정치와 경제의 영역에서 주로 볼 수 있는 것처럼 가능한 한 상대방으로부터 양보를 받아내려는 전략으로 접근해서는 안 됩니다. 상대방의 입장을 더 깊이 배려하는 아가페 사랑의 원리와 황금률의 원리에 따라서 접근하는 것이 바람직합니다.

따라서 평신도는 너무 인색한 태도로 사택 문제를 다루어서는 안 됩니다. 평신도는 목회자가 사택 문제로 마음에 부담이나 불편함을 느끼지 않고 목양사역에만 전념할 수 있도록, 그리고 목회자 가족의 사생활이 너무 많이 노출됨으로 인해 어려움을 겪지 않도록, 교회의 재정 형편이 허락하는 한 최대한의 편의를 제공해야 합니다.

반면에 목회자는 교인으로부터 아무런 재정적 도움을 받지 못한다 하더라도 복음을 전하는 일은 마땅히 해야 할 일("내가 복음을 전할지라도 자랑할 것이 없음은 내가 부득불 할 일임이라 만일 복음을 전하지 아니하면 내게 화가 있을 것이로다" 고전 9:16)이라는 목회 철학의 토대 위에서 이 문제를 바라보아야 합니다. 성도들에게 재정적인 짐을 지우는 것에 대한 송구스러운 마음과 이 부담으로 인해 믿음이 연약한 성도가 시험에 들 수도 있다는 긴장감을 가지고 접근해야 합니다.

사택 문제에 임하는 목회자의 마음가짐

현재 한국교회가 처해 있는 위기상황을 고려하면, 목회자의 사택 문제를 다룰 때 목회자의 책임을 더 많이 요구하는 관점에서 접근하는 것이 필요합니다. 목회자는 교회 안에서 일어나는 모든 일을 통해 복음의 아름다운 빛이 드러나도록 할 의무가 있습니다. 목회자는 사례비 문제와 사택 문제를 포함해 교회 내의 모든 행정문제를 다루는 과정이 복음과 하나님의 은혜를 간접적으로 드러내는 전도와 교육의 계기가 된다는 점을 유념해야 합니다. 이 과정에 참여하는 모든 평신도가 목회자와 함께 복음의 아름다움과 하나님의 은혜의 풍성함을 느낄 수 있도록 해야 합니다.

그러나 유감스럽게도 오늘날 목회자의 사례비와 사택 문제는 목회자와 평신도들이 서로 양보하고 배려하는 따뜻한 관계 안에서 진행되지 못하는 경우가 많습니다. 목회자와 평신도들 간의 관계를 깨뜨리고 복음과 하나님의 은혜에 손상을 가하며, 급기야는 교회갈등과 분열의 계기로 작용하는 악순환이 반복되고 있습니다.

그동안 목회자가 교회재정을 투명하지 못하게 사금고처럼 남용해 온 사례들이 거듭되면서 목회자에 대한 도덕적 신뢰도가 심각할 정도로 추락했습니다. 설상가상으로 코비드-19로 강요된 비대면 예배 등과 같은 악화된 목회환경은 사택 문제를 한층 더 어렵게 만들고 있습니다.

출산율의 급격한 저하로 인해 총인구수가 급격히 줄어들고 있으며, 이는 교인 수의 감소로 연결됩니다. 그나마 출석하고 있는 교인의 헌신도가 20세기 후반에 비해 많이 떨어졌고, 교인의 경제력도 많이 약화된 상태입니다. 대다수의 20-30대 연령층은 높은 주택가격과 물가로 인해 부모로부터 경제적으로 독립하지 못하고 있습니다.

목회자에 대한 도덕적 불신, 교인 숫자의 감소, 교인의 헌신과 경제력의 저하 등과 같은 이유가 복합적으로 작용해 미자립교회가 급격히 늘어나 현재 한국교회의 절반 이상을 차지하고 있습니다. 미자립교회의 경우 목회자에게 한 달에 100만 원의 사례비를 지급하기도 어려운 실정입니다. 특히 도시교회의 경우에 목회를 성공적으로 잘해도 부동산 가격이 워낙 높아서 자체 건물을 지을 여력이 없는 경우도 많습니다. 이 교회들은 높은 월세를 지불하고 상가 건물의 한두 층을 빌려서 예배를 드려야 하는 열악한 상황에 있습니다.

한마디로 말해서 현재 한국교회의 목회현장은 매우 위중한 비상 상황입니다. 따라서 목회자가 사택 문제를 다룰 때 목회자의 이익을 최대한 확보하고자 하는 줄다리기를 할 만한 여지가 없습니다. 줄다리기는 교회 자체가 튼실하게 서 있을 때나 가능한 일입니다. 지금은 목회자가 교회를 위하여 많은 부분을 양보하고 배려하는 마음가짐으로 임해야만 하는 절박한 상황입니다.

사도 바울의 목회 철학

이 시점에서 우리는 신약성경에서 유일하게 목회사역이 소상하게 기록되어 있는 바울의 목회 철학을 음미해 볼 필요가 있습니다. 후일 공식적으로 3차 선교여행이라고 명명된 선교사역과 죄수의 몸으로 로마로 호송되어 간 네 번째 여정을 포함한 선교사역 동안 바울의 사역에 나타난 두 가지 특징이 우리의 주의를 끕니다.

첫째, 바울은 세 번에 걸쳐 진행된 선교여행 기간 중 많은 교회를 설립했으나, 교회에서 사역하는 동안 어느 교회로부터도 공식으로 사례금을 받지 않았습니다. 바울은 천막을 짓는 기술을 이용해 자신의 생활비와 동료의 생활비까지도 충당했습니다살전 2:9: 살후 3:8: 고전 9:6-18: 고후 11:9: 12:14. 바울은 교회들에게 목회자의 생활비를 담당하라고 강력하게 권고했으나고전 9:9-14, 자신이 설립한 교회가 모두 초신자로 구성된 개척 초기 단계의 교회들임을 고려해 가능한 한 재정적인 부담을 주지 않으려 했습니다.

둘째, 바울은 단 한 번도 자기 소유의 사택을 가져 본 적이 없습니다. 어느 지역을 가든지 방 한 칸을 얻어서 거주 문제를 해결했습니다. 바울은 이와 같은 열악한 환경에서도 충성스럽게 자신에게 주어진 사역을 감당했습니다. 바울은 재물에 전혀 연연하지 않는 일관된 모습을 흔들림이 없이 견지했고, 그로 인해 지중해 전역을 복음화하는 큰 사역을 수행할 수 있었습니다. 만일 이 부분에서 바울의 마음에 사심이 있었다면 바울의 사역에 구멍이 뚫렸을 것이고, 사역에 성공할 수 없었을 것입니다.

그렇다고 현대 목회자들이 바울의 생활을 문자 그대로 따라야 하는 것은 아닙니다. 끊임없이 이동해야 했던 순회선교사인 바울과 한 지역 교회에서 평생을 사역해야 하는 현대 목회자들이 처한 상황이 서로 다르기 때문입니다. 목회자들의 경우에는 구약시대에 성전의 일에 전념하도록 따로 세워진 레위인의 경우가 더 적합하게 적용될 수 있습니다. 이스라엘 백성은 자신들을 대표해 성전 일을 맡도록 부름을 받은 레위인의 생활을 정기적으로 드리는 십일조 헌금을 통해 지원하고 안정적인 주거도 보장해 주었습니다.

오늘날 한국교회의 비상한 상황은 레위인과 바울의 경우를 함께 고려해볼 것을 요구합니다. 한국교회 목회자들은 지역교회를 섬기고 있기 때문에 레위인의 경우와 같이 교회의 안정적인 재정지원과 주거환경이 반드시 필요합니다. 그러나 지금은 이 안정적인 구조가 교회 내외의 도덕적이고 구조적인 몇 가지 이유로 허약해져 있는 위기 상황입니다. 따라서 목회사역에 임하는 마음가짐에 있어서 바울의 목회 철학으로 무장하고 변화하는 상황에 대비하는 것이 필요합니다.

기쁘고 감사한 마음으로

교회가 사택을 마련해 주기로 결정하면, 어떤 형태의 사택이든, 그저 기쁘고 감사한 마음으로 받고, 절대로 사택 문제로 인해 교인들과 갈등을 빚지 않도록 주의해야 합니다. 어떤 형태의 사택이 주어지든 바울의 사역 환경이나 "여우도 굴이 있고 공중의 새도 집이 있으되 인자는 머리 둘 곳이 없도다"마 8:20; 눅 9:58고 말씀하신 예수님의 사역 환경보다는 월등히 나은 환경이라는 것을 기억해야 합니다.

목회자가 특정한 형태의 사택을 고집하지 않는 것이 바람직하다고 생각하는 이유는 사택의 형태 문제는 보편적인 도덕의 문제가 아니라, 교회와 목회자가 처한 상황을 종합적으로 고려해 결정해야 하는 문제이기 때문입니다. 구체적으로 말하면 교회 안에 사택을 두는 방법, 교회에서 일정한 거리가 떨어져 있는 곳에 두는 방법, 목회자의 자율에 맡기는 방법 - 이 세 가지 방법들 가운데 어느 한 가지 방법만이 절대적으로 옳다고 볼 수는 없습니다. 상황에 따라서 이 세 가지 방법이 모두 적절히 활용될 수 있습니다. 모두 장단점을 지니고 있으며, 어떤 방법을 선택하느냐는 교회와 목회자의 상황에 따라서 달라질 수 있습니다. 제 주변만 돌아봐도 이 세 가지 유형이 다 있습니다.

한 목회자는 3층으로 된 교회 건물의 맨 위층에 있는 사택에 거주하고 있고, 다른 한 목회자는 전세로 얻은 지하 포함 3층 독채 건물의 지하에 예배실을 꾸미고 2층 일부를 사택으로 쓰고 있으며, 다른 한 목회자는 지하 포함 2층 독채 건물의 지하 일부를 사택으로 개조해 거주하고 있습니다. 또 한 목회자는 교회에서 교회 건물로부터 떨어져 있는 곳에 마련해 준 사택에 거주하고 있으며, 또 한 목회자는 부인이 직업이 있는 관계로 자기 소유의 아파트에 거주하면서 교회에 사택의 부담을 주지 않고 목회하고 있습니다.

교회 안에 사택이 함께 있는 경우

현대 목회자들이 가장 부담스러워하는 형태는 교회 안에 사택이 있는 경우일 것입니다. 목회자와 가족이 부담스러워하는 부분은 교회와 밀착되어 있다 보니 목회자와 가족의 사생활이 보호되지 못한다는 점입니다. 그러나 이 부분은 목회자가 좀 더 전향적으로 생각할 필요가 있습니다. 저는 교회 안의 사택에 거주하면서 목회하는 동료 목회자들이 이 문제로 고민하는 모습을 본 적이 없습니다. 이것은 이 사택 형태가 생각하기에 따라서 다른 사택 형태보다 장점이 많을 수 있다는 점을 암시합니다.

김연아 선수가 올림픽에서 금메달을 땄을 때 영국 BBC 방송의 기자는 대한민국의 온 국민이 김연아 선수에게 금메달을 따 줄 것을 기대하고 있다는 사실을 언급하면서, 관심의 대상이 된 김연아 선수의 부담이 얼마나 크겠는가에 주목했습니다. 그러나 그는 최종적으로 이렇게 논평했습니다. "부담은 무슨 부담? 부담은 곧 특권입니다!" 그렇습니다. 교회에 딸린 사택에 거주하는 목회자는 '부담은 곧 특권'이라는 공격적이고 전향적인 마음가짐을 가질 필요가 있습니다.

교회에 딸린 사택에 거주하면 교회밖에 있는 사택에 거주하는 것보다 목회자와 가족의 사생활이 훨씬 더 투명하게 모든 교인에게 자의 반 타의 반 공개될 것입니다. 그런데 목회자가 이것을 부담스러워하기 시작하면 목회가 어려워집니다. 역설적으로 자신의 사생활이 공개되는 것을 부담스러워하는 목회자일수록 더 교회 안에 있는 사택에 거주하는 것이 필요합니다. 교회 안에 있는 사택에 살게 되면 본인이 원하지 않아도 사생활의 많은 부분이 드러나게 되고, 목회자는 드러나는 사생활이 부끄럽지 않도록 더욱 절제하고 조심하게 될 것입니다. 억지로라도 이런 생활을 지속하게 되면 자의 반 타의 반 경건의 연습이 자동적으로 되어서 하나님 앞에 거룩해지는 엄청난 효과를 거둘 수 있습니다. 교인들이 보지 않는 곳에서 마음을 풀어 놓고 지내다가 교인을 만날 때 정신을 바짝 차리고 거룩한 모습으로 무장하고 교회를 향하는 것보다 훨씬 나은 선택이라고 생각한다면, 교회에 딸린 사택에 거하는 것은 부담이 아니라 특권이 될 수 있습니다.

목회자는 거룩한 모습을 보여 주는 것 자체가 교인에게 엄청난 도전과 권위가 된다는 사실을 잊어서는 안 됩니다. 그러나 목회자가 사생활을 공개한다는 것은 거룩한 모습만을 공개하는 것을 뜻하지는 않습니다. 목회자의 인간적인 어수룩한 모습을 보여 주는 것도 중요합니다. 목회자가 한편으로는 거룩해지기 위하여 노력하면서도 한편으로는 어수룩한 인간적인 모습을 보여 주면 성도들이 친근감을 느끼고 목회자를 가족과 같이 대할 수 있습니다. 또한 교회에 가면 언제든지 목회자를 만날 수 있다는 사실은 성도들에게 큰 안정감을 줄 수 있습니다.

그러나 교회 안에 있는 사택에 거주하는 경우, 특히 작은 교회의 경우 교회 공간과 목회자의 삶의 공간을 철저히 구분할 필요가 있습니다. 교회의 예배 공간을 목회자 가정의 일부인 것처럼 사용하는 일이 습관이 되면, 교회 공동체에 상당한 피해를 줄 수 있습니다. 반대로 성도들이 주일에 목회자 가정에 드나들며 교회처럼 공간을 사용하게 되면, 목회자의 가정에 피해를 줄 수 있습니다. 이러한 혼용이 목회에 짐이 되기도 합니다.

사택이 교회로부터 일정한 거리에 떨어져 있는 경우

사택이 교회로부터 일정한 거리에 떨어져 있는 경우는 교회가 재정적인 지원을 해 주고 주거는 목회자가 자율적으로 선택하도록 하는 경우와 함께 묶어서 생각할 수 있습니다. 이러한 경우는 사택이 교회 안에 있는 경우와 장단점이 반대가 됩니다.

교회와 목회자의 특별한 형편 때문에 교회 건물 안에 사택을 두지 않고 교회 밖에 사택을 두는 경우에도 목회자는 하나님과 교회 앞에 감사하고 자족하는 마음을 잃지 말아야 합니다. 성도가 어려운 일이 있을 때 언제든지 교회에 나오면 만날 수 있는 위치에 목회자가 있는 것이 바람직한 일임에도 불구하고 성도들이 목회자와 가족들의 사생활을 배려해 교회에서 떨어진 곳에 사택을 마련한 준다면 정말 고마운 일입니다. 이럴 때 목회자는 성도들의 깊은 배려에 감사를 표현하고, 성도들이 어렵지 않게 목회자를 만날 수 있도록 교회 안에서 근무하는 시간을 늘리거나 성도와 만나는 시간을 특별히 정하는 등의 조치를 성실하게 취해야 합니다.

또한 사생활에 있어서 긴장의 끈을 놓아서도 안 됩니다. 오히려 교회 안에 있는 사택에 거주할 때 보다 긴장의 끈을 더 바짝 당겨야 합니다. 교회 안의 사택에 거주하는 경우에는 목회자의 사생활이 교인들에게 많이 노출되지만, 교회 밖의 사택에 거주하는 경우에는 목회자의 사생활이 불신자들에게 바로 노출이 되어 복음과 교회에 대한 불신자들의 인식에 결정적인 영향을 끼치게 됩니다.

목회자의 사생활이 바르고 아름다운 모습을 견지하면 놀라운 전도 효과가 있지만, 목회자의 사생활에 문제가 있으면 복음과 교회에 돌이킬 수 없는 타격과 상처를 입히게 됩니다. 이 타격과 상처는 이해나 양해의 여지조차도 없으며, 한번 타격과 상처를 입히면 그것으로 끝입니다. 왜냐하면 불신자는 목회자의 허물을 감싸 줄 수 있는 복음의 은혜를 알지 못하기 때문입니다. 그러나 목회자가 불신자들과 함께 부대끼면서 사는 생활이 평신도들의 삶의 현장을 이해하는데 유익을 주는 점도 있습니다.

목회자와 가족이 사택 문제를 해결한 경우

목회자나 가족이 전문적인 직업을 가진 상태에서 봉사 차원으로 교회를 섬기거나 교회의 재정적인 상황이 열악해서 교회가 사택 문제와 같이 목돈이 요구되는 일을 책임질 수 없는 경우에는 목회자 스스로 사택을 마련하기도 합니다. 이 경우 사택을 제공받고 교회를 섬기는 목회자와 자신을 비교하면서 의기소침해지거나 교회의 성도에게 불만을 토로하지 않도록 주의해야 합니다.

선교 현지에 가면 재정적인 형편이 열악한 곳이 너무 많고, 이런 상황에서 복음 전도에 방해가 되지 않도록 전문적인 직업을 가지고 생계를 해결하면서 선교 활동을 하는 선교사들이 많습니다. 실제로 바울도 끊임없이 일하면서 선교 활동을 전개했습니다. 사실상 교회로부터 재정지원을 안 받거나 덜 받을수록 복음을 현실과 타협시키지 않고 순수하게 있는 그대로 전할 여지가 더 커집니다. 그렇다면 이것은 하나님께 감사할 제목이 될 수 있습니다.

평신도를 훨씬 더 잘 이해할 수 있는 체험적인 바탕이 마련된다는 것도 유익한 점입니다. 바울도 천막을 만드는 육체노동을 꾸준히 했고, 예수님도 30년 동안 힘든 육체노동인 목수의 일을 감당하셨습니다. 목회자가 신체 노동을 전혀 하지 않고 영적인 일들 - 기도, 성경연구, 예배인도 - 에만 몰두하는 경우, 조심하지 않으면 영적인 일들은 선하고 바람직한 일로 간주하고 육체노동은 천한 일로 여기는 서기관들이나 바리새인들과 같은 생활방식에 빠져들 위험이 있습니다. 그렇게 되면 육체노동 속에서 고되게 일하면서 신앙생활을 하는 성도를 이해하는 안목이 약해질 수밖에 없습니다.

목회자들은 어떤 경우에도 사택 문제로 성도들과 갈등에 빠져 들어가는 어리석음을 범하지 않도록 주의해야 합니다. "나는 비천에 처할 줄도 알고 풍부에 처할 줄도 알아 모든 일 곧 배부름과 배고픔과 풍부와 궁핍에도 처할 줄 아는 일체의 비결을 배웠노라"빌 4:12라고 고백했던 바울의 마음을 항상 염두에 두면서 어떤 형태의 사택이 제공되더라도 감사함으로 받아들여야 합니다.

목회자는 교회가 어떤 형태의 사택을 준비해 주든지 감사한 마음으로 받고 사택 문제로 교인들과 갈등에 들어가지 않도록 유의하면서 사택을 준비하는 과정도 복음의 빛을 드러내는 과정으로 승화시킬 수 있어야 하겠습니다. 교회 안에 사택을 마련해 줄 때는 사생활을 침해한다는 부담보다는 교인들에게 더 쉽게 노출되는 위기를 거룩의 훈련을 강화하는 기회로 활용함과 동시에 교인들과 더 쉽게 접촉할 수 있음을 감사하고, 교회밖에 사택이 마련되는 경우에는 목회자의 사생활 공간을 배려해 주는 교회의 배려에 감사하면서 교회에서 더 많은 시간을 보내도록 노력함으로써 교인들 지도와 상담에 더 신경을 쓰고, 자비량으로 사택을 마련하는 경우에는 교회에 경제적인 부담을 주지 않고 순전한 복음전파에 힘쓸 수 있는 계기가 마련되었음을 감사하면서 목회에 전념해야 하겠습니다.

자동차

Q. 자동차가 낡아서 새 차를 알아보고 있는데 성도들의 시선이 신경 쓰입니다. 사실 지금까지 타던 차는 성도에게 기증받은 중고차였는데, 외관으로는 좋아 보였지만 여러 번 고장이 나서 애를 먹었습니다. 요즘 차가 없는 성도가 드물지만, 그래도 차량 구입에 관하여 성도들의 오해를 사지나 않을까 우려가 됩니다.

A. 새 자동차를 구입하는 것에 대해 성도들의 시선을 고려해 고민하는 모습은 목회자로서 마땅히 가져야 할 바람직한 태도입니다. 목회자는 교회 성도를 돌보고 섬기는 공적인 직분을 수행하는 자로서 작은 것 하나도, 성도에게 끼칠 영향을 생각해 신중하게 고민하고, 성도의 신앙 성장에 저해되지 않도록 주의해야 합니다. 그런데 얼핏 보면 아주 간단해 보이는 목회자의 자동차 구매 문제에 대하여 쉽게 결정을 하지 못하는 이유는, 실상 문화적 상황과 교회 공동체에서의 목회자 윤리가 서로 긴밀하게 얽혀 있기 때문입니다.

자동차에 대한 인식의 변화

먼저 문화적 상황에서 자동차 구입 문제를 고찰해 보겠습니다. 목회자의 자동차 구입은 보편윤리적인 문제가 아니라 문화적 상황 안에서 제기되는 정황적인contextual 영역입니다. 예컨대, 간음의 문제는 보편윤리적인 문제입니다. 물론 어떤 문화권에 있는가에 따라서 결혼의 형태에 대한 인식에 약간의 편차가 있을 수는 있지만, 결혼이라는 제도적 틀 밖에서 성관계를 해서는 안 된다는 것은 시대와 장소를 초월하여 모든 문명권에서 보편적으로 인정되고 있습니다.

그러나 목회자의 자동차 구입은 문화적 상황에 따라 윤리적인 평가가 좌우될 수 있습니다. 이를 구체적으로 표현하면 목회자의 자동차 구입은 자동차에 대한 사회 인식의 변화를 고려하는 가운데 평가되어야 하는 문제라는 뜻입니다. 만일 자동차에 대한 사회 인식의 변화를 고려하지 않고 '목회자는 반드시 작은 차를 타야 한다'거나 '새 차를 사서는 안 된다'고 한다면 시대에 맞지 않는 낡은 윤리실천운동이 될 수 있습니다.

우선 자동차가 등장하지 않았던 시대와 자동차가 등장한 시대는 상당히 다릅니다. 예를 들어서 오늘날에는 평범한 서민들도 경차 정도는 소유하고 있습니다. 운송수단의 관점에서 본다면 경차를 타는 서민이 자동차가 없던 시대의 절대군주인 황제보다도 더 사치스러운 생활을 하는 셈입니다. 왜냐하면 제아무리 황제라 하더라도 말이나 동물이 끄는 수레나 가마 정도를 타고 다녔는데, 그런 운송수단은 오늘날의 경운기만도 못한 초라한 것에 불과하기 때문입니다.

자동차가 등장한 초기에는 자동차가 일부 귀족층만이 탈 수 있는 사치품이라는 인식이 있었습니다. 그러나 최대다수의 최대행복을 중시하는 공리주의적 사고의 영향과 대량생산에 힘입어 자동차는 대중화되었고 이제 자동차는 현대인의 생활에 필수품이 되었습니다. 우리나라도 오늘날 전 국민의 자동차 소유대수가 2000만대를 돌파해 가구당 평균 2대 이상의 자동차를 소유한 가정도 많아졌습니다. 이처럼 자동차 보유대수의 폭발적인 증가로, 자동차 소유에 대한 윤리적인 평가는 달라질 수밖에 없습니다.

구매하려는 차량의 크기는 어떤 일정한 기준을 정해 놓고 그 기준에 맞추는 것보다는 현실적인 필요에 따라 결정하는 것이 바람직합니다. 탑승해야 할 인원이 많을 때는 배기량이 큰 차량을 구입해야 합니다. 제 가족은 다섯인데, 유학을 마치고 귀국한 직후에 경제적 형편이 넉넉하지 않아서 당시 기준으로 10년 전에 출고된 1200cc짜리 소형 국산 차를 가족으로부터 받아서 타고 다녔습니다. 당시에는 세 자녀가 어려서 그런대로 괜찮았지만 몇 년 지난 후에 자주 고장 나고 수리비가 많이 들어 새 차를 구입했습니다. 이때 1600cc짜리 준중형 국산 차와 1800cc 중형 국산 차를 놓고 고민하다가 아이들이 훌쩍 커서 준중형으로는 좁아서 1800cc짜리 중형 국산 차를 구매했습니다. 그때 구매했던 차의 성능이 좋아서 14년째, 34만km 정도 탔습니다. 이 차가 수리비가 너무 많이 들어가는 상태가 되어서 폐차하고 지금은 실용적이고 가족을 다 태울 수 있는 국산 SUV를 구입하여 타는 중입니다.

둘째, 차는 사람의 생명과 안전에 직결됩니다. 자동차 운행에는 언제나 사고의 위험이 따릅니다. 현재 자동차 사고로 인한 사망이나 상해의 비율은 전쟁으로 인한 대량학살 보다도 더 높다고 합니다. 기독교

윤리학에서 인간의 생명을 보호하는 것은, 하나님의 주권적인 뜻의 문제가 아니라면 어떤 다른 가치들보다 더 중요한 절대적인 가치를 부여받습니다. 자동차는 사고의 경우를 대비해 인명피해를 최소화할 수 있는 것으로 마련하는 것이 좋습니다. 엔진의 안정성은 물론, 차체의 강성도 충분히 확보되어야 하고, 에어백도 장착되어야 합니다. 따라서 사고에 대비한 안전장치를 희생시키고 제작해 판매되는 경차 구입이 과연 바람직한 것인가에 대해서는 다시 생각해 봐야 합니다.

또한 경차의 경우, 장시간 운전 시 운전자의 건강에 좋지 않음도 고려해야 합니다. 제 동료 중에 경차를 1년 정도 운행하다가 좀 더 큰 차로 바꾼 이가 있습니다. 이 동료가 차를 바꾼 이유는 경차를 타고 고속도로를 이용해 날마다 출퇴근을 했는데, 고속으로 운행할 때 전달되는 차의 진동이 차를 운행하지 않을 때도 여진처럼 남아서 불안과 불면증에 시달렸기 때문입니다. 종일 승용차를 운행하면서 사업을 하는 분들은 의도적으로 대형 승용차를 탑니다. 그 이유는 작은 차를 타고 종일 이동하면 너무 피로하기 때문입니다. 대형 승용차를 타면 피로감이 훨씬 덜 하다는 것이지요.

셋째, 자동차 시장의 변화를 고려해야 합니다. 요즘에도 차의 크기를 막론하고 새 차 가격은 서민들이 쉽게 살 수 있는 것은 아닙니다. 그러나 새 차도 장기 할부로 구매할 수가 있는 데다가 새 차 시장과 아울러 광범위한 중고 자동차 시장이 형성되어 있어서 성능이 좋고 배기량이 큰 차, 심지어 외제차도 저렴한 가격으로 구입할 수 있는 상황입니다. 외제차의 경우도 무조건 배타적으로 보지 않는 시각의 변화가 필요합니다. 한국의 주력 자동차 회사들이 내수보다 더 많은 차를 수출하는 상황입니다. 우리 자동차를 수출하는 이상 외국차도 수입해 판매하는 것이 자연스러운 일입니다. 지구촌화된 경제구조에서 우리 것만을 국수주의적으로 고집할 수는 없습니다. 따라서 배기량이 큰 차를 타고 다니거나 외제차를 타고 다닌다고 해서 사치스러운 생활을 한다고 쉽사리 비판하는 것은 지양해야 합니다.

이상과 같은 자동차에 대한 인식의 변화를 고려할 때 성도들은 사회적으로 위화감을 일으킬 정도의 사치스러운 차를 구입하는 것을 가능한 한 절제하면서 이상에 열거한 다양한 조건들을 고려해 비교적 자유롭게 각자의 필요와 기호를 고려하여 차를 구매해도 무방하다고 할수 있습니다.

아디아포라 원리

목회자의 경우에는 이 같은 문화적 상황에 목회자 윤리라는 특수한 상황을 함께 고려하면서 일반성도의 경우보다는 조금 더 엄격한 기준을 적용해야 합니다. 목회자의 특수한 상황이란 목회자가 교회를 대표하는 자로서 교회의 지체들을 영적으로, 도덕적으로 돌보고 지도하는 책임을 맡은 자라는 사실에서 비롯됩니다. 목회자에게 자동차 구입은 교회라는 정황 안에서의 아디아포라 문제로 다가옵니다.

아디아포라adiaphora 원리란, 어떤 행동이 윤리적으로 옳다 그르다를 단정할 수 없는 것처럼 보이는 경우도 윤리적으로 옳은 행동으로 판단되거나 아니면 그릇된 행동으로 판단되어야 한다는 뜻입니다. 대표적인 아디아포라 문제는 고린도전서 8장과 9장에 있는 우상에게 제물로 바쳤던 고기를 먹는 것에 대한 문제입니다. 바울 당시의 고기는 이방

신전에 제사용으로 사용된 후에 시장에 나온 것이었습니다. 이 고기를 먹는 문제 때문에 믿음이 강한 자들과 믿음이 약한 자들 사이에서 갈등이 일어났습니다. 믿음이 강한 자들은 모든 음식은 하나님이 만드신 것이기 때문에 우상에게 바쳤던 음식이라 할지라도 감사한 마음으로 먹으면 문제 될 것이 없다고 보고 우상 제물로 드렸던 고기도 자유롭게 먹었습니다. 그런데 이 행동이 교회 안에서 문제가 되었습니다. 개종한 지 얼마 되지 않은 믿음이 약한 초신자들이 이 광경을 보고 시험에 든 것입니다. 이들은 고기를 보면 바로 자신들이 믿지 않던 시절에 행했던 우상숭배가 떠올라 혼란에 빠졌습니다. 이들은 믿음이 강한 자들에게 어떻게 그런 행동을 할 수 있느냐고 따졌습니다. 그러자 믿음이 강한 자들도 물러서지 않고 모든 것이 다 하나님의 것이기 때문에 문제될 것이 없으며, 믿음이 약한 자들의 생각이 미숙하다고 나무랐습니다. 이로 인하여 두 진영 사이에서 갈등이 일어난 것입니다.

이때 믿음이 강한 자들이 고기를 먹는 행동을 어떻게 해석해야 할까요? 믿음이 강한 자들이 고기를 먹는 행동은 옳고 그름을 따질 수 없는 행동일까요? 이에 대하여 바울은 그렇지 않다고 답변합니다. 믿음이 강한 자들이 믿음이 약한 자들과 함께 생활하는 교회의 상황에서 고기를 자유롭게 먹는 행동은 도덕적으로 중립적인 행동이 아니라 잘못된 행동이라는 것입니다. 그렇게 판단하는 근거가 무엇입니까? 믿음이 강한 자들의 행동이 믿음이 약한 자들에게 끼치는 영향을 고려하지 않은 무례한 행동이기 때문입니다. 믿음이 강한 자들은 믿음이 약한 자들의 입장에 서서 생각해 보고마 7:12, 황금률, 믿음이 약한 자들이 상처를 받을 것이 분명하면 자신들이 하고 싶은 행동-그 행동

자체가 정당한 행동이라 할지라도-을 인내하는 가운데 절제하면서 믿음이 약한 자들을 배려했어야 했는데마 22:39; 고전 13:4-7, 아가페 사랑의 의미 그렇게 하지 않았다는 것입니다.

정리하면, 믿음이 강한 자들이 모든 음식은 하나님이 주신 것이라는 신학적인 신념에 의거해 자유롭게 고기를 먹는 행위 그 자체는 정당한 행위입니다. 그러나 믿음이 약한 자들과 함께 생활해야 하는 교회 공동체의 맥락에서는 믿음이 약한 자들의 입장을 고려해 당분간 고기를 먹는 행동을 절제했어야 한다는 것입니다. 이런 상황을 그대로 방치해서는 안 됩니다. 믿음이 강한 자들은 믿음이 약한 자들을 사랑하는 마음으로 자신들의 신학적 신념을 잘 설명해 이들이 그들의 입장을 이해하고 그들도 자유롭게 우상 제물을 먹을 수 있는 자리까지 이를 수 있도록 도와야 합니다. 그런 단계에 이르면 교회 공동체의 차원에서 우상 제물로 바쳤던 고기를 먹는 행동이 윤리적으로 정당화됩니다.

목회자의 자동차 구입 시 고려 사항

목회자는 교회 공동체 안에서 믿음이 강한 자의 위치에 있는 자인 반면에 교인 중에는 믿음이 약한 이도 있으므로 목회자의 자동차 구입에 대한 것은 자동차에 대한 사회적 인식의 변화와 아디아포라적 개념을 통합적으로 고려해서 정리해야 합니다. 이런 관점에서 목회자의 자동차 구입은 다음과 같은 조건을 고려하는 것이 좋습니다.

첫째, 일반성도의 경우도 사회적 위화감을 일으킬 정도로 사치스러운 값비싼 자동차를 구입하는 것은 될 수 있으면 지양하는 것이 바람직하나 목회자의 경우는 좀 더 엄격한 기준을 적용해 사회의 상류층이 타는 고급스러운 대형 승용차나 이에 준하거나 이 수준을 넘어서는 외제차의 구입은 바람직하지 않습니다. 예컨대 상류층이 타는 고급 대형 승용차를 타고 월세 사는 교인의 집에 심방을 간다면 교인들이 위로를 받을 수 있을까요? 한국의 대형교회 목사들은 대부분 최고급 승용차를 타는 것이 현실인데, 저는 이런 관행은 잘못되었다고 생각합니다. 교회가 목사의 업적을 인정해 최고급 승용차를 선물해도 목사는 정중히 거절해야 한다고 봅니다.

둘째, 목회자가 너무 소박한 경차를 타는 것도 바람직하지 않다고 봅니다. 목회자는 교회를 대표하는 공적 직무를 맡은 자로서 교회는 목회자의 차량을 결정할 때 목회자의 건강과 안전, 그리고 목회사역의 효율성 등을 반드시 고려해야 합니다. 목회자의 직무는 장시간 차량을 이용하는 경우도 많습니다. 경차는 사고에 대비한 장치가 미비한 면이 많고 장시간 운행을 하는 경우 운전자의 건강에도 나쁜 영향을 줄 수 있음을 감안할 때 경차는 적절하지 않습니다. 물론 교회 형편상 경차를 구입해야 하는 상황이 있을 수도 있습니다.

셋째, 앞선 두 가지를 고려한다면 목회자는 교회의 형편, 목회자의 가족 수, 사역의 효율성 등을 고려하면서 배기량이나 차의 크기에 너무 기계적으로 매이지 않고 탄력적으로 자동차를 구입해도 무방하다고 판단됩니다. 자동차가 일상의 필수품으로 인식되는 상황에서 배기량을 너무 획일적으로 정하는 것은 바람직하지 않습니다. 믿음이 약한 교인도 이 정도의 사실은 상식적으로 이해할 것입니다.

넷째, 많은 교회의 목회자들이 다목적용으로 소형 승합차를 구입해 목회자 자신의 개인적인 필요뿐만 아니라 다양한 교회 활동에도 활용하는 것은 실리적인 방법으로서 추천할 만하다고 생각됩니다. 우선 차량의 크기가 넉넉하므로 목회자 개인의 가족 숫자가 어느 정도 되든 탑승이 가능하고, 차량은 커도 상류계층의 생활과는 관련이 없으며, 실용적으로는 교회에 유익하기 때문입니다.

다섯째, 목회자가 자동차를 구입할 때 목회자의 가족 수, 교회 형편, 사역의 효율성, 목회자의 안전과 건강 등을 반드시 고려해야 하지만 목회자의 취향에 대해서는 어느 정도의 절제가 필요합니다. 목회자는 자신의 취향이 교인들에게 끼칠 영향을 고려해야 합니다. 자신의 취향이 교인들에게 나쁜 영향을 줄 것이 예상될 때는 앞서 말한 아디아포라의 원리에 따라 반드시 절제해야 합니다. 예컨대, 목회자도 고급 스포츠카에 대한 열망이 있을 수 있습니다. 그러나 목회자가 교인들이 힘든 삶의 현장에서 수고의 대가로 번 돈으로 드리는 헌금의 일부를 사례금으로 받아 생활하면서 사치스러운 취미를 즐기는 데 쓰는 것은 교인들을 배반하는 행위이며, 윤리적으로 죄입니다.

목회자에게 있어서 차량은 목회의 기동성을 확보하기 위해서도 필수품이 되어 있는 시대입니다. 목회자는 목회 활동의 현실적인 필요에 부응하는 실용적인 수준에서, 그리고 성도들의 평균적인 삶의 수준을 넘어서지 않는 수준에서 차량을 구입하여 이용하는 것이 바른 선택이 될 것입니다. 이때 사치스럽다고 인식되는 고급차량이나 안전에 문제가 있을 수 있는 차량을 구입하는 것은 자제하는 것이 바람직합니다.

35

선물

Q. 성도들에게 보상을 받으려고 하지는 않더라도, 명절에 변변한 선물 하나 받지 못하면 '내가 목회를 잘 하고 있는 것인지' 성도들과의 관계에 대해 다시 생각하게 됩니다. 반면 사회에서는 김영란법으로 과도한 선물을 피해야 한다는 분위기도 있습니다. 교회 안에서 작은 선물이 목회자에게 힘이 될 수도 있고 과도한 선물로 덕이 되지 않을 수도 있을 텐데 선물에 대해 어떻게 처신해야 할까요?

A. 개신교가 제시하는 신학과 삶의 원리들 가운데 '코람 데오'Coram deo라는 모토가 있습니다. '하나님 앞에서!'라는 뜻입니다. 시편 139편이 잘 노래하고 있는 것처럼 하나님은 공간적으로나 시간적으로 단 한 치의 빈틈도 없이 우주 안에 편재偏在하십니다. 그렇기 때문에 모든 순간, 모든 장소, 우리에게 주어진 모든 사물과 모든 개념을 대할 때 항상 하나님과의 관계를 묻고, 하나님이 그것들에 담아 두신 의미를 탐구하면서 임해야 합니다. 이 점은 선물이라는 주제에도 적용됩니다. 하나님

이 창조하시고 편재하시면서 섭리하시는 이 세계에 등장한 선물은 당연히 하나님과의 관계 안에서 그 의미와 용도를 물어야 합니다.

우선 목회자와 선물의 관계에 대하여 한국교회 안에 균형을 잃은 두 가지 극단적인 해석이 있음을 지적할 필요가 있습니다. 먼저 목회자가 교인들로부터 선물을 받는 행위가 공직자들이 외부인들에게 향응을 받는 것과 같은 비윤리적인 행위이므로 철저하게 금지되어야 한다는 견해가 있습니다. 이 견해는 선물 그 자체를 악하다고 보는 것은 아니지만 목회자에게 선물을 주는 행위는 도덕적으로 바른 행위가 아니라는 인식이 바탕에 있습니다. 이는 선물 그 자체에 대해 하나님께서 담아 두신 선한 의미를 충분히 고려하지 않은 견해입니다. 다른 한 편으로는 목회자가 하나님의 사자이므로 목회자에게는 최고의 선물을 전달해야 한다는 견해가 있습니다. 이 견해는 선물을 남용하는 것은 아닌가 하는 의구심을 불러일으키며 동시에 목회자의 직분과 목양에 임하는 목회자의 자세에 대한 이해가 왜곡되어 있는 것이 아닌가 하는 우려를 갖게 합니다.

선물의 목적

창조세계 안에 있는 모든 것은 하나님의 뜻과 긴밀한 연관이 있습니다. 특히 선물은 인간을 대하는 하나님의 마음의 핵심을 전달하는 매우 중요한 장치 가운데 하나입니다. 선물이란 전달자가 어떤 대가도 바라지 않고 다만 상대방에 대한 순전한 애정이 동기가 되어, 상대방에 유익한 것을, 상대방의 의사와 상관없이 전달해 주는 어떤 물품을 가리킵니다.

놀랍게도 선물이 지닌 이런 네 가지 특징은 모두 하나님이 인간에게 베푸시는 구원의 은혜를 정확하게 반영하고 있습니다.

첫째로, 하나님의 구원의 은혜는 인간에게 어떤 대가도 요구하지 않고 값없이 주어졌습니다. 물론 구원의 은혜가 인간에게 값없이 주어졌다고 해서 이 은혜가 아무런 값도 지불하지 않고 주어진 것은 아닙니다. 선물을 전달하는 사람은 언제나 상당한 값을 지불하고 선물을 준비하는 것처럼, 하나님의 구원의 은혜는 예수 그리스도의 희생이라는 값을 지불하고 마련된 것입니다. 그러나 하나님은 그 값을 인간에게 요구하지 않으셨습니다.

둘째로, 하나님의 구원의 은혜는 인간에 대한 하나님의 순전한 아가페 사랑이 동기가 되어 주어졌습니다.

셋째로, 하나님이 베푸신 구원의 은혜는 인간에게 영육 간에 유익한 것입니다. 하나님의 구원의 은혜는 죄와 사망의 권세 아래 신음하고 있던 인간의 몸과 마음을 모두 구원해 참된 생명으로 인도하는 것이기 때문입니다.

넷째로, 하나님의 구원의 은혜는 하나님과 인간이 서로 협의하여 체결한 쌍무협정이 아니라 인간의 의사를 묻지 않고 하나님이 일방적으로 체결한 편무계약 곧 언약입니다.

이처럼 인간들 사이에서 주고받는 진정한 선물에는 하나님이 인간에게 베푸는 구원의 은혜를 반영하는 거울의 기능이 있습니다. 따라서 선물의 주고받음을 하나님이 선물에 담아 놓으신 목적에 충실하게 우리가 이용한다면 선물을 받는 사람에게 많은 유익을 줄 뿐만 아니라 하나님의 구원의 은혜를 세상에 더욱 명료하게 입체적으로 증거 하는데 기여할 수 있습니다. 반면에, 선물을 목적에 맞지 않게 변질된 방식으로 주고받는다면, 사회에 심각한 해악을 끼칠 뿐만 아니라 세상을 향해 하나님의 구원의 은혜를 예증하는 훌륭한 본보기 하나를 상실하게 됩니다.

목회자가 피해야 할 선물

선물을 목적에 맞게 주고받는다면 교인들이 목회자에게 선물을 주는 관행은 매우 훌륭한 사랑의 실천행위로서 문제 삼을 이유가 없습니다. 목회자가 교인들로부터 선물을 받는 관행과 관련하여 검토해야 할 문제는 김영란법 곧, '부정청탁 및 금품 등 수수의 금지에 관한 법률'입니다. 목회자가 선물을 받는 관행은 이 법률의 취지를 깨뜨리는 것인가요?

김영란법의 가장 중요한 목표는 공공기관에 근무하는 공무원을 대상으로 이뤄지는 대가성 청탁을 근절하자는 데 있습니다. 공무원은 시민들의 생활에 영향을 끼칠 수 있는 다양한 권한을 가지고 있습니다. 공무원이 시민들로부터 금품을 받고 자기에게 주어진 권한을 남용하여 금품을 제공한 시민에게 특혜를 줄 수 있습니다.

이때 제공하는 금품은 두 가지 점에서 진정한 선물이 될 수 없습니다. 금품 제공자는 첫째, 대가를 기대하면서, 둘째, 상대방을 진정으로 사랑하는 이타적인 동기에서가 아니라 자신의 이기적인 목적을 성취하려는 동기에서 금품을 제공합니다. 이것은 선물이 아니라 뇌물입니다.

교인이 목회자에게 주는 선물은 통상적으로 어떤 현실적인 대가를 기대하고 주는 것은 아닙니다. 자신이 추구하는 현실적인 목적을 충족시키고자 하는 의도가 아니라 목회자에 대한 관심과 사랑의 표현으로 준다는 점에서 김영란법의 테두리에 포함되지 않습니다. 선물이 지닌 네 가지 규범적인 범주를 벗어나지 않는다면 선물을 주고받는 것은 복음을 증거하고 성도를 서로서로 격려하여 세워주는 일에 긍정적으로 기여할 수 있기에 적절하게 장려할 필요가 있습니다. 교인이 목회자에게 선물을 주는 일도 당연히 이 범주에 포함됩니다.

신약시대에 교회가 목회자의 생활비를 책임지는 것 자체가 넓은 의미의 선물입니다. 구약시대에는 레위인의 생활비를 열한 지파가 의무적으로 드리는 십일조를 통하여 충당했습니다. 구약시대에 십일조는 영적이고 도덕적인 의무인 동시에 법적인 의무이기도 했는데, 그 이유는 이스라엘 국가는 법적인 국가공동체와 영적인 예배 공동체가 통합된 집단이었기 때문입니다. 십일조는 예배 공동체에 드리는 헌금의 성격과 국가에 내는 세금이라는 두 가지 성격을 같이 지니고 있었습니다.

그러나 국가 공동체와 예배 공동체가 분리된 신약시대 이후에는 교인이 드리는 헌금에는 국가법적인 강제성이 배제되었고, 다만 영적이고 도덕적인 의무성의 터 위에서 헌금이 이루어집니다. 신약시대의 헌금은 하나님으로부터 어떤 대가를 바라고 드리는 것이 아니라 구원의 은혜를 베푸신 하나님께 대한 감사의 표현으로 드리는 것이며, 자기 이익을 도모하고자 하는 마음에서가 아니라 하나님을 사랑하는 순수한 마음으로 드리는 것입니다. 또한 하나님이 강제하시지 않지만 자원하는 마음으로 하나님의 일에 유익한 것을 드리는 것이라는 점에서 선물의 특징을 지닙니다. 이렇게 드린 헌금에서 목회자에게 생활비가 지원

됩니다. 목회자가 목양의 직무에 전념하는 것은 교회의 생활비지원이 있든 없든 마땅히 해야 할 일입니다.

그러나 교인은 "잘 다스리는 장로들은 배나 존경할 자로 알되 말씀과 가르침에 수고하는 이들에게는 더욱 그리할 것이니라"딤전 5:17는 말씀에 따라서 목양에 전념하는 목회자를 순수하게 존경하고 사랑하는 마음을 모아서 교회의 형편이 되는 한 최선을 다해 목회자의 생활비라는 '선물'을 준비하여 목회자에게 전달하는 것입니다. 정기적으로 전달하는 생활비 이외에 특별한 경우에 전달하는 좁은 의미의 선물은 목회자와 교인의 관계를 한층 더 따뜻하고 풍성하게 합니다.

문제는 하나님이 주신 모든 것이 그러하듯이 이처럼 순기능을 가진 선물이 남용될 수 있다는 점입니다. 그것은 교인이 목회자에게 선물을 전달할 때도 예외는 아닙니다. 교인이 영적인 대가성을 염두에 두고 목회자에게 선물을 전달하는 경우가 있을 수 있다는 것입니다. 목회자에 대한 순수한 존경과 사랑의 마음이 없이 하나님의 종인 목회자를 잘 대접하는 것이 하나님으로부터 물질적인 축복을 받아내는 첩경이라고 생각하면서 목회자에게 선물을 전달하는 경우입니다. 이런 방법으로 목회자에게 선물을 전달하는 것은 기복신앙적인 요소가 강한 행위로서 무당에게 복채를 가져다가 바치는 것과 비슷한 관행이므로 피해야 합니다.

교회의 상황을 벗어나지 않는 선물

교인이 목회자에게 전달하는 선물의 성격과 정당성 여부는 교회의 규모와 경제적 형편에 따라서 편차가 있을 수 있습니다. 사회윤리에서는 사적인 사회the private society, 가정, 교회, 동호회 등와 공적인 사회the public society, 국가를 비롯한 공공기관 등를 구별하고 각 사회마다 바른 행동 방식이 무엇인가에 대한 해석을 달리 하는 것이 통례로 되어 있습니다. 사적인 사회에서는 인애benevolence의 원리에 따라서 행동하는 것이 바람직한 것으로 제시되는 반면에, 공적인 사회 안에서는 정의justice의 원리에 따라서 행동하는 것이 바람직한 것으로 제시됩니다.

예컨대 A가 가정과 교회에서 행동할 때는 가능한 한 따뜻하게 상대방을 이해하고 너그럽게 관용을 베푸는 행동을 해야 바른 도덕적인 인간으로 인정받고 공동체 구성원들에게 유익을 끼칩니다. 그러나 A가 판사로서 재판정이라는 공공기관에서 재판할 때는 추상과 같이 엄격한 공정성의 원칙에 따라서 판결을 내려야 바른 도덕적인 사람으로 인정을 받고 사회에 유익을 끼칩니다. 그러나 이는 사적인 사회에서는 정의의 원리가 전혀 적용되지 않고 공적인 사회에서는 인애의 원리가 전혀 작용하지 않는다는 말은 아닙니다. 인간사회는 칼로 두부를 베듯이 그렇게 딱 떨어지게 나눌 수 있는 것은 아니기 때문입니다.

교회는 사회 구조상 사적인 사회에 속하는 공동체로서 근본적으로 인애의 원리가 주도하는 공동체입니다. 그러나 문제는 그렇게 간단하지 않습니다. 교회 공동체의 규모가 작을 때는 인애의 원리가 주도하고 정의의 원리가 차지하는 비중이 작지만, 공동체의 규모가 커지면 조직화가 불가피하고 조직화되면 정의의 원칙이 차지하는 비중이 조금 더 커질 수밖에 없습니다. 이 점은 교인이 목회자에게 선물을 전달할 때도 고려되어야 합니다.

편의상 교회의 규모가 담임 목회자의 생활비지원을 충분히 담당할 정도로 크지 않은 경우, 교회가 담임 목회자의 생활비는 충분히 담당하지만 부교역자의 생활비는 충분하게 담당하지 못하는 경우, 그리고 교회 규모가 교역자들 전체의 생활비를 넉넉하게 감당할 수 있을 만큼 크게 부흥한 경우로 나누어서 적절한 선물의 문제를 고려할 필요가 있습니다. 그러나 다음에 제시된 내용은 어떤 절대적인 기준으로 받아들일 필요는 없고 교회에서 실제로 선물에 관한 입장을 정리할 때 참고로 활용하면 되겠습니다. 적절한 선물의 문제는 특수한 교회문화의 문제로서 교회가 처해 있는 상황의 특수성에 따라서 미묘한 변수가 있을 수 있기 때문입니다.

그런데 교회가 어떤 상황에 있든지 반드시 지켜야 할 수칙이 하나 있습니다. 그것은 선물의 규모가 상식을 벗어날 만큼 큰 경우에 해당하는 것입니다. 작은 규모의 선물은 인애의 원리에 따라서 사적으로 전달해도 문제가 없습니다. 예컨대, 성도들이 농사를 지어 햅쌀을 생산했을 때 목회자를 생각하면서 소량의 쌀을 정성껏 준비하여 전달한다든가, 심방 차 방문한 목회자에게 사회적 상식을 넘지 않는 범위 안에서 한 끼 식사비용이나 교통비 정도를 준비했다가 전달한다든가, 목회자 자녀들이 학업을 계속해야 하는데 학비가 없어서 어려워하는 경우에 조용히 장학금을 전달한다든가 하는 정도는 인애의 원리에 따라서 할 수 있는 일들입니다.

그러나 선물의 규모가 상식적 규범을 벗어날 정도로 큰 경우는 사적으로 행하는 것은 지양해야 합니다. 예컨대 목회자에게 새 자동차를 선물하는 것과 같은 일은 상식적인 선물의 범주를 벗어나는 것이라고 볼 수 있습니다. 이런 경우에는 반드시 책임 있는 교회의 기관_{당회나}

제직회 등에 넘겨서 공적으로 처리해야만 부작용이 없습니다. 이 경우를 제외하고 사회적 상식을 벗어나지 않는 선에서 선물을 전달하는 경우를 세 가지로 분류해서 다음과 같이 정리할 수 있습니다.

첫째로, 교회 공동체의 규모가 작아서 교회가 목회자에게 넉넉하게 생활비를 지원하지 못하는 경우에는 인애의 원리에 따라서 선물의 관행이 이루어지는 것이 바람직합니다. 한국교회의 60% 이상이 미자립교회이고, 미자립교회 목회자는 큰 교회 목회자와 다름없는 수고와 헌신을 하면서도 우리 사회의 최하 빈곤층에 상응하는 재정지원을 받으면서 가난하게 생활합니다. 미자립교회의 목회자는 대부분 마음이 움츠러들어 있습니다. 따라서 미자립교회의 목회자에게는 교인들이 형편이 닿는 대로 따뜻한 선물을 자주 전달하는 것이 큰 위로와 힘이 됩니다.

둘째로, 교회의 규모와 재정 형편이 어느 정도 커져 담임 목회자의 생활비는 충분히 감당할 수 있게 되었지만 부교역자들의 생활비지원은 충분하게 이루어지지 못하는 경우 담임 목회자는 이미 생활비지원이 충분하게 이루어진 데다가 담임 목회자가 상당히 큰 조직의 운영을 책임지는 자리에 있으므로 정의의 원리에 따라서 행동하는 것이 바람직합니다. 담임 목회자는 이미 충분한 생활비를 받고 있기 때문에 담임목회자에게 물질형태로 된 선물은 자제하는 것이 바람직합니다. 그러나 부교역자들은 대체로 경제생활이 어렵기 때문에 교인들이 부교역자들에 대해 인애의 원리에 따라서 사랑의 마음을 담아 적절한 선물을 하는 것은 바람직합니다. 부교역자의 입장에서 성도들이 사랑과 관심의 마음을 담아 전달하는 소소한 선물들은 큰 위로와 힘이 됩니다.

셋째로, 교회의 규모가 대형화되어 담임 목회자의 생활비는 물론 부교역자의 생활비까지도 충분히 지원할 수 있는 경우에는 인애의 원리보다는 정의의 원리를 존중해 담임 목회자를 포함하여 모든 교역자에 대한 선물 전달을 포괄적으로 금지하는 것이 바람직합니다. 좋은 방법은 선물에 해당하는 정도의 금액을 교역자 사례금 안에 명절 특별 수당 형식으로 편성해 모든 교역자에게 공정하게 전달되도록 하는 것이 좋습니다. 교역자들에게 여러 성도가 사적으로 선물을 전달하게 되면 교역자의 호불호에 따라 편차도 심하게 나는 등 문제가 될 수 있습니다.

선물을 받는 목회자의 마음가짐

선물을 받는 당사자인 목회자는 어떤 마음가짐을 가지고 선물을 받아야 할까요? 이 질문에 대해 바울의 사역 태도와 가르침이 좋은 교훈을 줍니다.

첫째로, 목회자는 바울이 고린도 교회와 데살로니가 교회에서 사역에 임할 때 견지했던 마음가짐을 물러설 수 없는 마지노선으로 설정해 두고 경제생활에 임할 필요가 있습니다. 바울은 믿음이 연약한 교인들에게 복음을 전하는 일에 조금이라도 방해가 되지 않기 위해 이들의 재정적인 도움을 받지 않고 천막을 깁는 일을 하여 자신과 동료 사역자의 생활비를 충당해 가면서 사역했습니다. 바울은 자신이 성도들에게 생활비지원을 요구할 권리가 있음에도 불구하고 그 권한을 쓰지 않았습니다고전 9:1-15; 살전 2:9-10; 살후 3:7-9. 그 결과 바울은 늘 경제적 어려움에 시달렸습니다고후 11:9.

물론 바울이 교인들이 주는 사랑의 선물을 항상 거부한 것은 아닙니다. 바울은 정말로 순수하고 따뜻한 사랑의 마음으로 주는 선물은 흔쾌하게 받았는데, 그 대표적인 예가 빌립보 교회의 도움입니다. 빌립보 교회는 바울이 빌립보 교회를 떠난 이후에도 틈틈이 정성을 모아 지원금을 보내 주었고 바울은 이 지원금을 흔쾌히 받았습니다빌 2:25; 4:16. 그러나 바울의 경제생활 기조는 가능한 한 믿음이 연약한 교회에 복음전파에 방해되는 부담을 안겨주지 않고, 이에 따른 경비 부족을 인내하며 참는 것이었습니다.

바울은 자신의 사역의 성공 여부를 경비가 넉넉한가, 부족한가로 판단하지 않았습니다. 목회자가 이와 같은 마음가짐을 항상 견지한다면 교인이 선물을 주지 않아도 마음에 상처받지 않을 수 있고, 작은 선물이라도 큰 기쁨과 감사를 느끼게 될 것입니다. 우리가 아무리 큰 사역을 한다 해도 바울을 능가할 수 있을까요? 그런 놀라운 사역을 한 바울이 늘 경제적 어려움에 시달렸다는 사실이 주는 의미는 무엇일까요?

둘째로, 바울은 자기의 사역의 열매를 현세 안에서 판단하고자 하지 않고 모든 궁극적인 판단을 예수님이 다시 오시는 재림의 때로 항상 넘겼습니다. "너희에게나 다른 사람에게나 판단 받는 것이 내게는 매우 작은 일이라 나도 나를 판단하지 아니하노니 내가 자책할 아무것도 깨닫지 못하나 이로 말미암아 의롭다 함을 얻지 못하노라 다만 나를 심판하실 이는 주시니라 그러므로 때가 이르기 전 곧 주께서 오시기까지 아무것도 판단하지 말라 그가 어둠에 감추인 것들을 드러내고 마음의 뜻을 나타내시리니 그 때에 각 사람에게 하나님으로부터 칭찬이 있으리라"고전 4:3-5.

목회사역의 성공 여부는 명절 때 선물을 받느냐 마느냐로 판가름 나는 것이 결코 아닙니다. 최선을 다하여 사역에 임했으면 그 결과를 대범하게 주님이 재림하시는 때로 미뤄 두고 현실 속에서의 사람들의 판단에 연연하지 않아야 합니다.

목회자는 교인들이 존경과 사랑의 마음을 담아 전달하는 선물을 고맙고 감사한 마음으로 받되, 교인들이 목회자에게 선물을 전달하는 관행이 바르게 이루어질 수 있도록 지도함으로써 선물의 정신이 변질되지 않고 선물이 지닌 순기능과 하나님의 구원의 은혜를 반영하는 거울로서의 기능이 손상되지 않도록 해야 합니다.

출처

프롤로그 목회자윤리	〈기독교세계〉 980호 (2012년 10월), 18-22.
1. 목회자 청빙	〈목회와 신학〉 340호 (2017년 10월), 112-117.
2. 예배당 이전	〈목회와 신학〉 362호 (2019년 8월), 104-110.
3. 헌금설교	〈목회와 신학〉 344호 (2018년 2월), 120-125.
4. 교회 내의 재정비리	〈목회와 신학〉 337호 (2017년 7월), 112-117.
5. 교회 내의 사업자 선정	〈목회와 신학〉 317호 (2015년 11월), 110-114.
6. 미자립교회 재정후원	〈목회와 신학〉 356호 (2019년 2월), 108-113.
7. 혐오시설 반대운동	〈목회와 신학〉 320호 (2016년 2월호), 94-97.
8. 송구영신예배	〈목회와 신학〉 354호 (2018년 12월), 103-109.
9. 교회 폐쇄	〈목회와 신학〉 364호 (2019년 10월호), 100-105.
10. 은퇴목회자의 복지	〈목회와 신학〉 327호 (2016년 9월), 72-79.
11. 부교역자와의 관계	〈목회와 신학〉 330호 (2016년 12월호), 88-93.
12. 청년부 사역자와의 갈등	〈목회와 신학〉 342호 (2017년 12월), 136-141.
13. 수평 이동 성도	〈목회와 신학〉 346호 (2018년 4월), 119-125.
14. 목회자를 험담하는 성도	〈목회와 신학〉 350호 (2018년 8월), 113-119.
15. 목회자의 재혼	〈목회와 신학〉 314호 (2015년 8월), 90-93.
16. 사모 모임	〈목회와 신학〉 348호 (2018년 6월), 118-123.
17. 이단에 빠진 사모	〈목회와 신학〉 324호 (2016년 6월), 100-103.
18. 교회 안의 사적 모임	〈목회와 신학〉 331호 (2017년 1월), 86-91.
19. 여성도간의 갈등	〈목회와 신학〉 333호 (2017년 3월), 88-93.
20. 트러블 메이커 성도	〈목회와 신학〉 335호 (2017년 5월), 106-111.
21. 원치 않은 아이	〈목회와 신학〉 296호 (2014년 2월), 108-111.
22. 교회생활 거부하는 자녀	〈목회와 신학〉 302호 (2014년 8월), 88-91.
23. 건강염려증	〈목회와 신학〉 312호 (2015년 6월), 93-97.
24. 직업 선택	〈목회와 신학〉 308호 (2015년 2월), 96-99.
25. 십일조	〈목회와 신학〉 300호 (2014년 6월호), 93-97.
26. 온라인 헌금	〈목회와 신학〉 306호 (2014년 12월호), 94-98.
27. 교회 밖 헌금	〈목회와 신학〉 358호 (2019년 4월), 121-127.
28. 연말정산	〈목회와 신학〉 322호 (2016년 4월), 94-97.
29. 보험	〈목회와 신학〉 310호 (2015년 4월), 94-97.
30. 복권	〈목회와 신학〉 304호 (2014년 10월), 126-131.
31. 성도 간 돈 거래	〈목회와 신학〉 298호 (2014년 4월), 108-111.
32. 사례비	〈목회와 신학〉 316호 (2015년 10월), 59-63.
33. 사택	〈목회와 신학〉 338호 (2017년 8월호), 96-101.
34. 자동차	〈목회와 신학〉 326호 (2016년 8월), 102-106.
35. 선물	〈목회와 신학〉 328호 (2016년 10월), 88-93.